동북아시아의 대안적 협력과 연대

이 저서는 2017년도 정부(교육부)의 재원으로 한국연구재단의 지원을 받아 수행된 연구임
(NRF-2017S1A6A3A02079082)

RTHEAST ASIA DIMENSION

동·북·아·다·이·멘·션
연구총서

3

# 동북아시아의 대안적 협력과 연대

원광대학교 한중관계연구원
동북아시아인문사회연구소 편

원광대학교 HK+
동북아다이멘션연구단
North East Asian Dimension Reaserch Group

# 동북아시아의 대안적 협력과 연대

동북아시아 각국은 전쟁과 냉전, 그리고 탈냉전의 시기를 거치며 반목과 경쟁, 연대와 협력을 반복해 왔다. 탈냉전의 도래로 이념에 따른 대립은 종식되었지만, 그 자리에 국민국가 간의 갈등이 대두되는 만큼 각국 간 영토·경제·역사 등을 매개로 한 분쟁 또한 동북아시아의 평화와 공동번영을 저해하는 주요한 위협이자 현안이 되고 있다. 바야흐로 동북아시아 공동의 미래를 모색하기 위한 새로운 인식과 상상이 필요한 시점이다.

동북아시아의 근대화는 제국주의와 냉전과 탈냉전의 시기를 경유하면서 다양한 경계들이 형성되고 재구성되었으며, 이러한 유무형의 경계는 생활세계로서의 '도시 공간'에 깊이 새겨져 있다. 우리 연구단에서는 무엇보다 '동북아시아 도시 공간'에 아로새겨진 갈등과 협력의 역사를 재조명함으로서, 제국주의적 '지배-피지배' 관계 및 냉전으로 인한 단절을 넘어 평등과 연대에 기초한 '공생 네트워크'의 형성 가능성과 과제를 모색해보고자 하였다.

또한 본 연구단은 사할린국립대학과의 지속적 학술행사를 통해 새로운 도시 간 협력 방안 가능성을 모색하고 있다. 특히 '차이'가 아니라 '교류와 협력'에 초점을 맞춤으로써 글로벌 마인드가 개발될 수 있는 기초를 마련하는 데 중점을 두었다. 기존의 동북아시아 지역공동체론이 주로 한국과 중국, 일본만을 염두에 둠으로써 '동양적인 것'에 국한될 위험성을 내포한 반면, 동북아시아에 존재하는 서구의 한 통로였던 러시아를 시야에 넣는 일은 지역적 마인드의 국제화 가능성을 마련했다고 볼 수 있다.

따라서 이와 같은 학술교류는 일차적으로 서세동점에 의하여 형성된 제국주의가 만들어 낸 지배-피지배 사이의 갈등, 냉전이 만들어낸 단절과 적대라는 갈등을 넘어서 한국, 북한, 중국, 대만, 일본, 러시아 등 지역 내 행위자들이 평등하게 연대하고 협력하는 데 필요한 새로운 지역적 마인드(동북아시아다이멘션)를 만드는 데 매우 큰 기여를 할 수 있을 것이다.

본 총서는 총 3장으로 구성되어 있다.

제 1장『동북아의 초국적 정체성과 삶』은 동북아시아에서 벌어지고 있는 민족·국민이라는 정체성의 문제를 중심으로 그들의 삶을 조망해 보고자 하였다. 이리나 발리츠카야(조국을 이해하는 길: 사할린 한인들의 자의식속 민족적 정체성의 발전), 신현선(오키나와(沖繩)의 이중 정체성과 차별적 시선의 조우-1970년대 계절노동자를 중심으로-), 옐레나 이콘니코바(아나톨리 김: 그의 삶과 창작에서 사할린 편린들), 옐레나 리시치나(사할린 북부 석유기업 한인 노동자들의 노동(1920-1930년대))의 연구이다.

제 2장『동북아 지역 질서와 경제협력』은 민족과 국가의 경계를 넘어 교류하고 교섭하는 동북아시아의 현재와 과거 그리고 미래의 이야기이다. 동북아시아의 현재적 질서와 경제협력의 장면들을 마주하는 장으로, 이남주(동아시아 질서의 변화와 새로운 지역협력의 모색-샌프란시스코체제의 동학을 중심으로), 정규식(동북아 지역 질서의 재편과 신(新)경제공동체 구상), 도경식(사할린주와 한국: 지역 간 경제협력 발전 방안), 빅토리야 루브니나(농업부분에서 사할린주와 한국의 협력

방향)의 심도 있는 논의가 이어진다.

　제3장『동북아 지역 질서와 경제협력』은 지역의 정세와 사회적 변화에 관심을 두고 동북아시아가 어떻게 연대하고 협력하는지 탐색하였다. 박해남(동북아시아의 사회적 연대와 인식공동체), 정혜정(식민지 조선의 러시아 사회주의 수용과 동북아 연대-아나키즘·볼셰비즘·동학 사회주의를 중심으로), 빅토르 코르수노프(민간외교의 중요 수단으로서의 러·한 고등교육기관 간 협력)의 연구 보고는 지역의 경계를 넘는 부단한 움직임과 연대의 힘, 그리고 동북아시아를 이해하는 사고의 지평을 넓혀주고 있다.

　아무쪼록 본서를 통해 동북아시아의 협력과 평화공동체를 이루어 상호 공생과 번영을 도모하고 지역적 협력과 연대의 기초를 발견하는 기회가 될 수 있기를 기대한다. 더불어 동북아시아의 대안적 협력과 연대를 모색하는 과정에서 경험 중인 여러 시행착오를 상기하고 이후의 동북아시아의 모습을 가늠하는 데 본서가 도움이 될 만한 유의미한 메시지를 담아내었기를 희망해본다.

2020년 5월
원광대 동북아다이멘션연구단

# 차 례

# 2. 동북아 지역 질서와 경제협력

# *3.* 동북아의 연대와 협력

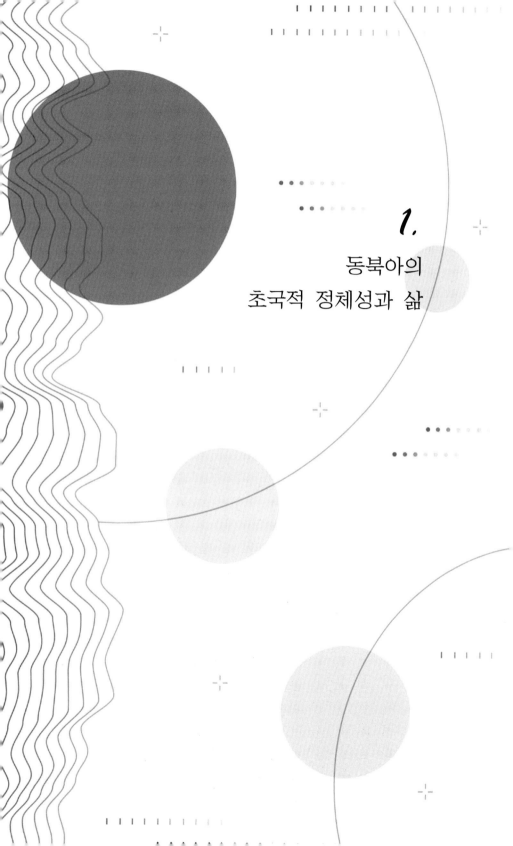

# 1.

## 동북아의
## 초국적 정체성과 삶

# 조국을 이해하는 길: 사할린 한인들의 자의식 속 시민·민족 정체성 발달

## The Path to Understanding the Homeland: the Development of Civic and Ethnic Identity in the Self-Consciousness of Sakhalin Koreans.

이리나 발리츠카야(Irina V. Balitskaya)*

사할린 한인들의 사고방식이 지닌 공통적인 특성은 한민족과 민족적 배경을 공유한다는 것이다. 이러한 민족적 배경은 사할린 한인 여러 세대에 걸쳐 다양한 층위로 드러난다. 오랜 세월 손꼽아 기다려 온 본국 귀환, 머나먼 고국 땅에 대해 부모님이 해주신 이야기, 돌아가고 싶은 열망, 가족과 헤어진 아픔은 멀리 떨어진 한국의 이미지를 형성하는 데 중대한 역할을 했다. 본국 귀환을 위한 투쟁은 또한 역사적 조국에 통합되고 싶다는 열망을 증폭시켜 스스로 한민족으로 정체화하는 데 영향을 주었다. 이러한 조국 인식은 역사적 기억으로서 다음 세대로 전달된다.

사할린 한인들의 역사적 조국과의 통합, 가족과의 재결합 및 본국 귀환은 독특한 사회 문화적 현상에 대한 이해를 촉진하고, 연구자들의 활발한 관심과 호응을 불러 일으켰다. 해당 연구는 국적, 이동성, 언어

* 사할린국립대학교 교수

보존 문제 등 사할린 한인들의 역사를 다룬 사할린 역사학자들(박수호, 박승의, 율리아 진)의 저작에 대한 연구를 바탕으로 했다. 이들 학자 모두 사할린 한인 출신의 연구물은 고문서 자료 및 사할린주 거주 경험에 대한 상세한 연구를 바탕으로 했다(이들 역사학자 모두는 사할린 한인 출신이다). 러시아에 거주하는 한인들의 역사적 측면에 대한 분석을 통해서 그들과 국가와의 상호협력 상황을 파악할 수 있었다. 이러한 연구서들은 사할린 한인들의 현지 통합과정에서 그들의 민족정체성 형성에 대한 연구의 토대가 되었다.

## 연구방법

이번 연구는 서울, 인천, 부산, 사할린에 거주하는 사할린 한인사회에서 실시한 민족지학적 현장 실태 연구로 수집한 정보를 바탕으로 했다. 1세대부터 4세대까지 사할린 한인을 대상으로 설문조사와 인터뷰를 하여 현장 실태 연구를 실시했다.《어떤 나라가 내 조국인가》를 주제로 작성한 짧은 에세이도 현장 실태 연구에 포함되었다. 사할린 한인들은 주관식 30문항으로 이루어진 설문지를 작성했다. 심층 질문에 흥미를 보인 응답자들만이 인터뷰에 응했다. 인터뷰 응답자들은 한국과 러시아에 거주하면서 자신을 어떻게 정체화했는지 답변했고, 어린시절 추억과 한국에서의 거주 경험을 자세히 이야기했다. 인터뷰 과정에서는 다음과 같은 이야기가 오갔다: (a) 어떤 나라를 조국으로 여기는가, (b) 러시아에 거주하면서 스스로를 어떻게 정체화하는가, (c) 한국 이주를 어떻게 생각하는가, (d) '한국인이 된다'는 것은 무엇을 의미하는가. 이 외에도 응답자들은 어떤 나라를 고국으로 여기는지 자기 방식대로 설명했다. 단순히 출생지 또는 완곡한 개념이 아니라 진정한 고향으로 여기는 곳을 염두에 둔 것이다. 4세대 한인들은《조국》이라는 개념에 대한 본인의 감정을 자유로운 형식으로 표현했다. 모든 응답자들은 세 그룹으로 나뉘어(1세대, 2세대, 3세대 이상) 연구 결과를 나타냈다. 인터뷰는 2세대에서 4세대까지 사할린 한인들의 모국어인 러시아어로 진행되었으며 응답자 연령대는 20~80세이다.

## 정체성 문제

이민자들의 다중 정체성 문제는 러시아와 해외 학자들(Arutyunov S.A., Bromley Yu.V., Tishkov V.A., Bell D., Cogan J., Dericott R., Kwan K., Ott S., Shibutani T., De Vos TG.)이 연구했다. 학자들은 이민자들이 다수의 민족 정체성을 지닐 수 있다고 생각한다. 민족 정체성이란 사회/인종적 역학 관계, 사회 및 경제적 지위, 지정학적 맥락에 따라 결정되는 복합 사회범주이다. 넓은 의미로 민족 정체성은 민족 집단 타 구성원에게 공통적인 민족 특성을 근간으로 하여 갖는 감정을 일컫는다(Shibutani&Kwan, 1965). 또한 인간이 스스로를 제 민족 집단 대표자로 규정하는 자존감의 일부로 정의되기도 한다(Uba 1994, c. 89).

민족 정체성은 동일한 전통, 행동방식, 세계관, 가치를 바탕으로 한 동일 집단에 속한 문화, 종교, 지리, 언어의 공통 법칙의 맥락에서 발달한다(Ott 1989). 집단 기준에서 민족 정체성은 민족 집단 내에서 타 집단에 대항하여 내부 결속과 자원 공동 동원의 기초가 된다(Peterson 1980). 주류집단과 비주류집단에 관한 민족 정체성 갈등은 이민 과정에서 가장 극명하게 드러난다(DeVos 1980).

민족 정체성을 측정하는 방법이 존재한다. 어느 정도로 집단 내 구성원과 민족적 연대를 유지하는지, 가치와 행동양식이 동일한지 측정하는 것이다. 이러한 현상을《민족적 애착(ethnic attachment)》이라고 부른다. 일부 맥락에서 민족 정체성과 민족적 애착은 동전의 양면을 뜻한다. 민족 정체성을 강하게 느끼는 사람은 감정과 행동 면에서 민족 공동체에 애착을 더 느낀다.

사할린 한인들이 스스로를 정체화하고 본인의 정체성을 여러 방법으로 해석하기 때문에 이러한 과정을 연구하는 것은 매우 복잡한 일이다. 따라서 한인 디아스포라의 삶에 지대한 영향을 미쳤으며 현재까지도 영향을 미치고 있는 특수한 상황을 전부 고려해야 한다.

## 사할린 한인들의 역사

제2차 세계대전 당시 한인들 다수가 강제 징용으로 사할린에 끌려왔다. 1905년 러일전쟁에서 러시아가 패배한 이후 사할린섬은 러시아와 일본이 나눠 가졌다. 사할린은 석탄 광산, 삼림, 어장이 풍부했기 때문에 상당한 가치를 지녔다. 자원이 부족한 일본은 이에 관심을 보였다. 그러나 이러한 경제 프로젝트를 수행하려면 저렴한 조선인 노동력이 필요했다. 일본 정부는 한반도에서 노동력을 충당했다(Lankov 2010). 1930년대부터 사할린 거주 한인의 수는 점점 증가했다. 초기에는 사할린에서 받을 수 있는 고임금에 이끌린 한인들이 자발적으로 이주했다. 40년대 초반에는 더 많은 한인들이 노동력으로 동원되었다. 1945년23,500명의 한인들이 사할린 섬에 거주했다. 일제강점기 후기에는 4만 명 가량의 한인들이 사할린 섬 남부로 동원되었다가 일본 영토로 끌려갔다(Din 2015, 58쪽).

일본 정부는 사할린 섬에서 한인을 대상으로 엄격한 동화 정책을 실시했다. 한인들은 광산, 임업·어업 분야에서 위험하고 임금이 낮은 일을 했다. 한인 아이들은 일본 학교에 다니며 일본어로 수업을 들었고, 모국어 사용을 할 수 없었다. 친구들과 한국어로 대화를 나누면 심한 벌을 받았다. 일본 정부는 이러한 방식으로 한인 아이들을 일본 학교에 교화시키려 했다. 일본 학교의 엄격한 교칙은 한인 특성에 아주 큰 영향을 미쳤다.

1945년 사할린은 러시아 영토에 편입되었다. 정치 상황상 사할린에 거주하는 한인들은 본국으로 돌아갈 수 없었다. 러시아가 한국과 외교를 맺지 않았기에 한인들은 시민권을 받을 수 없었다. 정치 상황 때문에 한국 귀국이 사실상 불가능해졌다. 러시아식 이름으로 개명하고 학교에서 러시아어로 교육을 받으면서 한인들은 러시아 사회에 동화되었다.《그 결과 한인들은 주변 상황에 적응하여 새로운 언어를 배우고, 낯선 문화와 사고 방식을 익혀야 했다.》(박승의 2019, 144쪽) 한인들은 언어 사용, 생활 방식 면에서 현지인과 차이가 없었지만, 결혼, 식생활, 예식은 고수했다.

1990년대 소련 해체 이후 사회가 변화하면서 사할린 한인들을 억압하던 낡은 규제가 완화되었다. 당시 대다수 한인들은 러시아 국민이 되어 러시아 대륙으로 이주했다. 러시아 국내 이주 통제가 느슨해지고 사할린 경제에서 한인들의 역할이 증대되면서 한인들의 대이동이 시작되었다. 이 시기에 필요성이 대두되었던 한국문화센터 및 연맹, 한국어 강좌, 전통한국문화클럽이 개설되었다.

러시아 사회 모든 분야에서 민주화가 이루어지고 외교 금지가 해제되었으며 해외여행이 가능해졌다. 또한 같은 시기 러시아와 한국이 수교를 맺으면서 양국이 사할린 한인 문제에 관해 유의미한 대화를 나눌 토대가 마련되었다(Din 2015, 190쪽). 1990년대 사할린 한인들의 본국 귀환이 가능해지면서 한인 사회에서 페레스트로이카는 한국《개방》을 뜻했다.

역사적 조국으로 귀환한 대다수(76%)는 사할린에 거주하는 동안 재정이나 사회 적응으로 어려움을 겪지 않았다. 본국 귀환한 사유는 "고국에 대한 향수"와 "한국에 묻히고 싶은 바람"이 많았다. 인터뷰에서 한인 1세대 응답자 중 한 명은 한국으로 돌아가기로 결심한 이유를 이렇게 설명했다.

> 저는 1942년에 가라후토 한인 가정에 태어났어요. 부모님과 할머니가 머나먼 조국에 대해 이야기해주시면서 그곳으로 돌아가길 꿈꾸셨지만, 그 꿈은 이루어지지 않았어요. 할머니와 할아버지는 우리가 역사적 조국을 잊지 않기를 간절히 바라셨지요. 본국 귀환이 가능해진다면 한국으로 돌아가 정착하라고 당부하셨어요. 그런 말을 듣고 자란 게 결정에 영향을 미쳤지요. (2018.11.18. 박승의 씨 인터뷰)

## 본국 귀환

90년대 말 한국 정부는 《적십자》 단체와 공동으로 사할린 한인 귀환 프로그램을 제안했다. 오랜 회담 끝에 3국 위원회(한국, 일본, 러시아)가 해당 프로그램을 실시하기로 했다. 일본은 사할린 강제 이주에 책임이 있는 만큼 귀국을 희망하는 한인들에게 재정 지원을 했다. 그러나 그러한 권리는 사할린 한인 1세대에게만 적용되어 1세대만 본국 귀환 프로그램의 대상이 될 수 있었다(Din 2015, 196쪽).

90년대 중반부터 1세대 한인들이 한국으로 귀국하기 시작했다. 일본은 인천에 고령인구용 주택 100호, 안산에 특별주택 500호를 공급하는 데 30억 엔 이상을 들였다. 이 주택 명칭은 《고향 마을》을 뜻하는 《Goyang Maul》이었다(박승의 2019, 95쪽).

귀국민들은 서울, 안산, 인천 등의 도시에 건설한 주택에 이주했고,

사할린 강제 노역 당시 지급받지 못한 임금을 보상받았다. 또한 가구가 일부 설치되어 있고 생활하는 데 필요한 시설이 갖춰진 주택을 제공받았다. 한 달 생활비로 경제적인 생활방식을 영위하는 데 충분한 700달러를 받으며, 연간 사할린행 비행기표를 1-2회 제공받는 등 기타 보상도 있다. 현재 한국 19개 도시에 4,200명 가량의 한인 1세대가 거주 중이다. 편안한 거주 조건 속에서 높은 의료 서비스를 제공 받으며 미래가 안정되어 있다는 점에서 많은 한인들이 이주해 왔기 때문이다 (박승의 2019, 96쪽).

## 한국 사회 적응

러시아어권 한인들은 고국으로 돌아간 뒤에도 사회·문화적 측면에서 어려움을 겪었다. 본국 귀환한 러시아어권 한인들이 적응하면서 겪은 문제는 한국인 학자들이 연구하여 한국어로 출판했다(Sokolova 2012). 이러한 현대 연구는 귀국 한인들의 권리 보장을 다뤘고 사회 적응 과정을 분석했다. 이들이 한국 사회에 적응하기까지 수많은 장애물이 존재하기 해당 현상은 단순하게 볼 수 없음을 한국인 학자들이 발견했다. 제도적 차이와 정서, 사회 및 실제 생활 면에서의 고립으로 인해 귀국 한인들은 한국 사회에 적응하기 힘들어하고 있다(Sokolova 2012).

## 귀국의 꿈을 이루다

본국 귀환 프로그램으로 '고국'에 돌아온 이후로 사할린 한인 1세대들은 꿈이 이루어졌다고 여겼다. 사할린 생활을 마친 지금, 그들 대부분은 한국에서의 새로운 삶을 '천국'이라고 불렀다. 또한 부모님의 꿈을 이루었고, 역사적 조국과 하나가 된다는 중대한 임무를 달성했다. 많은 한인들이 친척들을 만났고 성묘를 갔다.

> 한국과의 첫 만남은 신선한 공기를 한 모금 마시는 것과 같았어요. 이 중 국적, 영주권, 의료보험 혜택을 받을 수 있게 되었죠. 다들 우리를 일제 강점기 희생자로 여겨요. (P 모 씨, 1942년 생 남성, 인천, 2018. 11. 18.)

## 언어 문제

한국에서의 생활은 만족스러운 수준이지만 여전히 귀국 한인들은 어려움을 겪는다. 가장 큰 문제는 끈끈한 한국 사회에 동화되거나 참여하는 것을 가로막는 언어 장벽이다.

인터뷰에서 귀국 한인들은 현대 한국어를 제대로 알지 못하는 것이 가장 심각한 문제라고 말했다. 이로 인해 한국 사회에서 사회 및 문화 '주류'에 편입될 수 없기 때문이다. 소련 시대 한인들은 한국어 구사력을 잃었고, 가족들과 대화할 때만 한국어를 사용했다. 게다가 사할린 한인들이 쓰는 방언은 현대 한국어와 많은 차이를 보인다.

## 사회 통합 문제

많은 귀국 한인들은 사회에 적극적으로 참여하고 현지인과 활발히 소통하려 노력하고 있지만, 이러한 행위가 사할린 한인 사회에 국한될 뿐이라고 언급했다. 연금 수령은 실업 상태를 전제하므로 한인들은 일자리를 얻을 수 없다. 일자리를 얻으면 연금 수령액이 감소하기 때문이다. 인터뷰에 참가한 여성은 한국에서의 태평한 삶에 질렸다고 응답했다. 그녀는 사할린으로 돌아가고 싶지만, 남편이 한국에 남고 싶어 해 돌아갈 수 없다.

> 물론 한국에 살면 아주 좋죠. 시설도 좋은 집에 필요한 모든 것이 다 있거든요. 바깥에 자주 나갈 필요도 없어요. 그렇지만 밖에 나가면 우리는 아무것도 할 수가 없어요. 사할린에 있을 때와는 완전히 달라요. 그때는 항상 일했거든요! 이제는 정원에서 일할 필요도 없어서… 지루해요! 한국에 살고 싶지 않아요. 그저 돌아가고 싶다는 생각 뿐이에요. 그렇지만 남편은 여기를 마음에 들어해서 돌아갈 수 없어요. (T 모 씨, 1943년 생 여성, 인천, 2018.11.18.)

## 러시아인 정체성 인식

한국에 거주한 이후로 귀국 한인들은 사할린에서 보낸 시간이 삶과 사고방식에 지대한 영향을 끼쳤음을 알게 되었다. 다수의 한인들은 그들이 평생 추억을 쌓은 사할린을 그리워한다. 몇몇 한인들은 사할린에서 그들이 생활하고 일하며 휴식을 취했던 때로 돌아가고 싶어 한다. 물고기를 잡고 약초나 산열매를 따며, 현지 공동체 사람들과 만났던 일을 자주 회상한다. 사할린에 향수를 느끼냐는 질문에 대부분이 그렇다고 확답했다.

> 당연하죠. 평생을 사할린에서 보냈는걸요. 아이들과 손자들도 사할린에 있어요. 사할린에서 쌓은 추억이 얼마나 많은데요. (P.I., 1943년

생 여성, 인천, 2018.11.18.)

## 친족과의 이별

가장 가슴 아픈 일은 사할린에 두고 온 가족들과 헤어지는 것이다. 아이들과 손자들을 자주 만날 수 없어 그리움과 향수병에 시달린다. 귀국 한인들은 가족들을 방문하러 1년에 1-2회 사할린을 방문한다.

사할린 1세대의 본국 귀환은 '가족과의 새로운 이별'이라는 또 하나의 문제를 낳았다. 사할린 한인들은 한국 국회에 차세대 사할린 한인들을 본국 귀환시키는 법안을 통과해줄 것을 요청했다.

> 1년에 한 번은 사할린에 가려고 해요. 거기서 거의 70년을 살았는걸요. 아이들과 손자들도 거기 살고요. 사할린은 우리 작은 고향마을이에요. (상기와 동일)

## 이중 정체성

한국 생활을 하면서 귀국 한인들은 러시아와 한국 양국의 정체성을 갖고 있다. 이는 러시아와 한국 명절을 모두 챙기고 싶다는 열망으로 반영된다. 귀국 한인 모임에서는 전통문화를 배우는 한국문화클럽이 인기를 얻고 있다. 전통악기를 다루고 민요를 부르며 한국 전통옷을 배우는 것이다. 동시에 귀국 한인들은 승전기념일, 새해, 국제 여성의 날 등 러시아 생활을 떠올릴 수 있는 러시아 국경일도 기념한다.

인터뷰에서 다수의 귀국 한인들은 한국인과 정서 및 행동양식 차이가 있어 스스로를 한국 국민으로 생각하지 않는다고 답변했다. 그 결과 조국과 일체감을 느끼지 못하며 소외감을 겪는다. 오랜 세월을 보낸 일상적인 공간으로 돌아가고 싶다고 여기기도 한다. 일부 귀국 한인들은 한국 가족들을 만나고 기대보다 못한 만남에 실망하기도 했다. 심지어 한국 가족들과 친밀한 교류를 이어나가지 못한 경우도 있었다: "사고방식이 달라서 계속 교류하기 어려워요.", "자기들 할 일이 있어서 항상 바쁘더라고요."

러시아 사회문화적 환경에 오랫동안 깊이 연관되어 있었기 때문에 양국 문화간 사회 및 정서적 특성이 불일치할 수밖에 없다. 그 결과 사할린 한인들의 민족 정체성은 혼란을 겪고, 민족 문화와 일체감을 얻지 못하게 된다.

사할린 한인들의 본국 귀환 문제 연구에서 한국인 학자들은 귀국 한인들이 심각한 심리적 스트레스를 받는다고 언급했다(Baik 2007, 13쪽). 사할린에 남은 아이들이 임종이 얼마 남지 않은 나이든 부모님을 데리러오는 경우가 종종 있다. 일부 귀국 한인들은 인터뷰에서 가까운 친지들 주변에 머물다가 사할린에 묻히고 싶어 사할린에 가기를 원한다고 고백하기도 했다.

많은 귀국 한인들은 '조국' 개념을 다시 보게 되었다고 답했다. 1세대 사할린 한인들은 평생 한국을 조국으로 여기고 살았지만, 본국 귀환하고 나서는 생각이 달라졌다. 평생을 살았고 아이들이 남아있는 공간이 조국이라 생각하게 되었다는 것이다.

> 나는 해외에서 태어나 할아버지의 가족에게 돌아간, 잃어버린 '손자'라고 생각했다. 나는 '조국'이 언제나 돌아가고 싶은 장소이며 나를 이해하고 받아들여주는 곳이라 생각했다. 그런데 한국에서의 삶은 나와 맞지 않다. 인격이 둘로 나뉜 것 같다. 이성은 한국인 같은데 감정은 명확하지 않다. (P 모 씨, 1942년 생 남성, 인천, 2018.11.18.)

한국에서 5년 거주 후 귀국 한인들은 한국 국적을 받아들일 것인지, 아니면 러시아 국적을 유지할 것인지 선택해야 한다. 이 중 다수는 한국 국적을 선택하겠지만, 10%는 적응 문제로 사할린에 돌아가기로 결정했다.

## 2세대

사할린 한인 2세대는 한국 문화에서 태어나고 자랐으며, 한국 예식과 전통을 철저히 따른다. 러시아어가 제1언어임에도 불구하고 일상생활에서 한국어를 구사할 수 있다. 그들은 폐쇄된 공동체에서 양육되었고, 주로 한국인 동갑내기들과 어울려 다녔다. 그들의 정체성 형성에는 한반도의 혈연, 한국 문화환경을 보존하려는 열망, 러시아 사회에서 민족·인종적 포지셔닝, 사할린 한인 디아스포라 구성원으로 한국과의 교류 등이 지대한 영향을 끼쳤다(Lee 2011).

평생을 조국 바깥에서 거주하면서 2세대들은 강제동화(일제강점기)부터 분리(거주구역에 격리되어 거주, 전통 생활방식과 언어를 보존하며 국립 한국학교에서 수학), 주류문화에 완전통합까지 다양한 문화 동화 과정을 경험했다(Berry 2003).

디아스포라 공동체에서 한인들은 자신들의 정체성을 다음과 같이 정의한다. 영주권과 시민권을 소유한 국가와 인종적 조국에 소속감과 소외감을 느끼는 것이다. 민족적 자의식은 일상생활에서 민족 문화가 어느 정도 중요한지, 그 문화를 보존하고 다수가 향유하는 문화에 통합시킬 수 있는지 여부에 달려 있다. 역사적 조국과 정서적 유대 관계를 가지며 언어, 음식, 음악, 이름 등 전반적으로 동일시할 수 있다. 그러면 다른 사회적 역할도 추상적이고 특징이 사라지게 되는 것이다

(Bell 1975). 사회적 지위와 생활 수준을 향상시키려면 교육을 받아야 하는데, 이를 위해서는 러시아어를 구사할 필요성을 인식하고 소비에트 연방과 러시아 사회 주류 그룹의 생활방식을 받아들여야 한다.

생활 경험의 차이와 성별, 사회 지위, 세대와 같은 특성은 민족 정체성을 어떻게 규정하는지에 영향을 받는다. 이 외에도 정체성 발달 정도는 시간이 지나면서 변화한다. 따라서 민족적 정체성은 불변하는 것도 아니고, 동일한 범주의 것도 아니다. 사할린 한인들은 자신의 정체성을 다양하게 해석하고 규정하는 것이다(Lee 2011, 71쪽). 사할린 한인 2세대가 소비에트 연방과 러시아에서 획득한 가치관, 생활방식, 행동양식은 현대 한국 사회에 융합하고자 할 때 장애물이 되었다. 영주권을 얻어 부모님과 함께 한국에 거주하기를 거부한 것이 민족적 동일시에 영향을 미쳤다. 선진국으로서 한국은 부유하고 아름다운 곳이며, 모든 국민이 편안한 삶을 산다는 이상적인 모습을 띠고 있다. 이는 2세대들의 민족적 주체성에 영향을 끼치는 주요 요인이다. 유교 문화 고유의 부모님을 공경하는 전통 또한 2세대의 민족적 정체성을 형성하는 데 영향을 미쳤다. 한 예로, 인터뷰 응답자는 "한국으로 가고 싶어 했던 아버지의 열망이 러시아를 떠나는 데 결정적인 역할을 했다"고 말했다.

> 여기보다는 한국이 더 낫잖아요! …… 당시에는 아버지를 이해할 수 없었어요. 우리는 여기서 태어났는데, 아버지는 자신이 태어난 한국에 가고 싶어 하셨거든요. 가능하면 저희도 아버지와 함께 한국으로 가고 싶었어요. (L씨, 1951년 생 남성, 우글레봇스크, 2009.02.01.)(Din, 2015)

그러나 의견이 다른 2세대 한인도 있었다.

> 처음에는 저도 한국인이라고 생각했어요... 그런데 한국에 가서 우리

가 얼마나 다른지 알게 되니까 이제는 그런 생각 안 해요... 한국인 국적이라 하더라도, 실제 한국인과 닮은 점이 없다면 외국인이나 다름없잖아요. 회사를 경영하는 한국인 사촌과 이야기를 나눈 적 있어요. 외국인을 부서장으로 임명하려고 하면 다른 직원들이 화를 낸대요. 외국인 밑에서 일하기 싫다고요. 외국인은 한국인보다 하등한 외부인 취급을 받아요.

거기에서 대체 무엇을 할 수 있겠어요? 본인이 기술이 있다고 해도 일자리를 얻을 수 없는걸요. 그러니 사할린 한인들은 한국에서 아무 일도 못 해요. 아무것도 얻지 못하고 그저 조용히 연명만 하는 거죠. (D 모 씨, 1952년 남성, 유즈노사할린스크, 2009.04.12.)(Dim, 2015, 219쪽)

2세대들은 표준어를 제대로 구사하지 못하고 러시아식 사고방식과 행동양식을 가지고 있다. 한국에서 인정받는 교육을 받지 못해 커리어를 쌓지 못하기도 한다. 이로 인해 역사적 조국에 대해 2세대가 갖는 태도가 변화했다. 한국 사회로 통합되는 과정에서 2세대들은 문제에 직면하고, 여기서 러시아 문화와 러시아인으로서의 정체성이 주요한 역할을 한다.

저는 여기서 태어났고, 가족들과 아이들도 여기 있어요... 사는 곳이 조국이라고 생각해요, 제 말이 맞지 않아요? 제 국적이 한국이기는 하지만, 전 여기서 태어났잖아요. (Li I., 1965년 생 여자, 유즈노사할린스크, 2019.06.15., Din, 219쪽)

사할린 한인 2세대들은 자기 정체성을 다양하게 규정한다. 사할린 한인의 민족 정체성 문제를 연구한 역사학자 Yu. Din은 "개별 민족 정체성에 대한 태도가 다양하게 나타날 수 있다"고 언급했다. "일부 한인들은 본인을 조국과 멀리 떨어져 사는 한국인으로 생각한다. 다른 일부는 본인이 어떤 민족 집단에도 속하지 않는 러시아인이라고 생각한다. 또 다른 일부는 본인들이 사할린에서 태어나고 자라 한국과 러시아 관습을 지키며, 두 언어로 대화하며 러시아 법을 따르고 한국에 관심을 가진 평범한 사람이라 규정한다."

## 3세대 이상

사할린 한인 3세대는 1세대와 2세대와는 많은 차이를 보인다. 35-40세인 그들은 대부분 한국 학교에서 학창시절을 보내지 않아 한국어를 알지 못한다(한국어를 배운 경우는 예외). 3세대들은 소비에트 연방과 러시아 국적을 취득하는 데 문제가 없었다. 인터뷰에서 3세대는 정체성 고민을 잘 하지 않는다고 말했다.

> 사실 제가 누구인지 자주 생각하지는 않아요. 한국에 다녀오거나 한국인들과 함께 있을 때만 그런 생각을 하죠.
> 아주 드물어요. 예를 들자면, 이런 질문에 대답할 때만 그런 생각을 해요. (L 모 씨, 1977년 생 남성, 유즈노사할린스크, 2010.08.14.)

Yuliya Din(2012)은 정체성을 깊게 고민하지 않는 이유가 자아를 확립하는 과정에서 내부 갈등이 없었기 때문이라고 말한다. 3세대 한인들은 한국인과의 차이점을 강조하며 본인들을 '현지 한인'으로 규정했다.

> 예전에는 제가 러시아인이나 한국인이라고 생각했어요. 특정 국적을 갖고 있을 거라고 생각했거든요. 저는 우선 사할린 한인이에요. 제가 '한국'이라고는 생각 안 해요. 저는 러시아어로 생각하고 말해요. 사고 방식과 가치관은 절대 변하지 않을 거예요. 한국인들은 좋지만, 그들과

제가 관련이 있어 보이지는 않아요. 일본인, 미국인처럼 다른 민족일 뿐이에요. 우리와는 달라요. 그러면 제가 한국인이 아니라는 거죠. (K 모 씨, 1990년 생 남성, 유즈노사할린스크)(Din, 2015)

다양한 생활 환경은 민족 정체성에도 영향을 준다. 민족 정체성은 지속성을 띠지 않고 변화하기 때문이다. 민족 공동체의 일원으로 본인을 규정하는 정도는 모두 동일하지 않지만, 다양한 사회 환경에 사는 집단에서는 차이를 보인다(Cogan and Dericott 2000).
3세대와 4세대가 조국 개념을 궁리할 때도 한국과 연관을 짓는다. 그들이 생각하는 조국은 선조와 그의 본국 귀환 가능성과 관련이 있다. 5년 전 《내 조국》을 주제로 쓴 글에서 3세대와 4세대는 조국을 한국, 한국의 문화와 전통과 연결지어 생각했다.

사할린 한인 3세대로서 저는 한국도 제 고향이라 생각해요. 저는 조국이라고 말하면서도 남한과 북한을 구분하지 못해요. 한국은 제게 흥미롭고 소중한, 옛스럽고 다양한 문화를 지닌 한반도 국가거든요. (P 모 씨, 1995년 생 남성, 2013년 9월)

전반적으로 사할린 3세대 한인들의 조국에 대한 태도는 2세대의 것과 차이를 보인다. 두 그룹으로 분류를 할 수 있다. 전자는 스스로를 한국인으로 규정하고 한국으로 떠날 준비가 된 그룹이고, 후자는 러시아와 사할린이 유일한 고향인 그룹이다. 한국 사회와 경제에 적응할 수 없었던 귀국 한인들은 러시아가 살기 더 편하다는 사실을 알고 있다. 그들은 본인을 '진정한 한국인'으로 규정하지 않고, 이주 과정에서 필연적으로 마주하게 될 어려움과 문제를 극복할 필요성을 느끼지 못한다. 《조국》과 《집》 개념을 규정하는 것처럼 민족적 주체성에서 주요한 부분은 사할린 3세대 한인들에게 실용적으로 결정된다.

조국은 집이에요. 우리가 태어나고 언제나 돌아가고 싶은 집이죠. 내 조국은 사할린이에요. (T 모 씨, 1989년 생 여성, 유즈노사할린스크, 2010. 08.14.)(Din 2015, 221쪽)

일부 사할린 3세대 한인들은 한국 이주 시도를 했다. 그러나 그들은 차별과 상호 교류의 어려움 등 더욱 심각한 문제를 직면했다. 간혹 한국인들이 사할린 출신 이민자를 배척하는 경우도 있었다. 결국 그들은 사할린으로 돌아갔다. 많은 3세대 한인들이 언어 구사 능력이 한국 생활에 결정적이고 심각한 장애물로 작용했다고 언급한다.

제가 두 나라 중 어느 한 곳에 속한다면 러시아를 고르겠어요. 러시아에서 만들어진 가치관은 한국의 것과 다른 경우가 많더라고요. 조국은 제가 태어난 곳이라고 생각해요. (S 모 씨, 1992년 생 남성, 유즈노사할린스크, 2016.10.10.)

많은 3세대 한인들은 한국 사회에 완전히 통합되거나 자신의 사회·경제적 지위를 향상할 수 없다고 인식했다. 또한 스스로 한국 사회의 일원이 아니라고 느낀다. 흥미롭게도 조국이 어디냐고 질문하면 3세대들은 러시아가 아니라 사할린을 꼽는다. 그들은 사할린 한인으로 스스로를 인식하며 한국이나 러시아 대륙에 거주하는 한국인과는 다름을 명확히 하고 있다.

사할린 한인 일부 대부분 3세대는 한국으로 이주했다. 고등교육을 이수했고, 한국어를 구사할 줄 알거나 자유자재로 영어를 구사할 수 있는 이들이다. 그들은 승진이나 사업을 이유로 한국으로 이주한다. 일을 하러 한국으로 갔지만, 그곳에 계속 머무르기로 확정짓지는 않았다. 러시아로 돌아오거나 타국으로 옮겨갈 수도 있다는 것이다. 이 때문에 자녀들이 한국 사회에 완전히 동화되기를 원치 않는다고 했다.

아이들을 생각하면 한국 유치원이 유리하지만, 미래의 교육을 위해 국제 학교를 선택했다. 또한 이들은 고국을 사무치게 그리워하지 않는다. 국제 항공편이 있고 지리적으로 가까운 만큼 원하는 때 언제든 사할린으로 돌아갈 수 있기 때문이다. 사할린을 자주 방문하며 가족들이나 친구들과 종종 안부를 묻는다. 이들은 한국의 법적 거구자 신분이므로 모든 권리와 이점을 누릴 수 있다. 인터뷰에서 그들은 현재 한국 생활에 만족하고 있다고 답했다.

> 의료보험 등 절세 혜택도 받을 수 있어요. 한국에 거주하는 외국인한테도 적용되거든요. (Ten A., 1982년 여성, 서울, 2018.11.20.)

이 집단은 사회문화적으로 적응하기 훨씬 수월하다. 이들은 사회문화 차이를 잘 알고 있기에 현지 사회에 쉽게 적응할 수 있다. 현지인과의 관계를 현실적으로 보고, 상이한 생활 및 행동양식을 이해하며 수용한다. 전통과 역사가 다르다는 점도 충분히 이해하고 있다. 이렇게 접근함으로써 자기 자신의 정체성을 잘 알 수 있고, 사고방식의 차이도 깊이 이해할 수 있는 것이다.

> 저는 현지인들의 특성을 이해하고 인내심을 가지려 항상 노력해요. (Kim M.,1979년 생 남자, 서울, 2018.11.21.)

해당 집단은 현지 사회를 우호적이고 긍정적이라고 평가한다. 그들은 편견을 겪어본 적이 없다고 언급했다. 그러면서도 스스로를 진정한 한국인으로 여기지는 않는다고 강조한다. 현지 한국인은 사할린 한인을 잘 모르기 때문에, 덜 알려진 나라에서 온 한국인 동포로 받아들인다고 응답하기도 했다.

# 결론

사할린 한인들은 본국 귀환이나 이주로만 본인의 민족 정체성을 온전히 인식할 수 있었다. 사할린 한인들의 한국 사회 적응 과정을 연구한 학자들에 따르면, 대부분 문화 차이를 좁혀가며 새로운 규칙이나 가치관을 성공적으로 익히고, 현지 사회 규칙에 따라 행동한다. 반면에 제도적 차이와 정서, 사회 및 실제 생활 면에서의 고립, 기타 주관적·객관적 요소 때문에 적응을 어려워하기도 한다. 평생 한국을 조국으로 여겼던 1세대는 현지 사회에 쉽게 동화된다. 사회에 효과적으로 적응하려면 역사적 조국의 이상적인 모습에 기초하여 명확한 적응 시스템이 있어야 한다. 그럼에도 불구하고 1세대들은 사회에 스며들고 사회문화 방면에서 적응하는 데 어려움을 겪는다. 표준어를 능숙하게 구사하지 못하고, 가족들과 떨어져 지내야 하기 때문이다. 이러한 조건 속에서 그들은 이중 정체성을 인지하고, 조국을 사할린으로 인식하게 된다. 그 결과 많은 이들이 "자신이 평생을 지내왔고, 이제는 자식들이 남아있는 곳"을 조국으로 여기게 되었다. 어떤 나라를 다수가 조국으로 여기는지는 불분명하다.

사할린 2세대와 3세대 한인들은 귀국 이후 더 큰 어려움을 겪는다. 한국의 시장 경제와 도시화된 사회에 적응하기 어려워한다. 한국 사회의 표준어, 규범, 규칙, 법, 문화적 차이를 알지 못하기 때문이다. 그 결과 사할린 한인들은 '진정한 한국인'으로 스스로를 규정하지 않고, 본인이 한국 사회 구성원이 될 수 있을 것이라 기대하지도 않는다. 일부는 현지인들과 소통하면서 어려움을 겪었고, 배척을 당하기도 했다 (현지인들에게 그들은 이방인이었다).

바로 이러한 적응 문제 때문에 한인들은 종종 사할린으로 돌아온다. 보통 한국에 거주하는 사할린 한인 2세대와 3세대들은 러시아인으로서 정체성을 갖고 있다. 실질적으로 한국 사회에 완전히 편입될 수 없음을 인지하고, 이전 세대의 이야기 속에서 이상화된 '역사적 조국'을 대하는 태도를 바꾼 것이다. 그들은 조국을 본적지로 생각하고, 사할린을 조국으로 여기며 '사할린 한인'으로 본인을 규정한다. 따라서 일부 현지 학자들은 새로운 민족 명칭으로 '사할린 한인'을 주장하기도 한다(Din 2015).

사할린 3세대 한인 중 일부는 성공적으로 한국 사회에 편입했다. 그러나 그들은 스스로를 사회의 일원으로 여기지 않고, 어떤 한 국가에 특별히 애착을 느끼지도 않는다.

줄곧 사할린에 살며 한국에 오래 산 적이 없는 한인 4세대는 한국을 조국으로 여긴다. 그러나 이는 스스로 민족 정체성을 이해하고 싶은 욕구가 구체화되어, 추상적이고 이상적인 형태로 드러난 것이다.

사할린 한인들의 조국 인식은 세대, 한국 거주 경험, 새로운 생활방식에 대한 적응능력에 따라 차이가 있다. 역사적 조국의 형태와 민족적 배경은 조국에 대한 소속감에 강한 영향을 준다. 그러나 타국에서 형성된 습관은 이중 정체성을 형성하고 양국에 소속감과 애국심을 일으키는 요인이 된다. 러시아 사회에서 어렵게 적응했기 때문에 사할린 한인 디아스포라 대다수는 불확실한 미래와 확실한 어려움을 마주하고 나서 영주 국가를 바꾸기를 원치 않는다.

# 참고문헌

Din Yu.I., 사할린 한인 디아스포라: 소비에트 및 러시아 사회 내 본국 귀환과 통합 문제/ Din Yu.I. 유즈노사할린스크: 유한책임회사 《Sakhalinskaya oblastnaya》, 2015 -332쪽.

박승의, 정체성을 찾는 사할린 한인들. Monografiya.- M.: 출판사 "Pero", 2019.- 324쪽.

Sokolova D.A., 한국으로 귀환한 러시아어 구사자들의 사회·문화적 적응 특성//Teoriya i praktika obestvennogo razvitiya. 2012. -No.12 (1).- 387-389쪽.

Baik, Seung-min (2007). *History of the Sakhalin Koreans*. Korean Minjok Leadership Academy international program.

Bell, D. (1975). Ethnicity and Social Change. Ethnicity: Theory and Experience, In N.Glazer, D.P.Moynhon (Eds.), *Ethnicity: theory and experience* (pp. 141-176), Cambridge, Massachusetts: Harvard University Press.

Cogan, J. & Dericott, R. (2000). *Citizenship for the 21$^{st}$ century: an International Perspective on Education* (rev). London: Kogan Page Limited.

De Vos, G, (1980). Ethnic adaptation and minority status. Journal of Cross-Cultural Psychology. 11, 101-124.

Lankov, A. N. (2010). Forgotten People: The Koreans of Sakhalin Island. 1945-1991. *Transactions: Royal Asiatic Society*, 85(1), 13-28.

Lee, D. (2011). *Sakhalin Korean Identity & Engagement in the 21 st Century Korean Diaspora*. Unpublished Senior Thesis, Pomona College,

Claremont, California.

Ott, S. (1989). *The Organizational Culture Perspective*. Chicago: The Dorsey Press.

Peterson, W. (1980). "Concept of Ethnicity" in Stephen Thernstorm (ed.) Harvard Encyclopedia of American Ethnic Groups. Cambridge, Massachusetts: Harvard University Press.

Shibutani, T. & Kwan, K. (1965). *Ethnic stratification*. New York: Macmillan.

Uba, L. (1994) *Asian Americans: Personality Patterns, Identity, and Moral Health*. New York: Guilford Press.

Yoon, In-Jin (2000). Forced Relocation, Language Use, and Ethnic Identity of Koreas. *Central Asia and Pacific Migration Journal*, 9(1), 35-64.

# Путь к пониманию Родины : развитие гражданской и этнической идентичности в самосознании сахалинских корейцев.

Балицкая И.В.

Сахалинский государственный университет

Общей характеристикой менталитета сахалинских корейцев является ассоциация собственной этнической принадлежности с народом Южной Кореи, что проявляется в разной степени у разных поколений сахалинских корейцев. Долгое ожидание репатриации, рассказы родителей о далекой родине, их мечты о возвращении и страдания разлученных семей сыграли важную роль в формировании образа далекой и долгожданной родины - Кореи. Борьба за репатриацию также повлияла на сильное стремление к единству с исторической родиной и идентификации себя как части корейского общества. Подобное восприятие родины передается как историческая память из поколения в поколение.

Единение с исторической родиной сахалинских корейцев, их воссоединение с семьями, репатриация послужили толчком к осмыслению ряда уникальных социокультурных явлений и вызывали живой интерес и отклик у исследователей . Данные исследования базируется на изучении трудов ряда сахалинских ученых- историков (Бок Зи Коу, Кузин А.Т., Пак Сын Ы, Дин Ю.И. и др.), посвященных истории сахалинских корей цев, в которых затронуты вопросы гражданства, мобильности, сохранения языка и культуры. Их труды основаны на детальном изучении архивных материалов и личном опыте проживания на территории Сахалинской области (большинство из них являются представителями диаспоры сахалинских корей цев). Анализ исторических аспектов проживания корей цев на территории России позволяет рассмотреть условия, при которых происходило их взаимодей ствие с горсударством. Данные труды послужили основой для изучения вопроса формирования этнической идентичности сахалинских корей цев в процессе их интеграции в принимающее общество.

## Методы исследования

Статья основана на данных, полученных в результате полевых этнографических исследований в общинах сахалинских корей цев, проживающих как в южнокорей ских городах (Сеул, Инчхон, Пусан), так и на Сахалине. Полевые исследования включали опросы и интервью 16 сахалинских корей цев от первого до четвертого поколений . Были использовали следующие методы: интервью, опросы и краткое эссе на тему «Какую страну я считаю своей Родиной». Сахалинским корей цам - репатриантам было предложено заполнить анкету, состоящую из 30 вопросов, включающую вопросы открытого типа. Интервью проводились с респондентами, заинтересованными в дальней шем обсуждении вопросов. Интервьюируемых попросили рассказать, как они идентифицирорвали себя, проживая в России и в Южной Корее, а также подробно рассказать о своих воспоминаниях детства и опыте жизни в Южной Корее. В ходе собеседования также запрашивалась следующая информация: (а) какую страну они считают своей родиной ; (б), как они идентифицировали себя, проживая в России; (с), как они относятся к переезду в Южную Корею; и, (д), что означает для них "быть корей цем." Кроме того, респондентов попросили объяснить своими словами, какую страну они считают своей родиной -подразумевая не место рождения или эвфемизированное понятие, а то место, которое они считают домом. Представителям четвертого поколения было предложено написать сочинение, в котором они могли бы выразить в свободной форме свои чувства по отношению к понятию "родина. Все респонденты были поделены на три группы (1, 2 и 3 и последуюие поколения) и эта категоризация используются для представления результатов исследования. Интервью были проведены на русском языке, который является родным языком сахалинских корейцев от второго до четвертого поколений . Возраст опрошенных-от 20 до 80 лет.


## Вопросы идентичности

Вопросы множественной идентичности иммигрантов изучены в трудах ряда российских и зарубежных ученых (С.А. Арутюнов, Ю.В. Бромлей , В.А. Тишков, D.Bell, J. Cogan, R. Dericott, K. Kwan, S.Ott, T. Shibutani, TG. De Vos,), которые считают, что иммигранты могут придерживаться нескольки этнических идентичностей . Под этнической идентичностью понимается сложная социальная категория, определяемая социальной / расовой динамикой , социально-экономическим статусом и геополитическим контекстом. В широком смысле этническая идентичность может трактоваться как чувство принадлежности к другим членам этнической группы, основанное на общих этнических особенностях. (Shibutani & Kwan, 1965) Она может также пониматься часть самооценки, основанной на том, как человек определяет себя по отношению к своей этнической группе и представителем какой этнической группы он воспринимается другими [Uba 1994, с. 89].

Этническая идентичность развивается в контексте общих закономерностей культуры, религии, географии и языков, принадлежащих к одной и той же группе на базе

сходных традиций , поведения, убеждений  и ценностей .
(Ott 1989) На групповом уровне этническая идентичность
является основой внутригрупповой солидарности и
коллективной мобилизации внутренних ресурсов в
противовес представителям иных этнических групп
(Peterson 1980). Конфликт этнической  идентичности по
отношению к доминирующей  и недоминантной группой
наиболее ярко проявляется в процессе иммиграции. (DeVos
1980)

Существуют способы измерения уровня этнической
идентичности, которые  определяют в какой степени
человек поддерживает этническую солидарность с другими
членами группы, равно как и  общие ценности и модели
поведения. Данное явление называется 《этнической
привязанностью》 (ethic attachment). В некотором смысле
этническая идентичность и этническая привязанность
являются двумя сторонами одной  медали: чем сильнее
этническая идентичность человека, тем сильнее его или
ее эмоциональная и поведенческая привязанность к своей
этнической  общности.

Так как сахалинские корей цы идентифицируют себя и
интерпретируют свою идентичность множеством способов,
исследование этих процессов является достаточно
сложным и требует учета всех особых обстоятельств,
которые оказали сильное влияние и продолжают влиять
на жизнь корей ской  диаспоры.

# История корейцев на Сахалине

В массовом масштабе корейцев начали привезить на Сахалин в качестве подневольных работников во время Второй мировой войны. В 1905 году, после поражения России в русско-японской войне, остров Сахалин был разделен между Россией и Японией. Так как Сахалин был богат месторождениями угля, лесными угодьями, рыбными промыслами, он представлял значительную ценность и интерес для бедной ресурсами японской империи. Однако, для реализации подобных экономических проектов требовалась дешевая рабочая сила, и она была найдена в Корее. [Lankov 2010] Корейцы начали прибывать на остров в растущем количестве начиная с 1930-х годов. Сначала это была добровольная миграция, так как корейцев привлекали на Сахалин высокой заработной платой. В начале 40-х годов все больше корейских рабочих стали привозить в качестве мобилизованной рабочей силы. К 1945 году на острове проживало около 23,500 корейцев. В последние годы оккупации Кореи около 40 000 корейцев были отправлены на юг Сахалина, а затем на территорию Японии. [Дин 2015, с. 58]

На Сахалине японское правительство проводило жесткую ассимиляционную политику в отношении корейского населения. Они выполняли самую опасную низкооплачиваемую работу на шахтах, в лесодобывающей, рыбопромышленной отраслях промышленности. Корей ские дети посещали японские школы, где преподавание велось на японском языке и был введен запрет на использование родного языка. Детей строго наказывали, за то, что они разговаривали между собой на корей ском языке. Таким образом предполагалось ассимилировать корей ских детей в японскую культуру. Строгие правила в японских школах очень сильно повлияли на корей ский характер.

В 1945 году Сахалин стал россий ской территорией . Политические обстоятельства не позволили корей цам, проживающим на Сахалине, вернуться на родину. Им также было отказано в предоставлении гражданства, потому что Россия не имела дипломатических отношений с Южной Кореей . Сложившаяся политическая ситуация сделала репатриацию в южную часть Корей ского полуострова практически невозможной . Принятие русских имен, обучение на русском языке в школе способствовали ассимиляции корей цев в россий ском обществе. "В результате корей цы вынуждены приспасабливаться к окружающим их обстоятельствам, обучаться новому языку, осваивать чуждую им культуру и стиль мышления". [Пак Сын Ы 2019, с. 144] Корей цы не отличались от местных русских в таких аспектах, как использование языка, образ жизни, в то время как они поддерживают сильные этнические предпочтения в браке, рационе питания и ритуалах.

Постсоветская социальная трансформация в 1990-е гг. сняла все старые ограничения для сахалинских корейцев. К тому времени большинство из них приняли российское гражданство, в связи с этим возросла миграция на материк России. Мобильности корейского населения способствовало и ослабление внутреннего миграционного контроля и повышение их роли в экономике Сахалина. В этот период начинают создаваться корейские культурные центры и ассоциации, языковые курсы, кружки традиционного корейского искусства, в которых ощущалась острая потребность.

Демократизация всех сфер жизни российского общества, снятие запретов на межгосударственные контакты, возможность личных поездок за границу, а также установление дипломатических отношений позволили России и Южной Корее позволили открыть полноценный диалог на межгосударственном уровне, в том числе и по проблемам сахалинских корейцев. [Дин 2015, с. 190] Для корейской общины перестройка означала «открытие» Южной Кореи: в 1990-х годах сахалинские корейцы начали переселяться в Южную Корею.

Большинство уехавших на историческую родину (76%) не испытывали никаких материальных или социальных трудностей проживая на Сахалине. Среди основных причин переезда в Южную Корею они называли следующие: «тоска по родине» и «желание быть похороненным в Корее». В интервью один из репатриантов первого поколения объяснил, в чем заключалась основная причина его решения поехать в Корею.

《Я родился на Карафуто в 1942 году в корейской семье. С детства я увлекался языком и культурой предков. Мои родители и бабушка рассказывали о нашей далекой родине, мечтали вернуться туда. Но их мечты не сбылись. Наши бабушка и дедушка умоляли нас не забывать нашу историческую родину. Они просили нас переехать в Южную Корею на постоянное место жительства при первой возможности. Это повлияло на мое решение переехать в Южную Корею》. (Интервью с Пак Сын Ы, Инчхон, 18. 11. 2018)

## Репатриация

В конце 90-х правительство Южной Кореи совместно с организацией "Красный крест" развернули программу репатриации сахалинских корейцев. После долгих переговоров, трехсторонняя комиссия (Южная Корея, Япония, Россия) приступила к реализации данной программы. Япония, взяв на себя ответственность за насильственное переселение корейцев на Сахалин, выделила финансовые средства на программу переселения для тех, кто выразил желание вернуться в Корею. Однако, такое право было предоставлено только первому поколению сахалинских корейцев: участвовать в программе репатриации могли только корейцы первого поколения. [Дин 2015, с. 196]

Начаная с середины девяностых, первые группы репатриантов начали прибывать в Южную Корею. Япония выделила более 3 млрд. йен на строительство и оборудование дома престарелых на 100 мест в г. Инчоне и специального квартала на 500 квартир в г. Ансане, который называли "Goyang Maul", что в переводе означает "родная деревня".[Пак Сын Ы 2019, с.95]

Репатрианты селились компактно в специально построенных кварталах в гг. Сеул, Ансан, Инчон и др. Они получили компенсции за невыплаченную заработную плату во время работы на территории японского Сахалина. Переселенцам были предоставлены квартиры, которые были частично мебелированы и оборудованы всем необходимым для жизни. Им полагаются месячные выплаты в размере 700 долларов (сумма достаточная для экономного образа жизни) и некоторые компенсации: выплата стоимости билетов на Сахалин (один или два раза в год). Комфортные условия проживания, высокий уровень медицинского обслуживания, чувство уверенности в будущем явились причиной оттока около 4200 корейцев первого поколения, которые в настоящее время проживают в 19 городах Южной Кореи. [Пак Сын Ы 2019, с. 96]

## Адаптация в южнокорейском обществе

Несмотря на то, что русскоязычные корей цы возвращаются к своему родному этносу, они испытывают социальные и культурные трудности. Проблема адаптации русскоязычных корей ских иммигрантов в среде иностранной культуры была изучена корей скими учеными и опубликована на корей ском языке (Соколова 2012). Соответствующие современные исследования посвящены вопросам правового обеспечения репатриантов и анализа процессов их адаптации в принимающем обществе. Корей ские ученые обнаружили, что адаптация русскоязычных корей ских иммигрантов представляет собой набор сложных многогранных процессов и является неоднозначным явлением. Существующие институциональные различия, психическая и социально-практическая удаленность усложняют процесс интеграции репатриантов в принимающее общество (Соколова 2012)

## Осуществление мечты возвращения

Вернувшись 《домой 》 в рамках программы репатриации, сахалинские корей цы первого поколения осознали, что их мечта осуществилась. После многих лет прожитых на Сахалине, большинство из них называли свою новую жизнь в Корее 《раем》. Они осознали, что осуществили мечту своих родителей и выполнили важную миссию единения с исторической родиной : многие из них встретили своих родственников и посетили могилы предков.

《Первая встреча с Кореей была как глоток свежего воздуха. Мы получили двой ное гражданство, пособие на проживание и медицинскую страховку. Люди относились к нам как к жертвам японских колонизаторов》. [П., мужчина, 1942, Инчхон, 18.11.2018]

## Языковая проблема

Несмотря на обущую удовлетворенность уровнем жизни в Южной Корее, тем не менее, репатрианты испытывают ряд трудностей . Основной трудностью они считают языковой барьер, который препятствует ассимиляции или приобщению к жизни в сплоченном обществе Южной Кореи.

В интервью репатрианты подтвердили, что, наиболее серьезной проблемой интеграции является недостаточное знание современного литературного корей ского языка, что мешает им вой ти в социокультурный 《мей нстрим》 южнокорей ского общества. В советский период корей цы утратили знание родного языка, на нем говорили только в семье, к тому же диалект, на котором говорили сахалинские корей цы, сильно отличался от современного языка Южной

Кореи.


## Проблема социальной интеграции


Многие репатрианты отмечали, что пытаются активно участвовать в общественной жизни, общаться с местными жителями, но чаще эта деятельность замкнута в сообществе сахалинских корейцев. Респонденты указывали на отсутствие возможности устроиться на работу, поскольку получение пенсии в Южной Корее подразумевает отсутствие работы и, если она есть, приводит к сокращению размера пособий. Одна из участниц интервью отмечает, что ей надоела беззаботная жизнь в Южной Корее, и ей хочется вернуться обратно на Сахалин, но ее мужу нравится жить в Корее и он не хочет возвращаться назад.


《Мы живем здесь, конечно, очень хорошо. Наша квартира хорошо оборудована и в ней есть все необходимое; нам даже не нужно часто выходить на улицу. Но даже когда мы выходим, нам нечего делать. Наша жизнь на Сахалине была другой -мы работали все время! Теперь мне не нужно работать в саду ... Скучно! Я не хочу оставаться здесь, я просто думаю о том, как вернуться. Но моему мужу это нравится, и пути назад нет》. [Т., женщина, 1943, Инчхон, 18. 11. 2018]

## Осознание российской идентичности

Прожив некоторое время в Корее, репатрианты начали понимать, что годы, проведенные на Сахалине, оказали большое влияние на их жизнь и менталитет. Многие респонденты признались, что испытывают чувство тоски по Сахалину, с которым связаны все жизненные воспоминания. Некоторые упоминали в интервью, что они скучают по своему привычному на Сахалине образу жизни, занятиям, отдыху. Им нравится вспоминать, как они ловили рыбу, собирали травы и ягоды, встречались с людьми из местных общин. На вопрос, чувствуют ли они тоску по своей жизни на Сахалине, большинство из них отвечали утвердительно.

«Да, конечно. Ведь вся моя жизнь прошла на Сахалине. Наши дети и внуки остались там. Большая часть воспоминаний связана с Сахалином». [П.И., женщина, 1943, Инчхон, 18.11.2018]

## Разлука с родственниками

Самой болезненной проблемой является разлука с родственниками, оставшимися на Сахалине, невозможность часто видеть детей и внуков. С этим связаны чувства ностальгии и тоски. Репатрианты стремятся выезжать на

Сахалин один или два раза в год, чтобы навестить своих родственников.

Возможность репатриации только первого поколения сахалинских корейцев обозначило еще одну проблему, которую они называют "новым разделением семей". Группа сахалинских корейцев обратилась в Парламент Республики Корея с просьбой принять закон о репатриации других поколений сахалинских корейцев на историческую родину.

《Мы стараемся хотя бы раз в год ездить на Сахалин: ведь мы прожили там почти 70 лет, и там живут наши дети и внуки. Сахалин-наша маленькая родина》. (Там же)

## Двойная идентичность

Живя в Корее, репатрианты стараются поддерживать российскую и корейскую идентичности. Это отражается в их желании отмечать как русские, так и корейские праздники. В общинах сахалинских корейцев-репатриантов популярны клубы корейской культуры, в которых они изучают национальные корейские костюмы; учаться играть на музыкальных инструментах, петь корейские народные песни и т. д. В то же время, репатриантам нравится отмечать российские государственные праздники, такие как День Победы, Новый год, Международный женский день, которые напоминают им о жизни в России.

В интервью многие репатрианты отмечали, что не чувствуют себя гражданами Кореи из-за ментальных и поведенческих различий с южнокорей цами. В результате были нарушены ожидания чувства единения с родиной, возникло чувство отчужденности и тоски по привычной среде, в которой они прожили много лет. Некоторые репатрианты признали, что испытали некоторое разочарование после встречи с родственниками в Южной Корее, поскольку ожидали совершенно иных отношений. Некоторые респонденты сказали, что им не удается поддерживать близкие отношения со своими родственниками в Южной Корее: "с ними сложно поддерживать отношения из-за очень разного менталитета", ⟪у них своя жизнь, они всегда заняты⟫.

Поскольку связи с россий ской социокультурной средой были длительными и тесными, можно наблюдать несоответствие социально-психологических характеристик двух культур. В результате ощутим кризис этнической идентичности сахалинцев-корей цев-нарушение ожидания единства с этнической культурой.

В исследованиях проблем репатриации сахалинских корей цев, которые были проведены корей скими учеными отмечается, что репатрианты испытывают серьезное психологическое напряжение [Baik 2007, с. 13]. Нередки случаи, когда дети, осташиеся жить на Сахалине, забирают старых родителей , зная о приближении их кончины. Некоторые респонденты признавались в интервью, что они хотели бы вернуться на Сахалин, чтобы быть в окружении более близких людей  и быть похороненными на Сахалине.

Многие репатрианты отметили, что они переосмыслили понятие "родина". Представители первого поколения сахалинских корей цев всю свою жизнь считали Корею своей  родиной , но только после репатриации они начали ощущать, что родина-это то место, где они провели всю жизнь и где остались их дети.

> 《Я чувствую себя потерянным 《внуком》, который  родился за границей  и вернулся в семью деда. Я понимаю слово "Родина" как место, куда вы всегда хотите вернуться, где вас могут понять и принять. Но я чувствую, что жизнь в Корее - это не мое. Это похоже на раздвоение личности: мой  разум корей ский , но чувство - неясно, кто я 》. [П., мужчина, 1942, Инчхон, 18.11.2018]

После истечения 5-летнего срока проживания в Южной Корее  репатрианты  должны  решить  принять  ли  им корей ское гражданство или оставить россий ское. Многие из них склоняются к принятию южнокорей ского  гражданства, однако, около 10% из сахалинских корей цев, репатриированных в Южную Корею, решили вернуться на Сахалин из-за проблем адаптации.

## Второе поколение

Сахалинские корей цы второго поколения родились и выросли в контексте корей ской культуры, тщательно соблюдают корей ские ритуалы и традиции и могут говорить по-корей ски в повседневной жизни, несмотря на то, что русский является их первым языком. Они воспитывались в закрытых сообществах и, в основном, общались с корей скими сверстниками. На формирование их идентичности большое влияние оказали семей ные связи на полуострове Корея, стремление сохранить среду корей ской культуры, их национальная этно-расовая позиционность в контексте россий ского общества и их взаимодей ствие с Южной Кореей в составе сахалинской диаспоры. (Lee 2011).

Проживая за пределами своей родины в течение всей жизни, представители второго поколения прошли различные стадии аккультурации (Berry 2003): от насильственной ассимиляции (период японской колонизации Сахалина) и сепарации (изолированное проживание в частях населенных пунктов, обучение в корей ских национальных школах, сохраняя традиционный образ жизни и язык) до полной интеграции в доминирующую культуру.

В общинах диаспоры люди связывают свою идентичность с чувствами принадлежности и отчуждения как к стране своего проживания и гражданства, так и к этнической родине. Этническое самосознание зависит от того, насколько важна этническая культура в повседневной жизни, а также от возможности ее сохранения и интеграции в культуру этнического большинства. Эмоциональная связь с образом исторической родины обеспечивает набор общих идентификаций - в языке, еде, музыке, именах - тогда как другие социальные роли становятся более абстрактными и безличными (Bell 1975). Необходимость адаптации для улучшения социального статуса и уровня жизни, для получения образования ведет к осознанию необходимости овладеть русским языком как основным и, как следствие, к принятию стиля поведения. доминирующей группы для адаптации к советскому и россий скому обществам.

Различия в жизненном опыте, равно как и такие особенности как пол, социальный уровень и поколение влияют на то, как люди определяют свою этническую идентичность. Кроме того, контуры развития идентичности со временем меняются. Таким образом, этническая идентичность не является ни статичной , ни однородной категорией . Соответственно, сахалинские корей цы по-разному интерпретируют и определяют свою идентичность. (Lee 2011, с.71). Мировоззрение сахалинских корей цев второго поколения, образ жизни и социальное поведение, приобретенные в СССР и России, впоследствии стали камнем преткновения при попытке интегрироваться в современное южнокорейское общество. На их этническую идентификацию оказал влияние отказ в отъезде вместе с родителями на постоянное проживание в Южную Корею. Идеализированный образ Южной Кореи как высокоразвитой страны, где все красиво, богато и каждый должен жить комфортно, является одним из наиболее важных факторов, влияющих на их этническую самобытность. Традиция подчинения родителям, типичная для конфуцианской культуры, также оказала должное влияние на формимрование этнической идентичности сахалинских корейцев второго поколения. Например, один из интервьюируемых сказал, что желание его отца поехать в Южную Корею сильно повлияло на его решение покинуть Россию.

В любом случае, жить в Корее лучше, чем здесь! ⋯Мы не понимали его в то время. Мы родились здесь, а он стремился поехать в Корею, потому что это было его место рождения. Мы бы тоже поехали с ним, конечно, если бы была возможность. [Л., мужчина, 1951, Углезаводск, 01. 02. 2009]. (Дин, 2015)

Однако были и другие мнения среди корейцев второго поколения.

Сначала я думал, что я тоже кореец⋯ Как туда поехал, увидел, насколько мы разные, уже не думаю так⋯ Я вроде и кореец по национальности, но раз на настоящих

корецев не похож, значит, уже вроде как ине кореец··· Я
вот с братом двоюродным - он кореец-разговаривал - он
мне сказал, что вот есть у него фирма - и даже если он
захочет иностранца поставить начальником отдела -
другие все возмутятся и не будут подчинятся ему.
Иностранцы считаются аутсай дерами, ниже корей цев.

А что там делать? По своей специальности ты не
устроишся никак. Поэтому нечего делать сахалинским
корей цам там. Только кто в возрасте, тем можно.
Добиваться ничего не нужно, доживай тихо. [Д., мужчина,
1952, Южно - Сахалинск, 12.04.2009]. (Дин, 2015, с. 219)

Плохое знание литературного корей ского языка, русский
менталитет и стиль поведения, отсутствие признаваемого
в Корее образования и трудности в построении карьеры
изменили отношение корей цев второго поколения к
своей исторической родине. В процессе интеграции в
южнокорей ское общество они сталкивается с проблемами,
и на первый план выходит русская культура и россий ская
идентичность.

Я здесь родилась, семья, дети ... Я считаю, родина там,
где ты живешь, правильно я говорю?Так что, я знаю, что
я по национальности кореянка, да, но я здесь родилась.[Ли
И., женщина, 1965, Южно-Сахалинск, 15.06.2019, Дин,с.219].

Сахалинские корей цы второго поколения по-разному
выражают свою идентичность. По мнению сахалинского

историка, исследователя вопросов этнической идентичности сахалинских корейцев Ю.Дин отношение к проявлению собственной этнической идентичности может быть выражена по-разному: некоторые из них чувствуют себя подобно корейцам, которые любят своих родителей, но живут далеко от своей родины; некоторые считают, что они русские без привязанности к какой-либо этнической группе. Некоторые просто люди, которые родились, выросли и живут на Сахалине, соблюдают корейские и русские обычаи, говорят на двух языках, живут по российским законам и заинтересованы во всем корейском.

## Третье и последующие поколения

Сахалинские корейцы третьего поколения во многом отличаются от первого и второго поколений. Им 35-40 лет, и, по большому счету, они не учились в корейских школах и практически не знают корейский язык (за исключением немногих, кто изучал его специально). У них не было проблем с получением советского и российского гражданства; они общаются равно как с русскими так и с корейцами. В интервью представители третьего поколения замечали, что редко думают о своей идентичности.

На самом деле редко думаю, кто я. Только когда я

приезжаю в Корею или когда в окружении корей цев из Южной Кореи...

Очень редко, например, когда я отвечаю на этот вопрос. [Л., мужчина, 1977, Южно-Сахалинск, 14.08.2010]

Юлия Дин (2012) утверждает, что отсутствие внутренних конфликтов в процессе самоидентификации является причиной отсутствия более глубоких размышлений об идентичности. Практически все опрошенные представители третьего поколения, независимо от того, как их предки оказались на Сахалине, идентифицируют себя как «местные корей цы», подчеркивая тем самым их отличие от южнокорей цев.

Раньше я думал, кто я - русский или кореец, и решил, что я отдельная национальность, я в первую очередь сахалинский кореец. Я не чувствую себя ханкуком. Я думаю и говорю по-русски. Менталитет и мировоззрение никогда не изменится. Мне нравятся корей цы, но я не чувствую связи с ними. Они для меня как японцы, американцы, просто другая нация. Не такой как мы, а если нет, то я не кореец. [К., мужчина, 1990, Южно-Сахалинск, 23.08, 2010]. (Дин, 2015)

Различные жизненные обстоятельства влияют на этническую идентичность. Этническая идентичность изменчива и не является постоянной категорией . Степень, в которой человек идентифицирует себя как члена этнической общности, не одинакова для всех, но различна для групп людей , живущих в разных социальных средах (Cogan and Dericott 2000).

Когда представители третьего и четвертого поколений размышляют о концепции родины, они также связывают ее с Южной Кореей . Их образ родины связан с предками и возможностью их собственной репатриации. В своих очерках «Моя Родина», написанных пять лет назад, сахалинские корей цы третьего и четвертого поколений отметили, что их мысли о Родине всегда связаны с образом Кореи, ее культурой и традициями.

Как сахалинский кореец третьего поколения, я думаю, что Корея также является моим домом. Я не различаю Южную и Северную Корею, говоря о Родине. Корея для меня - это Корей ский полуостров с его древней и разнообразной культурой , которая мне дорога и интересна. [П., мужчина, 1995 г., сентябрь 2013 г.]

Отношение к родине сахалинских корей цев третьего поколения, в целом, отличается от второго поколения. Их можно разделить на две группы: те, кто считает себя корей цами и готовы уехать на постоянное место жительства в Корею, и те, для кого Россия и Сахалин стали единственной родиной . Мигранты, которые не смогли адаптироваться в Корее экономически и социально, понимают, что они могут жить в России более успешно.

Они не считают себя «настоящими корей цами» и не считают необходимым преодолевать трудности и проблемы, связанные с возможным переездом в Южную Корею. Такая важная часть этнической самобытности, как определение понятий "родина" и "дом", для большинства сахалинских корей цев третьего поколения определяется прагматично:

Родина - это дом. Тот дом, откуда ты вышел и куда хочешь всегда вернуться вернуться. Моя Родина - Сахалин. [Т., женщина, 1989, 14.08.10., Южно-Сахалинск]. (Дин 2015, с. 221)

Некоторые сахалинские корей цы третьего поколения делали попытки переехать в Южную Корею, но они столкнулись с еще более серьезными проблемами, включая трудности в общении и дискриминацией и иногда неприятием южнокорей ских местных жителей иммигрантов из Сахалина, и вернулись на Сахалин. Многие из них отмечают, что владение языком является решающим и серьезным препятствием для жизни в Корее.

Думая о своей принадлежности к одной из этих стран, я бы выбрал Россию. Сформированный в России менталитет часто противоречит взглядам южнокорей ских гораждан. Я думаю, что родина - это место, где ты родился. [С., мужчина, 1992, 10.10.2016, Южно-Сахалинск]

Многие представители третьего поколения осознали невозможность полной интеграции и улучшения своего социально-экономического положения в Южной Корее и не ощущают себя частью южнокорейского общества. Интересно, что, отвечая на вопрос о родине, они называют не Россию, а Сахалин. Они идентифицируют себя как сахалинских корейцев, подчеркивая их отличие от южнокорейских и материковских корейцев России.

Отдельная группа сахалинских корейцев мигрировала в Южную Корею (в основном ипредставители третьего поколения). Это те, кто имеет высшее образование и знает корейский или свободно говорит по-английски. Их переезд в Южную Корею обычно связан с профессиональным продвижением или бизнесом. Они переехали на работу в Корею, но не определились с планами своего дальнейшего пребывания в стране. Они признают, что могут вернуться в Россию или переехать в другую страну, если этого потребуют их жизненные интересы. Возможно, по этой причине они упоминают, что не хотели бы, чтобы их дети полностью ассимилировали в корейском обществе. Респонденты говорят, что для их детей предпочтительнее ходить в корейский детский сад, но они выбрали международные школы для дальнейшего образования. Кроме того, они отмечают, что никогда не испытывают тоску по дому, объясняя это тем, что из-за наличия международных рейсов и близкого территориального расположения они могут легко вернуться на Сахалин в любое время. Они посещают Сахалин довольно часто и не теряют связь с друзьями и родственниками. Представители этой группы имеют статус легальных резидентов в Южной Корее и, следовательно, пользуются всеми правами и преимуществами. В интервью они говорят, что они вполне удовлетворены уровнем жизни в Корее:

> У нас есть такие же льготы, как медицинское страхование и т. д., поскольку многие льготы доступны для иностранцев, которые живут в стране. [Тен А., жен., 1982, Сеул, 20.11.2018]

Социокультурная адаптация этой группы проходит намного легче. Они хорошо осведомлены о причинах социокультурных различий, и это помогает им легко адаптироваться к жизни в принимающем обществе. Они смотрят на отношения с местными жителями более реалистично и принимают свой новый образ жизни, пытаясь понять другие стили жизни, поведение и узнать о различных традициях и истории. Такой подход позволяет им лучше осознавать свою личность, глубже понимать различия в менталитете:

> Я всегда стараюсь понять особенности поведения местных корейцев и быть терпимым. [Ким М., мужчина, 1979, Сеул, 21.11.2018].

Представители этой группы считают принимающее сообщество достаточно дружелюбным и позитивным. Они отмечали, что никогда не сталкивались с какими-либо предрассудками. Респонденты этой группы подчеркивают, что не считают себя настоящими корей цами. Один из них отметил, что местные жители обычно мало знают о сахалинских корей цах и воспринимают их как этнических корей цев из менее известной страны.

## Заключение и выводы

Полностью осознать свою этническую идентичность сахалинские корей цы смогли только в результате репатриации или миграции. Согласно данных ученых, изучающих процессы социокультурной адаптации сахалинских корей цев-репатриантов, большинство из них успешно усваивают новые правила и ценности и дей ствуют в соответствии с правилами принимающего общества, тем самым сокращая дистанцию культурных различий . С другой стороны, институциональные различия, социальная и практическая удаленность возвращающихся, ряд объективных и субъективных факторов усложняют процесс адаптации. Представители первого поколения, считавшие Корею своей родиной на протяжении всей своей жизни, легче интегрируются в принимающем обществе.

Эффективный процесс аккультурации связан с наличием четких адаптационных систем, основанных на идеальном образе исторической родины, сформировавшейся в годы вынужденной эмиграции. Тем не менее, они столкнулись с рядом трудностей, осложняющих их полную интеграцию и социокультурную адаптацию - незнание литературного языка, разлука с детьми и внуками. В таких условиях они начали осознавать свою двойственную идентичность и связывать мысли о родине с Сахалином, в результате многие пришли к пониманию того, что родина - это место, где они прожили всю свою жизнь и где остались их дети. неясно, какая страна в большей степени может считаться их родиной.

Второе и третье поколение сахалинских корейцев испытали больше трудностей с адаптацией после их миграции в Южную Корею. Они сталкивались с трудностями интеграции в рыночную экономику и урбанизированное общество Южной Кореи. Незнание литературного языка, норм, правил и законов южнокорейского общества, культурных различий, привело к тому, что сахалинские корейцы больше не воспринимают себя как «настоящие корейцы», и как потенциальная часть южнокорейского общества. Некоторые из них испытывали серьезные трудности в общении с местными жителями и даже неприятием (местные жители считают их иностранцами).

Именно проблемы адаптации часто являются причиной

возвращения на Сахалин.

Представители второго и третьего поколения сахалинских корейцев, проживающих в Южной Корее, обычно поддерживают российскую идентичность. Осознав практическую невозможность полной интеграции в корейское общество, они изменили свое отношение к «исторической родине», образ которой формировался на основе идеализированных рассказов людей старшего поколения. Они часто связывают понятие родины с местом своего постоянного проживания и называют свою родину Сахалином и идентифицируют себя как сахалинские корейцы. Так, некоторые местные ученые спорят о появлении нового этнонима - "сахалинские корейцы" (Дин 2015).

Небольшое число представителей третьего поколения сахалинских корейцев успешно интегрировались в южнокорейское общество, но они не считают себя его частью и не испытывают особой привязанности ни к одной стране.

Представители четвертого поколения, проживающие на Сахалине и не имеющие опыта долгосрочного проживания в Южной Корее, называют Корею своей родиной, но при этом подразумевают некий абстрактный, идеализированный образ как воплощение их желание понять собственную этническую идентичность.

Восприятие родины сахалинских корейцев неоднозначно в зависимости от поколения и их опыта проживания в

Южной Корее как «иммигрантов на родину» и их способности адаптироваться к новой жизни и чувствовать себя комфортно в новых условиях жизни. Образ исторической родины и чувство этнической принадлежности по-прежнему сильно влияют на приверженность той или иной стране, которую они считают своей родиной. Однако сформировавшиеся привычки жизни в другой стране являются причиной формирования двойной идентичности и привязанности и лояльности к двум странам. Пройдя трудный путь адаптации в российском обществе, большая часть представителей сахалинской корейской диаспоры не захотела менять страну проживания, столкнувшись в Южной Корее с явными трудностями, проблемами и неясными перспективами их социально-экономической мобильности.

# Литература:

Дин Ю.И. Корейская диаспора Сахалина: проблема репатриации и интеграция в советское и российское общество/ Ю.И.Дин. Южно-Сахалинск: ОАО "Сахалинская областная типография", 2015 -332 с.

Пак Сын Ы Сахалинские корейцы в поисках идентификации. Монография.- М.: Издательство "Перо", 2019.- 324 с.

Соколова Д.А. Особенности процессов социо-культурной адаптации русскоговоряих корейских репатриантов в Республике Корея//Теория и практика обественного развития.- 2012. №. 12 (1).- С. 387-389.

Baik, Seung-min (2007). *History of the Sakhalin Koreans*. Korean Minjok Leadership Academy international program.

Bell, D. (1975). Ethnicity and Social Change. Ethnicity: Theory and Experience, In N.Glazer, D.P.Moynhon (Eds.), *Ethnicity: theory and experience* (pp. 141-176), Cambridge, Massachusetts: Harvard University Press.

Cogan, J. & Dericott, R. (2000). *Citizenship for the $21^{st}$ century: an International Perspective on Education* (rev). London: Kogan Page Limited.

De Vos, G, (1980). Ethnic adaptation and minority status. Journal of Cross-Cultural Psychology. 11, 101-124.

Lankov, A. N. (2010). Forgotten People: The Koreans of Sakhalin Island. 1945-1991. *Transactions: Royal Asiatic Society*, 85(1), 13-28.

Lee, D. (2011). *Sakhalin Korean Identity & Engagement in the 21 st Century Korean Diaspora*. Unpublished Senior Thesis, Pomona College, Claremont, California.

Ott, S. (1989). *The Organizational Culture Perspective*. Chicago: The Dorsey Press.

Peterson, W. (1980). "Concept of Ethnicity" in Stephen Thernstorm (ed.) Harvard Encyclopedia of American Ethnic Groups. Cambridge, Massachusetts: Harvard University Press.

Shibutani, T. & Kwan, K. (1965). *Ethnic stratification*. New York: Macmillan.

Uba, L. (1994) *Asian Americans: Personality Patterns, Identity, and Moral Health*. New York: Guilford Press.

Yoon, In-Jin (2000). Forced Relocation, Language Use, and Ethnic Identity of Koreas. *Central Asia and Pacific Migration Journal*, 9(1), 35-64.

# 오키나와(沖繩)의 이중정체성과 차별적 시선의 조우*
## 1970년대 계절노동자를 중심으로

# 오키나와(沖繩)의 이중정체성과 차별적 시선의 조우*
## 1970년대 계절노동자를 중심으로

신현선**

## 1. 들어가며

오키나와(沖繩)는 현대 일본의 모순이 집약된 장소이다. 위선적인 '평화' 구축에 기만당하고 있는 역설적 평화의 섬 오키나와는 지배/피지배라는 식민지배의 불편한 위계적 구조와 역사적 불편한 인식이 내장되어 반복되는 곳이다. 일본을 이해하는 화두이자 일본이면서도 일본이 아닌 오키나와는 일본 제국주의하에서 제국의 억압과 차별의 당사자였을 뿐만 아니라 제2차 세계대전 이후에는 미국이라는 새로운 제국의 등장으로 또 다른 억압과 차별이 작동한 지역이었다.

동아시아 최대의 군사기지가 된 오키나와는 베트남 전쟁의 공격 거점이 되면서 가해자이면서 피해자라는 이중성이 부각된다. 일본 본토를 위해 철저하게 도구화된 오키나와의 내부식민지 역사, 이념 전쟁을 위한 지정학적 도구로 쓰인 경험은 오키나와의 정체성 혼란을 가중시켰다. 인종 갈등, 지정학적 대립과 갈등, 내부의 권력구조 문제 속

* 이 논문은 2017년 대한민국 교육부와 한국연구재단의 지원(NRF-2017S1A6A3A 02079082)을 받아 수행되었으며, 2019년 『비교일본학』 제46집에 게재된 논문임.
** 원광대 한중관계연구원 동북아시아인문사회연구소 HK+연구교수

에서 제3자의 결정에 따르는 타자적 삶을 살 수밖에 없었던 오키나와의 비극은 여기서 끝나지 않고 오늘날 중국의 강대국화, 미국의 동아시아 귀환, 일본의 우경화가 서로 맞물리면서 현재에도 계속되고 있다.[1)

오키나와는 해방 후의 신식민주의적 모순을 폭로하는 동시에 식민주의의 모순을 통찰케 하는 공간으로 자리매김되었다. 1960년대 고도 경제성장을 거친 일본 본토는 급격히 토건국가화 되어 갔다. 그러나 오키나와는 미국의 군사기지화가 관철되는 가운데 각종 사회적 모순에 직면하고 있었다. 특히 1960년대 후반에는 베트남전쟁의 후방보급 기지로 전면가동되었고 본토 반환은 오키나와가 평화국가로 편입되는 기점이 아닌, 개발의 파고에 휩쓸리며 관광경제와 기지경제에 더욱 의존하게 되는 계기가 되고 말았다. 그리하여 '개발'과 '진흥'은 1970년대 중반의 오키나와, 그 공간을 조율하는 키워드였다.[2) 이후 한일국교 회복에 뒤이은 중일 수교와 오키나와 본토 반환을 경유한 1970년대 후반의 동아시아[3)는 소용돌이와도 같았다. 이에 노동의 월경에 대한 필요성과 욕구가 각국의 입장을 대변하며 재빠르게 움직이고 있었는데 본 연구에서는 오키나와에 내재된 차별의 양상을 고찰하는 데 있어서 접경지에서 펼쳐지는 노동의 이동과 현상을 포착하고자 했다.

---

1) 백지운, 「폭력의 연쇄, 연대의 고리-오키나와 문학의 발견」 『역사비평』, 역사비평사, 2013, p.337 참조

2) 임성모, 「월경하는 대중: 1970년대 한국여성노동자의 오키나와 체험」 『현대문학의 연구』, 한국문학연구학회, 2013, p.132.

3) 국교정상화 체결상황을 살펴보면, 일본은 1952년 타이완과 1965년 대한민국과 국교를 수립했다. 1972년 중화인민공화국과 국교를 정상화하면서 타이완과의 국교가 단절되었다. 1972년 배상청구 교섭에는 보다 복잡한 역학관계가 존재하고 있었는데 중일 국교정상화의 정치적 요인으로는 타이완 문제와 배상청구 포기의 교환이 있었다. 중국의 국교회복 3원칙이란 첫째, 중일 국교정상화를 통해 유일한 합법정부로 승인받고, 둘째, 타이완 문제를 국내문제화 하며 셋째, 일본과 타이완과의 단교를 요구하는 것이다. (최은봉, 오승희, 「중국의 대 일본 배상청구 포기의 양면성」 『담론201』, 한국사회역사학회, 2010, p.152, p.164 참조)

오키나와 내의 소수자들을 억압한 우치난츄(오키나와인)를 현재적 시점에서 비판적으로 서술해간 메도루마 슌(目取眞俊)의 작품에는 차별의 주체와 방향에 대한 고민이 함축되어 있으며 시사점이 풍부하다. 『어군기(魚群記)』(1983)의 등장인물인 아버지, 형, '나'가 계절노동자인 타이완 여성을 둘러싸고 벌이는 살등은 오키나와인의 치부를 적나라하게 드러낸다. 여기서 '타이완'은 오키나와를 비추는 거울 역할을 하고 있다.

1971년 일본 정부가 「오키나와복귀 대책요강(제2차)」을 각의 결정하고, 1972년부터 76년까지 오키나와에 외국 출신의 계절노동자 유입을 허가하였다. 이에 따라 지리적으로 가까운 타이완인 노동자가 유입되었다. 여기에는 동아시아가 식민지에서 해방된 후 생겨난 오키나와의 아시아 착취 구조가 자리한다.[4] 그러나 타이완 내에도 노동력이 부족했고, 1972년 '일본·타이완 국교단절'에 따라 노동자 파견이 중단되자 급히 한국인 노동자로 노동력이 대체되었다. 1973년 8월, 오키나와현 파인애플통조림조합은 노동력 부족을 해소하기 위해 한국국제기능개발협회와 교섭을 진행해 한국 출신 노동력을 도입하기로 한다.[5] 이와 관련하여 김정한은 『오키나와에서 온 편지』(1977)를 통해 1973~1976년에 전개된 오키나와로의 한국인 계절노동자의 단면을 문학적으로 형상화하여 탈식민의 문제를 정면으로 제기하였다.

이렇듯 두 작품은 오키나와와 한국, 타이완의 접합점뿐만 아니라 오키나와가 함유하고 있는 역사의 굴절에 대해서도 환기시킨다. 소설

---

4) 崔元植, 『東アジア文學空間の創造』, 岩波書店, 2008, p.91.
5) 沖繩県商工勞動部編, 『沖繩県勞動史 第三卷(一九六六~七三年)』, 沖繩県, 2001, pp.860
   -861. 국제기능개발협회 이사장 김용성은, 한국정부와 협의해 1972년에 오키나와에서 인재파견에 관한 시장조사를 시행하고, 같은 해 주(駐) 오키나와사무실을 개설한다.(『每日經濟』, 1973.8.24.) (오세종 저, 손지연 역, 『오키나와와 조선의 틈새에서』, 소명출판, 2019, pp.255-256)

속에 형상화된 1970년대 타이완 및 한국 여성 계절노동자의 삶을 목도하는 가운데 식민주의의 피해자인 동시에 가해자이기도 한 오키나와에 내재된 차별적인 시선을 통해 시대적, 공간적으로 연동하는 동아시아의 상황을 바라볼 수 있을 것이다.

이에 본고는 『어군기』와 『오키나와에서 온 편지』에서 오키나와인과 계절노동자(타이완인, 한국인) 사이의 차별문제를 살펴보고자 한다. 이 두 작품에 등장하는 소수자, 즉 여성 계절노동자에 초점을 맞추어 그들을 어떻게 표상하고 있는지, 그리고 문학 속에 형상화된 여성 계절노동자의 삶 및 월경한 노동의 의미에 대해 재조명하는 것은 동북아시아 전반에 흔들리는 불안정의 파고를 넘어 현재를 목도하면서 공감과 연대를 모색하는 일이 될 것이다.6)

## 2. 오키나와의 지정학적 특수성과 이중정체성

주일 미군기지 75%를 오키나와에 집중 배치하는 데서 단적으로 알 수 있듯 오키나와는 '평화-민주주의-해방'의 기치를 내세우며 전쟁기지로서 역할을 수행하고 있다. 1972년 '일본 복귀' 후에도 '기지의 섬'이라는 현실은 변함이 없다. 오키나와는 미일안보체제의 미명 아래 미군기지가 지속적으로 오키나와에 유지되면서 냉전시대 이후 새롭게 재편되는 세계체제 속에서 미국의 군사적 영향력을 여전히 새롭게 유지·확산하는 데 중요한 거점이 되었다.7)

---

6) 본고의 텍스트는 目取眞俊의 『目取眞俊短篇小說選集1 魚群記』(2013, 影書房), 김정한의 「오끼나와에서 온 편지」 『김정한소설선집』(2011, 창작과비평사)에 의한다.
7) 곽형덕, 『어군기』, 문, 2017a, p.314.

참조: 아라사키 모리테루 (2019), 『오키나와 이야기』, 역사비평사

　　일본열도에서 오키나와지역이 가지는 특수성은 일본의 제국주의
역사의 결과라 할 수 있다. 근대화에 성공한 일본제국은 가장 먼저 주
변 아시아지역으로 세력을 팽창시켜나갔으며, 영토영유와 식민지 지
배를 확대해 갔다.[8] 오키나와는 일본의 일부이면서 일본이 아닌 특수
한 위치에 놓여있었다고 할 수 있다. 류큐왕국으로 존재하고 있었고,
1879년 메이지 정부의 류큐처분(琉球處分)을 통하여 강제적으로 일본
의 일부가 되었다. 이후, 일본근대국가에 편입된 오키나와는 경제적으

───────────

8) 1869년 아이누민족이 거주하던 에조치를 홋카이도로 개칭하여 편입시키고, 1879
　　년에는 류큐처분을 단행했으며, 청일전쟁으로 대만을 식민지로 영유하고, 1910
　　년에는 한국을 병합하여 식민지 지배를 해왔다. (소명선, 「오키나와문학 속의
　　'조선인'-타자표상의 가능성과 한계성」 『동북아문화연구』 28, 동북아시아문화
　　학회, 2011, p.535.)

로는 소철지옥(蘇鐵地獄)으로 대표되는 궁핍한 생활을 해야만 했고, 정치·사회적으로는 외지인(外地人)으로 차별대우를 받아야만 했다.[9)]

특히, 아시아 태평양전쟁 당시의 오키나와 전투는 오키나와가 가진 가장 비극적인 역사적 경험이었다고 할 수 있다. 오키나와는 일본열도 중 유일하게 지상전을 경험하는데, 1945년 당시 일본군은 오키나와 주민들을 방패 삼아 전투를 치뤘고, 그 결과 오키나와 전체 인구의 약 3분의 1이 희생을 당한다. 패전 후, 미군의 직접지배 하에 놓인 오키나와는 미국의 동아시아 군사 요새가 되어 일본내 미군기지의 약 75%가 오키나와에 집중되는 현실과 마주하게 된다. 이와 같은 상황은 오키나와가 일본 제국주의의 희생의 대상이기도 하였다는 점을 상기할 때 역설적이다. 그러나 이러한 오키나와의 차별적이고 억압적인 전후 상황에 대해 일본 본토는 무관심으로 일관하였고, 때에 따라서는 적극적으로 오키나와를 차별하기도 하였다.[10)]

1968년은 오키나와 반환문제를 둘러싸고, 오키나와 내부에서는 '조국복귀'와 '반복귀'라는 대립되는 양상을 보인 시기이다. 오키나와의 일본복귀운동은 본격화되기 시작하여 이듬해 닉슨 대통령이 미일수뇌회담에서 오키나와 반환을 약속했고, 1972년 5월 15일 미군기지는 존속하는 형태로 시정권이 일본으로 반환되었다.[11)] 그러나 주둔하는 미군의 수는 크게 증가했고, 지금까지 군사기지로서의 오키나와가 지속되고 있다.

이와 같이 오키나와가 경험한 전쟁과 패전, 그리고 '전후' 상황은 일본 본토와 비교했을 때, 여러 가지 의미에서 이질적이다. 오키나와

---

9) 아라사키 모리테루 저, 정영신·미야우치 아키오 역, 『오키나와 현대사』, 논형, 2008(조정민, 「오키나와가 기억하는 '전후'」 『일어일문학』45, 대한일어일문학회, 2010, p.328에서 재인용)
10) 조정민, 앞의 책, 2010, p.328 참조.
11) 소명선, 앞의 책, 2011, p.542.

의 위상은 오히려 접경지 타이완과 한국의 경험과 근거리에 있다고 할 수 있을 것이다. 이들 국가 혹은 지역은 한 세기 동안 급격한 헤게모니 변동을 경험했는데 그 기저에는 '전쟁', '피지배'. '억압', '차별' 등의 접점이 촘촘하게 연결되고 있다.

아시아 태평양전쟁 당시 오키나와 전투 참여, 미군의 군사 요새화, 베트남 전쟁의 전략 기지 제공, 영토분쟁, 진영간 대립 등 일련의 역사적 사건 속에서 오키나와인은 타자의 결정을 따를 수밖에 없었다. 오키나와인은 일련의 역사적 사건 속에서 인종적 주체의식, 국가의식, 근대의식 등을 자생적으로 배양하고 확립할 수 있는 주체적 위치에 놓여있지 않았다. 그 결과 오키나와인은 피해자이면서 가해자인 이중적 정체성을 지니게 된다.

본고에서 다룰 두 작품, 메도루마 슌의 『어군기(魚群記)』와 김정한의 『오키나와에서 온 편지』에 등장하는 무대인 오키나와는 접경지 타이완과 한국과의 관계를 볼 때 지배/피지배라는 식민지배의 위계 질서와 역사 의식이 반복되는 공간이다. 일본사회의 소수자인 오키나와인, 한국인, 타이완인은 헤게모니의 변화 과정에서 억압과 차별을 경험했는데, 경계인으로서 이들의 삶은 동북아 정세의 불안정을 환기시키며 그 틈새에 역사의 굴절을 응시하도록 이끈다.

작품을 통해 알 수 있는 것은 1970년대 당시에도 일본인과 오키나와인으로부터의 차별적인 시선은 여전히 존재하고 있었으며, 그 차별의 주체는 일본인뿐 아니라 오키나와인 자신이기도 했다는 점이다. 오키나와를 에워싼 불편한 시선은 우회하지 않고 중심을 향한다. 그래서 오키나와의 일상(치유의 섬, 휴양지로서 오키나와 관광 이미지)이 얼마나 위태로운지 들추어내고 있다.[12] 이와 같이 위선적인 평화 이미지에 무감각해진 일본을 직시할 뿐 아니라 오키나와에서 행해지는 폭

---

12) 곽형덕, 앞의 책, 2017a, p.319.

력과 억압, 차별의 시선을 묘파(描破)하는 것은 식민지 지배 관계의 모습을 상징적으로 보여주는 것으로, 식민지주의적 차별에 대한 저항의 문학적 실현으로 이해할 수 있다.

## 3. 타이완 여성 계절노동자를 향한 차별의 시선과 폭력의 기억

메도루마 슌(目取眞俊)은 오키나와를 둘러싼 일반적인 시선과 인식을 거부한다. 그는 오키나와에 대한 인식 구조에 균열을 일으켜서 보편적 범주로 오키나와를 펼쳐 놓음으로써 연대할 수 있는 길을 모색하려 한다. 메도루마의 소설을 관통하는 또 다른 테마는 오키나와의 이중정체성, 즉 식민주의의 피해자인 동시에 가해자이기도 하다는 문제이다.13) 여기서 오키나와는 미국과 일본이 아니라 아시아와의 중층적 관계성 속에서 형상화되는데 『어군기』(琉球新報, 1983)는 그의 이러한 문제의식을 분명히 드러내주고 있다.

> 학창시절 『어군기』라는 소설을 썼다. 그 소설에서 오키나와로 돈을 벌러 온 타이완 여공을 그렸다. '일본 복귀' 전, 내가 태어나 자란 마을의 파인애플 공장에도 타이완에서 일하러 온 여공들이 있었다. 당시 소학생이었던 나는 그녀들을 '타이완이나구(臺灣女)'라 불렀다. 어른들이 쓰던 말을 그대로 흉내 낸 것인데 그 말에는 상대를 내려다보거나 성적인 것과 연관된 외잡한 어감이 들어있음을 어린 마음에도 느끼고 있었다. (중략) 그 기억은 오키나와가 피해자나 피차별자 일변도가 아니라 가해자나 차별자임을 알 수 있었던 계기가 되었고 그런 문제의식으

---

13) 임성모, 「우치난추의 눈으로 본 오키나와」 『역사비평』, 2008, p.67.

로부터 『어군기』라는 소설을 썼다.[14]

　　예문에서 나타나듯이 메도루마에게 타이완 관련 내용은 친근함을 갖지만 불편한 주제이기도 하다. 정서적 편안함을 불식시킬 만한 불편한 기억들이 이를 장악하고 있기 때문이다. 메도루마는 이를 지나치지 않고 작품을 통해 문제의 기억을 아로새긴다. 그리하여 오키나와인이 소수자에게 행한 차별을 '나'의 죄의식과 연대의 감정에 연동해 드러냄으로써, 폐쇄적 공동체주의나 민족주의를 비판한다.[15]

　　『어군기』에는 오키나와 북부의 작은 농촌에 있는 파인애플 통조림 공장에 "타이완에서 돈을 벌러 온 계절 노동자"인 타이완 여공과 일본 복귀를 주장하는 '나'의 형, 그리고 이에 대한 문제점을 간과할 수 없다는 '나'의 아버지의 이야기가 직조되고 있다. 형의 주장은 전쟁에서 미국이 승리한 후 사실상 점령 통치하는 류큐 정부를 미국으로부터 해방을 이루고자 하는 민족해방의 염원이 지배적이지만 이에 못지않게 아버지의 주장 또한 외면할 수 없다. 일본의 식민주의 지배 아래 궁핍한 경제를 상징하는 '소철지옥(蘇鐵地獄)'[16]을 경험하며 경제적

---

14) 目取眞俊, 『沖繩/草の聲·根の意地』, 世織書房, 2002, pp.181-182.
15) 곽형덕, 「메도루마 슌 초기문학에 나타난 '타자'」 『일본문화연구』62, 동아시아 일본학회, 2017b, p.10.
16) '소철지옥'이란 유독식물인 소철의 독을 뺀 다음 전분으로 만들어 먹는 지경에 이르렀다는 의미다. 20세기가 되면서 사탕수수 설탕이 급격한 기세로 퍼져나가 전체의 70%를 차지하게 된다. 당시 아시아 국제 설탕시장에서 압도적인 지위를 차지한 것은 자바 설탕으로, 이로 인해 오키나와의 설탕 가격은 큰 폭으로 하락했다. 1920년까지 급상승하던 오키나와의 설탕 가격은 1920년을 정점으로 크게 폭락한다. 오키나와의 기간산업이던 제당업은 완전히 붕괴되었고, 금융기관은 기능 정지에 빠져 도산하고 말았다. 당시 일본은 식민지였던 타이완과 베르사유 조약으로 획득한 남양군도에서도 사탕수수를 재배하고 있었는데 오키나와 제당업 붕괴 이후 오키나와 사람들은 남양군도의 사탕수수 재배 농업노동자로 다시 포섭되어 갔던 것이다. 갑작스럽게 불황에 빠진 오키나와는 '소철

타격을 입은 오키나와의 현실이 더 절박하기 때문이다. 다시 말해 아버지는 오키나와의 일본 복귀가 미국의 군사기지로부터 해방되는 민족해방과는 다른 차원의 경제적 구속과 억압[17]이 다시 오키나와를 엄습할 수 있음을 경계하는 것이다.

　그런데『어군기』에서 이 같은 오키나와의 일본 복귀 여부 못지않게 중요한 것은 오키나와의 파인애플 공장에 계절노동자로 돈을 벌러 온 타이완 여공과 오키나와인 사이에 형성된 차별적 구조다. 타이완 여공을 지칭하는 '타이완이나구(臺灣女)'[18]로 불리는 "그 말에는 멸시와 외잡한 울림이 내장"되어 있다. 부모님은 타이완 여공을 멀리하라고 경고하지만 형은 당당하게 여공과 만남을 즐기고, '나' 역시 타이완 여공에게 성적 호기심이 집중되어 있다. 타이완에 대한 식민주의 지배자의 시선은 오키나와에 전도되어 타이완인 계절노동자를 향한 차별적 시선을 배태한다. 이러한 차별적 시선이 더욱 부각되는 것은 '나'의 아버지조차 타이완 여공과 밀애를 즐겼다는 사실이다. 결국 모두가 타이완인 여공에게 성적인 욕망을 품고, 그 욕망을 실현하고자 한 주체(가해자)들이었다.[19] 표면적으로는 혐오의 대상, 비하해 마지않던 경계의 대상이었지만 오키나와 남성들은 자신의 성적 욕망 충족을 위한

---

지옥'이라는 말로 대변되었다. 소철은 아무리 오랫동안 물에 담그고 발효를 시켜도 독이 제대로 제거되지 않는 경우가 있었다. 그런 위험을 감수하고도 소철을 먹을 수밖에 없는 배고픔의 고통이 당시 오키나와에는 만연해 있었고, 그 가운데는 독이 미처 제거되지 않은 소철을 먹고 죽음에 이르기도 했다. '소철지옥'은 빈곤과 굶주림, 불안, 죽음 등 오키나와가 처한 당시의 사정을 함축적으로 이르는 말이었던 것이다. (조정민,『오키나와를 읽다』, 소명출판, 2018, pp.17-18 참조.)

17) 곽형덕, 앞의 책, 2017b, p.309.
18) '이나구'란 오키나와어로 '여자'를 낮춰부르는 말로 '타이완이나구'라는 말에는 식민주의적 무의식을 감지할 수 있다.
19) 곽형덕, 앞의 책, 2017a, p.310 참조.

자격의 당위성을 가지며 위계구조를 명확히 하고 있었던 것이다.

여공들은 모두 오키나와 여자와는 달리 색이 빠진 것처럼 하얗고 아름다운 피부다. 그것을 보고 나는 처음으로 여자의 살갗에 닿고 싶다는 욕망을 느꼈다. 촉각이 모든 감각보다도 현저히 발달해, 손가락 끝에서 안에 있는 어둠을 향해 돋은 몽상의 촉수가 접촉하는 모든 부분을 뒤적어서 미지의 부분을 향한 예감에 떨며 방황하고 있다.

매일 밤 나를 괴롭게 하는 그 욕망의 술렁임이 그녀의 눈을 처음 봤던 당시로 빨아 당기듯이 촉수를 뻗쳤다. 다른 여공과는 달리 어쩐지 슬퍼 보이는 깊은 눈동자가 물고기의 안구가 환기하는 손가락 끝의 어떤 감촉을 소생시켰다. 이루 형언할 수 없는 두려움이 내 육체 안쪽에서 불안정한 공모양을 만들었는데 그것을 꿰뚫고 싶은 충동이 그녀의 존재를 지금까지 맛보았던 적이 없이 강렬하게 만들었다. (pp.13-14)

소년들이 틸라피아의 눈을 화살로 꿰뚫는 행위는 타이완 여공을 향한 성적인 욕망과 겹쳐진다. 그리고 이러한 행위는 모두 '약자'를 향한 폭력이라는 점에서 유사하다.[20] '나'는 약자에 대한 폭력을 감각적으로 받아들인다. 이는 타이완 여공의 눈동자에서 틸라피아의 동공을 연상시키면서 '나'의 감각이 죽은 틸라피아로 전이되는 장면에 두드러지게 드러나 있다. '나'가 '약자'의 입장에 서서 공동체의 폭력을 사유하고 있음은 이러한 불안정함을 대변해준다.[21]

---

20) 파인애플과 틸라피아는 모두 식민지로부터의 '역류'를 함의한다. 동아시아에서 파인애플 재배가 산업으로서 처음 정착된 곳은 일제하의 타이완이다. 오키나와의 파인애플 산업은 패전 후 파인애플 산업진흥법이 제정되면서 다시 활기를 띠고 값싼 임금의 타이완 여공은 1960년대 중반부터 숙련 계절노동자로 도입되기 시작했다. 한편 아프리카 원산의 틸라피아는 오염된 물에 저항력이 강해 4급수 이하에서도 서식하는 잡식성 담수어다. 오키나와에는 1950년대에 타이완에서 이식된 소위 '귀화동물'인데 경제부흥기에 쏟아진 산업폐수에 꼬여들면서 이른바 공해어류의 상징이 되었다. (임성모, 앞의 책, 2008, p.68.)

이는 "내가 바보냐, 타이완이나구한테 물건을 받게!"라며 친구들이 파인애플 통조림을 강물에 내던지는 순간, '나'를 보는 K의 눈길이 "바늘에 찔린 고기의 동공처럼" 느껴지며 틸라피아는 타이완 여공과 중첩된다. 마음에 통증을 느낀 '나'는 K를 보러 공장 근처의 타이완 여공 기숙사에 갔다가 그 방에서 누군가의 실루엣을 목격하게 되는데 그 정체가 다름 아닌 아버지임을 알고 환멸을 느낀다. 메도루마는 기지화의 대가인 오키나와 '진흥' 경제에 몰려드는 인간군상을 '틸라피아'라는 은유를 통해 그려내고, 그것을 식민지 타이완의 그늘과 결부시켜 형상화[22]하는데 이를 통해 볼 때 아버지도 형도, 그리고 자신도 폐수에 꼬여드는 또 다른 '틸라피아'에 지나지 않았던 것이다.

다음 예문에는 일본 복귀를 앞두고 대립하는 오키나와의 모습이 분명히 드러난다.

기지다운 기지도 없는 북부의 작은 농촌인 이 마을에는 중부나 나하와 같은 격렬한 데모나 대규모 집회는 일어나지 않았으나 조국복귀를 요구하는 집회는 마을에 있는 몇몇 공장이나 광장에서 때때로 열렸다. 그것이 우리의 관심을 끄는 일은 별로 없었다. 하지만 코자폭동[23] 호외가 이른 아침의 고요함을 깨뜨리고 마을 안을 이리저리 휘저은 후로 우리 또한 조금은 시대의 공기를 호흡하지 않을 수 없었다. (중략) 형은 연설을 하면 할수록 열기가 더해지는 모양으로 화려한 제스처를 넣어서 맹렬하게 이야기 했다. 나는 형이 복귀 추진을 주장하며 아버지와 언제나 언쟁하는 것을 봐왔다. (중략) 그로부터 몇 명인가의 직공과 여

21) 곽형덕, 앞의 책, 2017b, p.16.
22) 임성모, 앞의 책, 2008, p.69.
23) 1970년 12월 20일 고자시(胡差市, 현 오키나와시)에서 미군차량에 의한 민간인 사망 사건에 분노한 민중들이 미 군용차를 80대 넘게 방화한 폭동. 직접적인 계기가 된 것은 미군 차량이 오키나와인을 친 교통사고였으나 그 배경에는 미군 시정권하의 압제와 인권침해에 대한 오키나와인들의 불만이 깔려 있었다.

공이 발언한 후에 모두 일어서서 팔짱을 끼고 복귀의 노래를 부르기 시작했다.

굳은 땅을 뚫고

민족의 분노에 불타오르는 섬

오키나와여……

타이완 여공들은 그 노래를 가만히 듣고 있다.

"민족의 분노에 불타오르는 섬……"

옆에서 S가 조금 느리게 부르고 있다. 어느새 N과 나머지도 내 옆에 와서 그 노래를 가만히 듣고 있다. (pp.14-15)

틸라피아에 대한 소년들의 증오와 폭력은 오키나와인-소수자(약자)로 이어지는 폭력의 연쇄를 상징한다. 메도루마에게 타이완은 그 자체로 규명하고 탐구해야 할 대상이었다기보다는 오키나와의 과거와 현재를 비추는 '거울'[24]이었다. 작가는 파인애플 공장의 타이완인 계절노동자를 향한 식민주의 지배 권력의 욕망이 오키나와에 전도된 현실을 드러냄으로써 과거 일본제국이 의도적·구조적인 차별을 자행한 식민주의 억압을 상기시킨다. 또한 역사적 기억이 마멸되지 않도록 소수자/약자에 대한 폭력적인 시선과 행위를 반추하며 안에 도사리고 있는 차별의 시선과 폭력의 기억을 끄집어내어 오키나와를 정면으로 응시하고자 한다. 이로써 오키나와에 부여된 善과 평화의 이미지는 균열이 생기고 문제의 근원을 향해 시선이 모아지고 있다.

---

24) 곽형덕, 앞의 책, 2017b, p.23.

## 4. 한국 여성 계절노동자에 대한 차별과 지배 욕망의 모순

오키나와로의 한국인 노동력은 1972년 일본·타이완의 단교로 인해 기존에 타이완으로부터 유입되던 농업노동력을 대체해야만 했던 냉전기 국제관계 변동과 밀접한 관련이 있다. 이러한 노동력 이동에는 식민지 지배-피지배라는 국가적 관계성이 내재하고 있다. 이와 같은 복잡한 문제를 김정한(1908~1996)은 다각적으로 조망하고 있다. 『오키나와에서 온 편지』(文藝中央, 1977)는 1973~1976년에 전개된 오키나와에서 생활하는 한국인 계절노동자의 실상을 다루고 있다. 1970년대 중반의 한국을 배경으로 오키나와에 계절노동자로 취업한 딸이 강원도 황지의 어머니에게 편지를 보내는 서간체 형식의 이 소설은 지연된 탈식민의 문제를 정면으로 제기[25]하고 있다는 점에서 주목할 만하다.

강원도 황지 탄광촌 출신의 처녀 복진은 일본 오키나와 미나미다이토지마(南大東島)의 사탕수수 농가에 계절노동자로 취업하여 일을 한다. 그녀는 궁핍한 젊은이들을 모아 일본의 계절노동자로 알선해주는 한국의 재단법인 '○○기능협회'의 소개로 친구들과 함께 '짐 덩어리'처럼 배에 실려 일본으로 왔다. 한국인 여성 노동자가 유입될 때까지 오키나와의 사탕수수농장, 제당공장과 파인애플통조림공장의 노동력은 타이완 출신의 여성 계절노동자가 대신하고 있었다. 복진의 말처럼 "일본이 제일 바쁠 요즘 철에는 옛날부터 외지에서 계절노동자들을 많이 데리고" 왔는데 "처음에는 자유중국의 땅인 대만에서 데리고 왔다나요. 그러던 것이 자기 나라 정부가 중공과 국교를 트고부터는 대만 사람들을 못 쓰게 됐대요. 그래서 대신 한국에서 노무자들을 모

---

25) 임성모, 앞의 책, 2013, p.107.

집해 오게 된 것"이었다.

타이완은 역사적 연관성, 지리적 근접성, 풍부한 저임금 숙련 노동력의 존재 때문에 자연히 노동력 도입의 중심지가 되었다.[26] 사탕수수 수확·제당과 파인애플 통조림 제조업은 1960년대 오키나와의 기간산업으로 많은 노동자를 필요로 하였다. 그러나 중노동인데다 임금이 도시의 직종에 비해 상대적으로 낮았고, 또 오키나와인 노동자가 도시와 일본 '본토'로 유출되는 바람에 일손 부족에 고통을 받는다. 그리하여 사탕수수와 파인애플 가공업은 1960년대 후반부터 급격한 노동시장 변동에 직면한다.

계절노동력의 대부분이 타이완에서 유입되었지만 일본 복귀를 전후하여 노동력 수급에 어려움이 발생한다. 타이완 공업화가 진척되는 가운데 농촌인구가 감소하여 사탕수수, 파인애플 산업 노동력의 확보가 힘들어져 1967년경부터 타이완 업계가 중화민국 정부에 오키나와로의 계절노동력 송출을 중지해 달라고 요청이 들어간 것이다. 그 결과 1971년부터 타이완 노동력의 도입이 급감하여 류큐정부와 일본정부는 이들 산업에 대한 외국인 노동력 도입을 복귀 후 5년간 승인하게 된다.[27] 그러나 타이완은 1972년 일본의 일방적 국교단절을 계기로 오키나와로의 노동자 송출을 중지했고, 그 결과 1973년 오키나와의 사탕수수, 파인애플 산업은 막대한 피해를 입게 된다.[28] '국제기능개발협회'[29]는 이러한 틈을 이용해 등장한 조직이다.

---

26) 특히 파인애플 산업의 경우는 타이완이 기술적으로 앞서 있었기 때문에 이시가키지마 등 야에야마 지역으로는 류큐정부 노동국이 타이완 여공 도입을 허가(1966)하기 전인 1964년경부터 이미 타이완 노동력이 유입되고 있었다.

27) 임성모, 「월경하는 대중: 1970년대 한국여성노동자의 오키나와 체험」, 『현대문학의연구』, 한국문학연구학회, 2013, pp.114-115 참조.

28) "지난해 대만 정부의 갑작스런 근로자 파견 중지 조치에 사탕수수 전 수확량의 약 30%를 밭에서 썩힌 경험을 가진 이곳 사장" 「계절근로자의 진출기지 :오끼나와 작업현장 르포(中)근로조건」, 『매일경제』, 1974.7.19

주인공 복진은 고향의 어머니에게 편지로 자신이 오키나와로 이동하게 된 경위와 노동환경, 생활 등을 상세하게 전한다.

그러니까 한국에서 수출되는 우리 계절노동자들은 무슨 짐덩어리처럼 다른 거추장스런 짐짝들과 함께 마구 배에 실렸지요. 홍콩으로 수출되는 돼지-아니 그 얘기는 집에 돌아가서 하겠어요.
"이게 무슨 짓이야?"
남자 노무자들은 이런 불평도 하였지만 여자 -스물 안팎의 우리 처녀 노무자들은 그런 말도 못했습니다. 다만 광산 지대의 근로자들의 가족을 돕는다는 명목은 좋았지만, 그러한 식으로 우리들을 수만 리 타국의 외딴 섬으로 끌고 가는 우리나라 재단법인인 무슨『기능개발협회』사람들을 속으로 원망했을 뿐입니다. 서울 일원에서 모집했다는 가난한 집 청년 3백 3십 3명과 강원도와 전라도 탄광촌 출신 처녀 3백 십 1명 — 도합 6백 4십 4명은 이렇게 해서 일본 오키나와란 먼 섬으로 오게 되었답니다. 여자들은 열여덟 살부터 스물다섯 살까지의 모두 저와 같은 처녀들이었지요. — 왜 하필 처녀들만 모집하느냐고 하시잖았어요?
어머니께선 그때 대동아전쟁 당시에 여자정신대라 해서 우리나라 처녀들을 강제로 끌고 가던 얘길 하시면서 몹시 걱정을 하셨지만, 이번은 절대로 그렇지 않으니까 안심하세요. 사탕수수를 베는 게 일이랍니다.(pp.462-463)

---

29) 〈기능개발협회〉란 1971년 창립된 재단법인 국제기능개발협회를 말한다. 그때까지 한국의 해외노동력 송출 업무를 전담해온 것은 해외개발공사였다. 오키나와 계절노동력 송출은 일본으로의 기술연수생 파견에 편승해 탄생했던 국제기능개발협회로서는 결정적인 돌파구가 아닐 수 없었다. 이사장은 1972년 초에 타이완 여공을 대체할 인력이 필요하다는 정보를 입수한 뒤 시장조사에 나서 이듬해 3월 나하에 주재원 사무실을 개설하고 오키나와 현지의 인력수입업체, 경제단체 관계자들과 협의한 끝에 계약을 성사시켰다. 그 결과 일본으로의 노동력 송출 양상에 큰 변화가 일어났다. 즉 1965년 이래 매년 이어져온 기술연수생 및 요식업 종사자들의 진출이 1973년 이후로는 계절노동자의 진출에 의해 수적으로 역전되기 시작했던 것이다. (임성모, 앞의 책, 2013, pp.113-114)

예문에서처럼 강원도 황지, 서울, 부산을 거쳐 오키나와, 그리고 다시 미나미다이토지마(南大東島)로 이어지는 여로와 짐짝처럼 취급되는 처녀들의 모습에서 상기되는 것은 복진의 어머니가 우려하던 '여자정신대'의 모습이다. 즉 복진과 같은 처녀들의 이동경로와 수송방식은 '여자정신대'의 재현[30]이라고 생각해 볼 수 있다. 다시 말해 계절노동자 취업 형태는 식민지 지배구조의 재현이자 차별 양상이 복합적으로 중첩되어 발현된 구조로 자리매김하고 있었다.

이와 관련하여 오키나와인 하야시 가족이 밝히는 소회는 시사적이다.

> "그때에 비하면 그래도 너희들의 나라는 많이 발전은 한 셈이지. 열두 살부터 마흔 살까지 처녀 미혼들을 무려 2십만 명이나 여자정신대란 이름으로 끌고 와서 군수공장 노무자로 일본 군인 아저씨들의 오물받이로 상납했더랬는데, 지금은 처녀들이 이렇게 달러를 벌기 위한 인력수출에 동원되고 있으니까 말야. 안 그래?"
>
> 하며 입을 약간 비쭉하더군요. 그러나 그의 말눈치는 우릴 업신여긴다기보다는 차라리 어떤 의미로 동정하는 듯한 편이었어요.(p.469)

전후 국가간 지배/피지배의 위계구조에서 벗어났지만 계절노동자라는 새로운 형태로 동원되는 모습은 식민지 시대를 상기시킨다. 하야시는 "진짜 해방이 되었는지 어쨌는지는 모르지만" 정신대로 동원되던 일제 식민지 시대와 "처녀들이 이렇게 달러를 벌기 위한 인력수출에 동원"되고 있는 현 상황을 비교하면서 멸시와 동정의 시선을 보낸다. 이는 '해방'의 의미를 반문하며 차별/피차별의 구조를 각인시키는 작용을 한다.

작품 속에는 한국인 계절노동자들이 임금을 제대로 받지 못하고

---

30) 조정민, 앞의 책, 2010, p.335.

혹독한 중노동에 시달리는 이야기가 전개된다. 아울러 오키나와 고자(胡差)의 기지촌에 "강장제 고려 인삼 달여 먹고 기생 파티 즐겨보지 않으시렵니까?"하는 선전 문구와 함께 '우리나라 고전 무용을 추는 한국 기생 사진까지 곁들인 널따란 광고지"가 등장한다. 술가게와 히로뽕 장사를 하고 있는 조선인 위안부 출신 '상해댁'을 비롯하여 이들은 내국식민지라는 특수 상황 속에서 일제 식민지의 연속적인 지배구조를 반증하는 인물로 이해할 수 있다.

이와 같이 『오키나와에서 온 편지』에는 전쟁, 피지배, 억압, 차별 등으로 대변되는 오키나와의 위상이 묘사되어 있다. 오키나와는 일본 내국식민지로서의 성격이 강하다. 이 때문에 오키나와는 인력수출에 동원된 한국노동자에게 동지애와 같은 관대함을 보인다. 그런데 여기서 간과할 수 없는 점은 한국인 계절노동자와 오키나와인 하야시 가족이 모두 피차별에 의한 고통을 경험하고 있지만, 이들 양자 사이에도 엄연한 '차별'이 존재한다는 것이다. 즉, 하야시와 다케오로 대표되는 오키나와 사람은 한국인 계절노동자를 바라볼 때 동정과 멸시의 시선을 동시에 적용시키고 있다.[31] 이는 하야시가 홋카이도 탄광에서 일본 사람들이 한국 노동자들을 '다코(문어)'라고 부르며 한국인 합숙소를 '다코베야(문어수용소)'라 하고, "한국인 노동자들을 개 패듯 패었고", "한국인 막장꾼들을 짐승보다 못하게 다루었다"는 이야기에서도 알 수 있다. 여기서 위계화된 식민주의 질서와 오키나와인에 의한 한국인 차별문제가 부각된다. 피차별의 고통을 경험했지만 약자끼리의 차별은 결코 동질적이지 않았다. 차별은 또 다른 차별을 배태하여 오키나와인에게 한국인은 거리를 두고 바라보아야 할 부정적인 존재로 인식되고 만다.

하야시의 아들 다케오는 "한국 처녀 한 사람이 하루에 일본군인 몇

---

31) 조정민, 앞의 책, 2010, p.337.

사람을 상대해야 됐는지 알아? 자그만치 3백 명 꼴이래, 3백 명!" "당시 한국 사회의 소위 일부 지도자란 위인들이 버젓이 일본에까지 찾아가서 한국인 유학생들을 모아 놓고 지원을 권장했다"며 학도 지원병과 조선인 위안부를 언급하면서 일제 식민지 시대 친일파 문제에 대해서도 비판적인 태도를 보인다. 그러나 그들이 이해하는 일제 식민지 시대는 조선인에게 식민자로서의 권력이 용인되는 우월감이 잠재해 있다. 복진에 대한 그들의 동정은 결국 한국인에 대한 멸시의 또 다른 형태, 즉 '이중차별'이라는 악순환을 낳고 있다.

이처럼 『오키나와에서 온 편지』의 시공간은 한국·타이완·일본·오키나와를 둘러싼 동아시아 냉전의 국제관계가 작동하는 가운데 규정되고 있었다. 오키나와와 한국이 각각 경험한 전쟁과 이후 내부의 억압과 피지배, 차별 양상이 중첩된 구조로 축적되고 있음은 주목할 일이다. 하야시 일가가 피해자 일변도가 아니라 기실 가해자로 군림하고 있듯 오키나와 계절노동자라는 체험은 복진에게 차별적 시선에 노출된 피지배자로만 머무르지 않고 역사적 맥락 속에 위치를 돌아보는 추체험의 기회를 제공하였다.

그러나 작중 화자의 여성 노동자로서의 역할과 노동에 대한 서술은 많은 공백을 남기고 있다. 여성노동자라는 사실만 강조하고 정작 노동의 실상[32]은 경시된 측면이 있는데 이는 한국인 여성의 해외 육체노동의 출현과 월경하는 노동의 중요성에 대해 기민하게 대응하지 못하고 주변 상황에 시선을 분산시켜 바라본 탓이기도 하다.

---

32) 현지 신문보도에 따르면 당시 한국 노동자들은 다양한 산재에 직면하고 있었다. 파인애플 공장에서는 슬라이스 기계에 손가락이 절단된 여성들이 있었고, 요나구니지마(与那国島)에서는 사탕수수 운반용 트럭에 끼어 사망한 노동자도 있었다. 일부 제당공장에서는 한국어로 재해방지 설명판까지 만들었지만 사고는 빈발했다고 한다. (『沖縄タイムス』 1973.12.6.:1974.1.13. 임성모, 앞의 책, 2013, p.125에서 재인용.)

## 5. 나오며

이상으로 오키나와에 내재된 차별적 시선의 양상을 고찰하였다. 위선적인 '평화' 구축에 기만당하고 있는 역설적 평화의 섬 오키나와는 지배/피지배라는 식민지배의 불편한 위계적 구조와 역사적 불편한 인식이 내장되어 반복되는 곳이다.

본고는 오키나와인의 한국인, 타이완인에 대한 차별 문제에 착목하였다. '오키나와'라는 시공간을 중심에 두고 메도루마 슌의 『어군기』와 김정한의 『오키나와에서 온 편지』를 통해 여성 계절노동자를 살펴본 결과는 다음과 같다.

『어군기』에 파인애플 공장의 계절노동자인 타이완인 여성을 둘러싸고 전개되는 갈등은 오키나와인의 치부를 적나라하게 드러낸다. 타이완에 대한 식민주의 지배자의 시선은 오키나와에 전도되어 계절노동자를 향한 차별적 시선을 배태하고 있다. 소수자, 약자를 차별·소외·억압하는 식민주의 지배구조의 재현은 오키나와가 안고 있는 모순을 정면으로 응시하도록 한다.

『오키나와에서 온 편지』는 오키나와를 향한 한국인 계절노동자의 모습을 문학적으로 형상화하여 탈식민의 문제를 정면으로 제기한다. 오키나와인이 한국인을 바라보는 시선에도 역시 차별이 존재하는데 작가는 식민지 지배구조가 '계절노동자 수출'이라는 형태, 나아가 차별 양상이 중첩된 구조로 축적되고 있음을 설파한다. 그들의 동정은 한국인에 대한 멸시의 또 다른 형태, 즉 이중차별이라는 악순환의 고리를 만들어내고 있다.

이렇듯 두 작품은 오키나와와 한국, 타이완의 접합점뿐만 아니라 오키나와가 함유하고 있는 역사의 모순에 대해서도 환기시키고 있다. "소개(疏開) 당시 내가 본 것은 '차별'이었다. 국가가 국가를 침략하고

인간이 인간을 차별한다. 그야말로 전쟁의 밑바닥에 차별이 있다고 생각했다."(『沖繩タイムズ』 1982.6.23.)라는 말은 차별과 억압이 일상에서 무의식적, 비의도적으로 행해지는 무책임함, 경계인으로 구분짓는 행위를 준열히 경고하고 있다. '차별'은 인간의 존엄성에 관한 문제이기 때문이다.

문학적 상상력은 진솔한 삶의 현장과 마주하고 구체적으로 타자의 존재를 수용함으로써 탈식민지화로 향하는 장을 만든다. 이에 소설 속에 형상화된 1970년대 타이완인 및 한국인 여성 계절노동자의 삶을 목도하는 가운데 식민주의의 피해자인 동시에 가해자이기도 한 오키나와에 내재된 차별적인 시선을 통해 연동하는 동아시아의 상황을 조망하는 것은 차별받는 소수자들과의 공감과 연대를 모색하는 일이 될 것이다.

# 참고문헌

곽형덕, 『어군기』, 문, 2017.

_____, 「메도루마 슌 초기문학에 나타난 '타자'」, 『일본문화연구』 62, 동아시아일본학회, 2017.

김정한, 「오끼나와에서 온 편지」『김정한소설선집』, 창작과비평사, 2011.

김한성, 「일제 말기 식민지배에 대응하는 피식민의 여러 기억들」, 『동서비교문학저널』 40, 한국동서비교문학학회, 2017.

백지운, 「폭력의 연쇄, 연대의 고리-오키나와 문학의 발견」『역사비평』, 2013.

소명선, 「오키나와문학 속의 '조선인'-타자표상의 가능성과 한계성」『동북아문화연구』 28, 동북아시아문화학회, 2011.

아라사키 모리테루 저, 정영신·미야우치 아키오 역, 『오키나와 현대사』, 논형, 2008.

_____ 저, 김경자 역, 『오키나와 이야기』, 역사비평사, 2019.

오세종 저, 손지연 역, 『오키나와와 조선의 틈새에서』, 소명출판, 2019.

임성모, 「우치난추의 눈으로 본 오키나와」『역사비평』, 2008.

_____, 「월경하는 대중: 1970년대 한국여성노동자의 오키나와 체험」, 『현대문학의연구』, 한국문학연구학회, 2013.

조정민, 「오키나와가 기억하는 '전후'」, 『일어일문학』 45, 대한일어일문학회, 2010.

_____, 『오키나와를 읽다』, 소명출판, 2018.

최은봉, 오승희, 「중국의 대 일본 배상청구 포기의 양면성」, 『담론201』, 한국사회역사학회, 2010.

崔元植, 『東アジア文學空間の創造』, 岩波書店, 2008.

目取眞俊,『沖繩/草の聲・根の意地』, 世織書房, 2002.

目取眞俊,『目取眞俊短篇小說選集1 魚群記』, 影書房, 2013.

# 아나톨리 김: 사할린 시절의 삶과 창작
## 아시아에 뿌리를 둔 러시아 작가
## Anatoly Kim: Sakhalin Fragments of Life and Creative Work

옐레나 이콘니코바(Elena A. Ikonnikova)*

소설가이자 극작가인 아나톨리 안드레예비치 김은 1939년 카자흐스탄의 한 마을에 살던 한인 이민자 후손의 가정에서 태어났다. 아나톨리 김 가족은 작가가 어렸을 때 먼 곳으로 이사를 다녔다. 러시아 캄차카로 옮겼다가 우수리스크주로 다시 이주했다. 1947년 8월부터 1956년 6월까지 아나톨리 김은 사할린(일린스크와 고르노자봇츠크 지구)에서 살았다. 블라디보스토크, 하바롭스크, 글쓰기를 시도하며 학교에 다니던 모스크바도 작가의 삶에 등장한다. 1956년 사할린에서 고르노자봇츠크 고등학교를 졸업한 아나톨리 김은 《1905년 기념》 모스크바예술전문학교에 입학하여 공연예술가 과정에서 공부했다. 이후 1970년까지 고리키문학대학 통신교육 과정을 다녔다.

아나톨리 김의 명성은 러시아뿐만 아니라 해외에도 잘 알려져 있다. 그의 산문 데뷔작인 《푸른 섬》(1976)과 《네 번의 고해》(1978)는 모스크바의 출판사 《소비에트 작가》에서 출간되었다. 아나톨리 김의 산문은 세계 곳곳에서 30여 개의 언어로 번역되었다. 작가의 작품들은

---

* 사할린국립대학교 교수

[그림 1] 아나톨리 김과 엘리자베타 이콘니코바.
사할린. 2010년 8월.

여러 차례 외국어로 번역되어 한국, 영국, 스페인, 이탈리아, 독일, 덴마크, 핀란드, 미국 등에서 출판되었다. 하지만 아나톨리 김에 대해 보다 많은 관심을 갖는 곳은 주로 동아시아 국가들이다. 아나톨리 김이 한인 디아스포라에 속한다는 사실은 비평가들과 연구자들이 그의 창작에서 해외 동아시아 산문의 고전적인 전통을 찾는 계기가 된다. 그렇기에 러시아에 사는 한인 이주민들의 삶의 역사를 작가가 어떤 시각으로 보느냐가 중요한 역할을 하는 것이다.

초기작들에서 아나톨리 김은 소련의 아시아 지역과 극동의 광활한 벌판에 내던져진 한인 소수민족의 다양한, 그리고 많은 경우 비극적인 운명을 세밀하게 묘사했다. 작중 인물들의 삶을 묘사하면서 일본의 사할린 개발 시대를 다루기도 했다.

2010년 8월 아나톨리 김은 한국어 신문《새고려신문》(편집인 V.I.Bya)

과 러시아사회단체인《사할린 한인회》(회장 이영길)의 초청으로 사할린을 다시 찾는다. 사할린에 머무는 동안 몇 차례 열린 작가와의 만남 행사에서 아나톨리 김은 유즈노사할린스크, 코르사코프, 고르노자봇츠크의 독자들을 만나보게 된다.

## 아나톨리 김이 말하는 꿈의 섬

데뷔작《푸른 섬》에서 아나톨리 김은 완벽한 문학 언어를 구사하며 예술 언어의 본성을 감지하여 뛰어난 문체를 빚는 작가로 알려졌다. 《푸른 섬》에는 단편 20여 편과《초원, 내 푸른 영혼》이라는 중편 1편이 수록되어 있다. 이 작품들 대부분이 사할린이라는 주제와 연결되어 있다.《초원, 내 푸른 영혼》(1976)에 등장하는 한인 청년 에이티가 헤엄쳐 닿고자 하는 카마론 섬을 작가는 '푸른 섬'이라고 부른다. '푸른 섬'은 가까이 잡힐듯한 꿈이며 이 꿈을 실현하기 위해서는 의욕뿐만이 아니라 육체적인 힘이 반드시 요구된다. 이와 함께 바닷물에 둘러싸인 '푸른 섬'은 어떤 유토피아이자 그곳에 닿으면 현실 생활의 모든 문제가 잊히는 평온한 환상의 장소이다. 또한 아나톨리 김은 사할린 곳곳에 숨겨진 긍정적인 측면을 뽑아 드러낸다. 한때 유형지

[그림 2] 아나톨리 김의 저서
《푸른 섬》

였고 '절망의 섬》으로 인식되던 20세기의 사할린은 '투명한' 가을로,

'위풍당당한' 침엽수림으로, '대양을 밀어내는' 파도로, '진하고 습한 공기로', '진주 빛' 하늘로 다가온다.

　자서전《나의 지난날》(1998)에는 사할린 시절 아나톨리 김이 살았던 집들이 자세히 묘사되어 있다. 작가는 사할린섬이 일인스크 마을에서 시작된다고 생각했는데, 이 마을은 "회색 판잣집들과 볼품없기 그지없는 낡은 일본식 가옥들"이 있는 곳이었다. 일인스크 마을의 거리는 "먼지가 날리는 비포장도로였고 길 양 옆으로 코를 찌르는 더러운 물이 흐르는 하수로가 패여 있었다. 어마어마한 쥐들이 이 하수로에 태연히 앉아있었다. 사방 어디를 보아도 세상에서 동떨어진 변방의 빈궁하고 무질서하고 우울한 삶의 흔적들이 눈길을 끌었다. 마을 가장자리에 서 있던 환한 색으로 페인트칠한 막사가 늘어선 군부대만이 어떤 식의 문명적인 것을, 심지어 멋스럽다고까지 말할 수 있는 어떤 색깔을 이 마을에 덧입혔다."[1] 김 씨 일가는 "예전에 한국식 7년제 학교 건물로 사용되었던 일본식 2층 주택에 살았다". 아나톨리 김의 부친은 소위 '지도자 주택'이라 불리는 건물을 받았다.

　아나톨리 김이 일인스크 마을에서 옮겨간 고르노자봇츠크는 그 어느 한 구석 사할린의 다른 마을들과 차이가 없었다. 그곳에는 "먼지가 자욱한 기다랗고 우중충한 판잣집이 있었고, 주민들이 내다 버린 석탄재의 검은 때로 뒤덮인 지저분한 비포장 도로들이 이곳에도 있었다. 이 동네는 마치 바다에 꼭 붙어있듯 해변을 따라 형성된 예전 동네의 모습이 아니었다. 이 동네는 군데군데 청록색 숲이 덮여있거나, 숲이 없는 곳은 오래 전 불타버린 나무들의 은빛 잔해들이 마치 기묘한 조각품처럼 우뚝 솟은 선명한 풀밭으로 덮인 높고 가파른 언덕 사이에서 강의 계곡을 따라 섬 한복판을 향해 몇 킬로미터씩 펼쳐져 있었다."[2]

---

1) 아나톨리 김. 《나의 지난날》 1998년 10월 2권 23쪽
2) 같은 책 23~24쪽

아나톨리 김은 1956년까지 고르노자봇츠크에서 살면서 그곳에서 고등학교를 졸업했다. 고리키문학대학 통신교육과정 대학생이 된 아나톨리 김은 1967년 여름에 가족을 만나러 다시 사할린을 찾아간다. 그 당시 네벨스키 지역 신문인《레니네츠(*맑스레닌주의자 - 옮긴이*)》의《문학》란에《해변에 나비가 날아요》,《뇌우》,《저녁》,《아침이 왔어요》,《여름의 기적》같은 아나톨리 김의 동시 모음이 세 차례 실린다. 그의 동시에는 사할린이, 그곳의 자연 현상이 주제로 자리 잡고 있다:

시대를 맞으러,
그리고 뒤쫓아
찰싹찰싹 부딪힌다
바다 주름 하얀 테두리가

(시《영원한 논쟁》중에서)

몇 년이 지난 뒤 아나톨리 김은 소설집《푸른 섬》에서 그가 어린 시절을 보냈던 장소들에 관한 기억을 뽑어내고 운명이 엮어준 사람들의 형상을 그려냈다. 작가의 작품 이력에는 초등학생 아이들을 위한 산문집 두 권이 있다.《아몬드나무꽃이 필 무렵》(1987)과《페딘네 작은 통나무집》(1988)이 그것이다.

## 아나톨리 김의《푸른 섬》

아나톨리 김의 어린 시절 경험만이 아니라 성인이 된 작가가 생각하는 조국, 극동 한인 이주민들의 운명에 관한 사유도《푸른 섬》의 바탕을 이룬다.《푸른 섬》에 실린 단편들에는 놀라운 인물들이 등장한다. 그들의 소망과 꿈은 단순하나 온갖 시련이 그것들을 이루기 위한 길을 막고 있다. 그 중 가장 큰 시련은 사랑의 시련이다. "세상은 어찌 그리도 투명하고 멀리서도 잘 보이는지, 사람들은 서로를 쉽게 찾아서 만나고 사랑한다. 하지만 이 투명성은 기만적이다. 바닷물도 투명하게 비치지만 해저는 항상 어둡다. 사랑은 하늘이 사람들에게 보내주는 것이지만, 불안으로, 아픔으로, 위로할 길 없는 상실로, 죽음으로 사랑의 값을 치르는 것은 사람이다."3)《바다의 신부》라는 별명으로 불리던 작가의 작품에 등장하는 한 여주인공의 말이다.

《푸른 섬》에 등장하는 수많은 인물은 아주 평범한 사람들이다. 그들이 정서적으로 이해하는 세상은 작가의 상상이 아니라 삶 자체에 의해 탄생했다. 벌목꾼 마트베이 신, 그의 아내 바실리사, 별명이 황소인 퍄길, 소작농들인 량과 문, 만삼, 지식욕이 강한 리기천, 그의 순종적인 처 묘코, 목공 최, 가난뱅이 도호로, 마시코, 에이티 등 숱한 사람들이 아나톨리 김의 작품 속 주인공들이고 그들의 후손들이 지금의 독자들과 함께 삶을 살아가고 있다.

아나톨리 김 작품 속 사할린의 형상은 거대한 줄기가 되어《푸른 섬》뿐만 아니라《네 번의 고해》(1978),《옥색 띠》(1981),《다람쥐》(1985),《나의 지난날》(1998) 같은 다른 작품들에서 재창조된다. 작가의 작품에서 극동은, 쌓인 눈 더미와 검은 언덕들, 폭포가 빚어내는 순백의 거품, 푸르른 망망대해, 해초와 물고기가 풍기는 비릿한 내음, 부둣가 불빛과 하늘의 쏟아질 듯한 별빛으로 표현되는 변방 지역이다.


## 《커다란 것》과《작은 것》

사할린의 역사적 과거와 새 시대를 맞은 그 실체는 아나톨리 김의

---

3) Kim A.A. 바다의 신부/ Kim A.A. // 푸른 섬. ‐ М., 1976. 81쪽.

초기작들에서 선명하게 각인되는 다양한 민족들의 서사와 함께 씨줄과 날줄을 이루며 그려진다. 한인, 러시아인, 일본인, 집시, 조지아, 아르메니아, 루마니아, 불가리아 등 다양한 민족이 등장한다. 그렇기에 작가의 산문 세계 또한 폭넓은 지리적 공간을 아우르는데, 구소련의 도시들(모스크바, 레닌그라드, 고멜, 타슈켄트, 오데사, 블라디보스토크)과 동아시아 국가들(남북한, 일본, 만주, 중국), 러시아, 외국의 작은 마을들, '이름 없는 변두리 지방들'을 배경으로 한다. 아나톨리 김의 작품 주인공들은 '커다란 것'과 '작은 것', '수도'와 '지방'의 관계를 독특하게 바라보기에, 그들의 개념은 때때로 객관적인 지리적 구분과 일치하지 않는다. 예를 들어, 단편 '매자나무'에서 실패한 동시 작가인 그리네비치는 소란스러운 수도를 떠나 평온한 옛 기억을 고스란히 담고 있는 사할린섬으로 돌아온다. 동시 작가의 시각으로는, 사할린에 있는 '아버지의 통나무집', '고요한 나히모바 거리'가 아이들이 숭배하는 매자나무 열매로까지 좁혀진 '커다란' 세계의 전체 공간이 집중되어 있는 장소가 되는 것이다. 바로 그 작은 고향, '푸르르고' '안개가 자욱한' 사할린이 그리네비치에게는 원숙한 나이에 필요한 도덕적 가치들이 형성되는 지점이 되는 것이다. 삶을 정서적으로 파악하는 주인공의 방식은 '커다란 것'과 '작은 것'을 구분하는 실제적인 개념과는 견줄 수 없는 것이다. 그리네비치에게 있어 아비의 집은, 수도의 탐욕과 불성실이 배제된 '커다란' 세계의 모델로 인식된다. 그뿐만 아니라, 사할린은 어른의 삶에 막 접어든 《아들의 법정》의 만삼에게도 절정의 전환이라 할 정도로 '커다란' 의미가 있다. 불시에 부모를 잃은 주인공은 사할린을 떠나 '작은 우즈베키스탄 마을'로 긴 여행을 감행한다. 하지만 종국에는 돌봐야 할 어린 여동생이 기다리고 있고 아버지에 관한 기억이 살아있는 사할린섬으로 되돌아온다. 한편, 만삼의 인식에서 '커다란' 세계에 대한 개념은 한인 코뮌이 젊은 동포 중에서 누가 극동대학교에서 교육을 받을 것인가라는 문제를 결정한 그때 바뀌게 된다. 그 순간 가족의 불운이 만삼에게는 진짜 도시에서 살아볼 기회, 어떻게든 자신의 운명을 바꿀 기회로 변모한다.

《초원, 내 푸른 영혼》에서 한 주인공은, 모든 사람이 젊을 때는 "고향 땅에서 벗어나려고 발버둥을 치면서", 《수도》에 끌린다고 말한다. 하지만, "단 한 뼘의 땅이라도", 심지어 "잡풀이 우거진 야산"조차도 추구해야 할 가장 소중한 삶의 장소가 될 수 있다. 바로 그곳에서 《무언가 위대한 것》, 일상의 의미를 결정짓는 중요한 것이 어느 날 발견될 수 있기 때문이다. 아나톨리 김의 숱한 주인공들에게 있어 사할린은 바로 그 세상의 중심, 인간 삶의 《위대한 이야기》가 만들어지는 《커다란》 세계인 것이다.


## 한국에서 출판된 아나톨리 김의 책

사할린에 관해 쓴 러시아 작가 중 한국에서 가장 인기 있는 한 사람이 아나톨리 김이다. 《사할린의 방랑자들》이 1987년 11월에 최건영의 번역으로 단행본으로 출판되었다. 출판사들은 아나톨리 김의 산문들, 이 러시아 작가의 단편들이 한민족으로서의 세계관, 일상, 민속 문학, 예술적 이미지의 영향을 드러낼 것으로 여겼다. 1989년에 아나톨리 김은 민족 축제에 초대를 받아 처음으로 한국을 방문했다. 이 시기에 러시아와 해외에서 한인 디아스포라의 이익을 대변하는 작가의 적극적인 활동이 시작된다.

오늘날 아나톨리 김은 러시아고려인연합회 등 몇몇 한인 단체의 명예 회원이다. 1997년에 작가는 극동에서 한인 강제이주 60주년을 기념하는 《회상의 열차》 행사를 함께 조직했다. 아나톨리 김은 1991년부터 한국에 5년간 거주했다. 이 시기부터 작가의 산문들을 한국어로 새롭게 번역하는 작업이 시작된다. 한국어로 번역된 아나톨리 김의 출판 목록은 매우 인상적이다. 1990년대 말에 번역된《초원, 내 푸른 영혼》(김현택 역),《연꽃》(김대경 역),《다람쥐》(권철근 역),《아버지 숲》(김근식 역) 등이 있다. 한국 학자들은 아나톨리 김의 작품을 적극적으로 연구하고 있다. 경남대학교 배대화 교수는 러시아 농촌 문학(V.P. 아스타피예프, V.G. 라스푸틴, V.I. 벨로프, L.M. 레오노프)의 맥락에서 아나톨리 김의 작품들을 들여다본다. 아나톨리 김 또한 대표적인 한국 고전을 러시아어로 번역하기 시작했다는 점은 주목할만하다. 2003년 그는 러시아 독자들을 위해서 한국 고전《춘향전》을 번역했다.

## 일본에서 출판된 작가의 책

일본에서는 아나톨리 김의 책이 다른 나라에 비해 그리 많이 출판되지 않았다. 1990년대에《다람쥐》의 구성과 문체론, 이 다성적 소설의 철학적 사유를 연구한 한국 출신 최고영 교수가 일본에 있었다.《다람쥐》의 초반부에 사할린에 관한 삽화적 이야기, 더 정확히 말하면 고르노자봇츠크 마을에 있는 작가의 부모 집에 대한 묘사가 들어간 점이 흥미롭다. 일본어로 번역된 작가의 첫 작품은《도시 산책》시리즈에 포함된 단편《도시에서 맞는 번개》이다. 이 단편은 1990년에 저명한 슬라브어학자인 야

[그림 3] 아나톨리 김의
《다람쥐》일본어 번역판

[그림 4] 아리가 유코, 아나톨리 김, 스즈키 다카하시.
1994년 일본. 아리가 유코 소장.

스이 료헤이(1935년 생)가 번역했다. 그는 러시아어를 배우는 라디오 강좌 청취자들에게 이 작품을 읽어볼 것을 권하기도 했다. 일본에서 번역된 아나톨리 김의 두 번째 작품은 2000년에 출판된 《다람쥐》이다. 일본 극작가들의 작품을 러시아어로 번역했던 아리가 유코(1957년 생)가 이 소설의 역자이다.

2010년 도쿄의 한 출판사 《군조샤》에서 스즈키 타카시 번역으로 소설집 《푸른 섬》 출판을 기획했다. 하지만 여러 가지 이유로 이 책은 번역, 출판되지 않았다. 1994년 아나톨리 김은 가족과 함께 일본을 방문하여 소피아대학교에서 공개 강연했다.

아리가 유코는 바로 작가의 이 일본 방문이 《바흐 음악을 들으며 버섯 따기》(1998)라는 미스터리 소설 창작에 영감을 주었다고 말한다. 그 작품의 원형 중 하나가 《푸른 섬》을 번역한 스즈키 타카시였을 수도 있다.

# 한국식 《복수》

아나톨리 김의 작품을 모티브로 하여 《나의 누이 루샤》(1985), 《숲을 나와 대지로》(1987) 등 여러 편의 영화가 제작되었다. 아나톨리 김의 《사할린》 필모그래프에 1989년 영화사 《카자흐필름》에서 예르멕 벡타소비치 시나르바예프(1953년생) 감독이 연출한 영화 《복수》가 들어간다. 이 영화 줄거리의 근간을 이루는 것은 아나톨리 김의 소설집 《푸른 섬》에 들어간 단편 세 편 《복수》, 《바다의 신부》, 《품팔이꾼》이다. 《복수》에서 작가의 관심은 불시에 작은딸을 잃은 한 한인 가족의 이야기에 집중된다. 정신적 고통으로 신음하던 순구(단편과 영화의 주인공)는 어느 날 갑자기 쿠릴열도로 떠나 사할린에 당도한다. 바로 그 사할린에서 숨겨왔던 차순구의 끔찍한 꿈인 복수가 이루어질 운명이었다. 자기 누이의 폭력적인 죽음에서 비롯된 한인 교사 양씨에 대한 복수였다. 아나톨리 김이 살던 곳이자 사할린 한인 디아스포라에 관한 작가의 매혹적인 이야기의 주요 줄거리가 만들어진 배경이었던 고르노자봇츠크 마을과 사할린 타타르 해협 연안에서 영화 《복수》의 핵심적인 장면들이 촬영되었다. 사할린의 이 실재가 작가의 예술적 창조행위에서 빚어진 단편과 영화 주인공의 잊지 못할 형상을 탄생시켰다. 사할린 색채는 영화의 후반부 에피소드에서 등장인물들이 한국어로 대화하는 장면에서도 부분적으로 드러난다.

2013년 여름, 러시아 영화감독 파벨 그리고리예비치 추흐라이(1946년생)는 사할린국제영화제 《세상의 끝》에서 아나톨리 김 원작의 새 영화 《복수》 제작 계획을 발표했다. 한국 측 제작자로 이주익 프로듀서(1957년 생)가 참여하는 한러 합작 영화 프로젝트 《복수》는 사할린에서 촬영할 계획이다. 그러나 오늘날 영화 촬영이 어느 정도 진척되었

[그림 5]
아나톨리 김 극본,
예르멕시나르바예프
연출 영화.

느지는 정보를 확인할 수 없다. 아마도 프로젝트가 중단된 것으로 추측된다.

아나톨리 김의 저서 중 올해 출간 80주년을 맞이한 작품은 수필집 《작은 조국을 찾아서》(2016)[4]. 아나톨리 김은 해당 저서에서 러시아 내(넓게는 전세계적으로) 다양한 장소를 《작은 조국》으로 다루었다. 사할린섬(고르노자봇츠크)은 그가 극동 지역에서 이름을 붙인 지명 중 하나이다. 그러나 그가 진정 작은 조국으로 여긴 장소는 랴잔 주의 《외딴 숲속마을 네먀토보》이다. 바로 그곳에 평온과 예술적 영감의 정서적 원천이 있다고 아나톨리 김은 확신한다.

---

4) 아나톨리 김. 작은 조국을 찾아서 / Kim A.A. // 민족 우호 8호, 2016년. 163-177쪽

# Анатолий Ким: сахалинские фрагменты жизни и творчества

Иконникова Е.А.*

## Русский писатель с восточными корнями

Писатель и драматург Анатолий Андреевич Ким (род. 1939) родился в семье потомков корейских переселенцев в одном из сёл Казахстана. В детские годы вместе с семьёй Анатолий Ким совершил несколько больших переездов: вначале на Камчатку, позже - в Уссурийский край. Период с августа 1947 по июнь 1956 года Анатолий Ким провёл на Сахалине (в Ильинском и Горнозаводске). Были в жизни писателя Владивосток и Хабаровск, а позже - учёба в Москве, где и состоялась первая проба пера. После окончания в 1956 году Горнозаводской средней школы на Сахалине Анатолий Ким поступил на учёбу в Московское художественное училище «Памяти 1905 года» на отделение театральных художников, позже до 1970 года заочно обучался в Литературном институте им. А. М. Горького.

---

* Сахалинский государственный университет

Имя Анатолия Кима хорошо известно в России и за рубежом. Его дебютные прозаические книги «Голубой остров» (1976) и «Четыре исповеди» (1978) были опубликованы в Москве, в издательстве «Советский писатель». Проза Анатолия Кима представлена почти на тридцати языках мира. Произведения писателя неоднократно переводились на иностранные языки, в том числе в Республике Корея, Англии, Испании, Италии, Германии, Дании, Финляндии и Америке. Но наибольшее внимание наследию этого автора уделяется в дальневосточных странах. Этнические корни Анатолия Кима способствуют тому, что критики и исследователи пытаются най ти в творчестве писателя классические традиции зарубежной дальневосточной прозы. Не менее важным становится и взгляд этого автора на жизнь корей ских переселенцев и их потомков в России.

Анатолий Ким впервые в русской литературе обстоятельно изобразил трагические судьбы этнических корей цев, разбросанных по бескрай ним просторам советской Азии и Дальнего Востока. Описывая жизни своих героев, писатель упоминал и о японском периоде в истории Сахалина.

В августе 2010 года Анатолий Ким по приглашению корей ской газеты «Сё корё синмун» (редактор В. И. Бя) и РОО «Сахалинский корей ский клуб» (президент Ли Ен Гир) побывал на Сахалине. Во время пребывания на острове писатель провёл несколько творческих вечеров -

встречался с читателями в Южно-Сахалинске, Корсакове и Горнозаводске.

[Фото 1] Анатолий Ким и Елизавета Иконникова.
Сахалин. Август 2010.

## Остров мечты Анатолия Кима

В своей первой книге 《Голубой остров》 (1976) Анатолий Ким зарекомендовал себя как виртуозный стилист, безупречно владеющий литературным языком, чувствующий природу художественного слова. В 《Голубой остров》 вошло около двадцати рассказов и одна повесть - 《Собиратели трав》. Основная часть всех этих произведений тематически связана с Сахалином. 《Голубым островом》, отчётливо

описанным автором в
《Собирателях трав》 (1976),
называется остров Камарон, до
которого стремится доплыть
один из персонажей повести,
молодой кореец Эй ти. Голубой
остров - это кажущаяся близкой
и видимой мечта, для исполнения
которой необходимо не только
желание, но и физические силы.
Одновременно с этим 《голубой
остров》, окутанный морскими
водами, - это некая утопия,

место, где могут забыться все проблемы реальной жизни. Вместе с этим Анатолий Ким и всему Сахалину предписывает чаще всего позитивные эпитеты. Когда-то считавший ся каторгой и 《островом отчаяния》 Сахалин XX столетия поражает 《прозрачной》 осенью, 《мощной》 тай гой , 《толкающими океан》 волнами, 《густым и влажным воздухом》, 《жемчужным небом》.

В автобиографической книге 《Моё прошлое》 (1998) дано детальное описание сахалинских мест, где прошли детские и юношеские годы Анатолия Кима. Первое соприкосновение с островом для писателя началось с посёлка Ильинского, состоявшего 《из серых дощатых бараков и старых японских домов весьма невзрачного вида». Улицы в Ильинском «были непокрытые, пыльные, по их краям тянулись сточные канавы с вонючей грязной водой . Громадные крысы преспокойно посиживали на берегах этих канавок. Повсюду видны были следы убогой , беспорядочной и безрадостной жизни на заброшенной окраине мира. И только воинский городок с аккуратными рядами крашенных свежей краской казарм, стоявших на окраине посёлка, придавал ему некую цивилизованность и, можно сказать, даже нарядность»[1]. Семья Кимов «жила в длинном двухэтажном японском здании, где размещалась корей ская школа-семилетка». В этом доме отцу писателя выделили «директорскую квартиру».

Горнозаводск, где после Ильинского оказался Анатолий Ким, ничем не отличался от других островных посёлков и городков. Там были «всё такие же длинные унылые бараки пыльного цвета, всё те же немощёные грязные улочки, покрытые чёрным прахом угольного шлака, выбрасываемого жителями прямо на дорогу. Городок этот располагался не вдоль морского берега, как прежний , а как бы впритык к морю - протянувшись на несколько километров по речной долине в глубину острова, между высокими крутобокими сопками, часть которых была покрыта тёмной зеленью лесов, а часть - яркой травой безлесья, среди которого торчали, словно причудливые

---

1) Ким, Анатолий . Моё прошлое / Анатолий Ким // Октябрь. - 1998. No. 2. С. 23.

скульптурные изделия, серебристые останки давно сгоревших деревьев»[2]).

В Горнозаводске Анатолий Ким прожил до 1956 года, там же окончил среднюю школу. Летом 1967 года Анатолий Ким, будучи студентом заочного отделения Литературного института им. А. М. Горького, вновь приехал на Сахалин, чтобы повидаться с родными. В это время в газете Невельского рай она «Ленинец» (руководил которой в тот момент зам. редактора В. И. Беспалов) в разделе «Литературной страницы» трижды публиковались адресованные детям стихи Анатолия Кима: «Летала бабочка у берегов···», «Гроза», «Вечер», «Вставало утро», «Чудо лета» и другие.

В стихотворениях поэта описывается край, похожий на Сахалин, прославляется его морская стихия:

> Плещет времени навстречу
> И - вдогонку
> Окай мления морского
> Белый контур.
> (из стихотворения «Извечный спор»)

Через несколько лет в книге Анатолия Кима «Голубой остров» прорвались воспоминания о тех местах, где прошли детские годы писателя, очертились образы тех

---

2) Там же. С. 23-24.

людей , с которыми его свела судьба. В творческой биографии писателя есть две прозаические книги, адресованные детям младшего школьного возраста: 《Когда цветёт миндаль》(1987) и 《Федина избушка》(1988). При этом дальневосточная проблематика наиболее полно представлена в рассказе 《Когда цветёт миндаль》.


## 《Голубой остров》 Анатолия Кима

Основу книги 《Голубой остров》 составили не только детские впечатления Анатолия Кима, но и его поздние раздумья о родине, о судьбах корей ских переселенцев Дальнего Востока. В рассказах из 《Голубого острова》 говорится об удивительных людях. Их желания и мечты просты, но путь к ним преграждён разными испытаниями, главное из которых - испытание любовью. 《На земле так прозрачно и далеко видно, и людям так легко най ти друг друга - увидеть и полюбить. Но прозрачность эта обманчива - на дне моря всегда темно, хотя морская вода тоже прозрачна. Любовь насылается на людей властью неба, а расплачивается за неё человек - тревогами, болью, безутешными утратами, смертью》[3] - к такому выводу приходит одна из героинь писателя, прозванная людьми

---

3) Ким, А.А. Невеста моря / А .А. Ким // Голубой остров. - М., 1976. С. 81.

Невестой Моря.

Прототипами многочисленных персонажей «Голубого острова» стали самые обычные люди, чьи эмоциональные постижения мира были рождены не писательским воображением, а самой жизнью. Лесоруб Матвей Шин, его жена Василиса, Пя Гир по прозвищу Бык, бобыли Лян и Мун, Мансам, стремящийся к знаниям Ри Гичен и его безропотная супруга Мёко, столяр Цой, ведущий нищенскую жизнь До Хок-ро, Масико, Эй ти - это ещё неполный список тех литературных героев Анатолия Кима, чьи потомки - близкие и родные - живут среди современных читателей.

Образ Сахалина в прозе Анатолия Кима является магистральным и воссоздаётся не только в «Голубом острове», но и в других книгах, в частности: «Четыре исповеди» (1978), «Нефритовый пояс» (1981), «Белка» (1985) и «Моё прошлое» (1998). Дальний Восток в произведениях писателя - это край со снежными заносами и тёмными сопками, белизной пены водопадов и синей далью моря, запахами рыбы и морской капусты, огнями пирса и крупными звёздами на небе.

## «Большое» и «малое»

Историческое прошлое Сахалина и его действительность

нового времени переплетаются в ранних книгах Анатолия Кима с яркими и запоминающимися историями людей разных национальностей - корейцев, русских, японцев, цыган, грузин, армян, румын, болгар и представителей других национальностей . Поэтому и мир прозы писателя охватывает значительное географическое пространство, в которое одновременно включены и города бывшего Советского Союза (Москва, Ленинград, Гомель, Ташкент, Одесса, Владивосток), и страны Дальнего Востока (северные и южные уезды Кореи, Япония, Маньчжурия, Китай ), а также маленькие российские и зарубежные поселения, «безвестные окраины». По представлению героев Анатолия Кима, соотношение «большого» и «малого», «столичного» и «провинциального» своеобразно и иногда не совпадает с собственно географическими константами. Так, например, в рассказе «Барбарис» несостоявшийся детский поэт Гриневич покидает шумную столицу и возвращается на Сахалин - остров прежних и беззаботных воспоминаний . «Деревянный отцовский дом» на Сахалине, «тихая улица Нахимова» становятся для героя тем местом, в котором сосредоточено пространство всего «большого» мира, сужаемого до кустов заветных для детей ягод барбариса. Именно малая родина, «зеленый » и «туманный » Сахалин становятся для Гриневича точкой формирования нравственных ценностей , востребованных в зрелом возрасте. Эмоциональное постижение жизни героем оказывается несопоставимым с фактическим представлением о «большом» и «малом». Отчий дом для Гриневича воспринимается моделью «большого» мира, лишённого столичной пресыщенности и неискренности. Таким же «большим» и значимым до кульминационного поворота является Сахалин и для только входящего во взрослую жизнь Мансама из «Сыновнего суда». В одночасье лишённый родителей, герой проделывает длинный путь с Сахалина до «небольшого узбекского городка», но в итоге вновь возвращается на остров, где ещё жива память о его отце, где нуждается в его помощи малолетняя сестра. Однако представление о «большом» мире в сознании Мансама меняется в тот момент, когда корейская коммуна решает вопрос о том, кто из молодых соотечественников сможет получить образование в Дальневосточном университете. Семейные несчастья Мансама оборачиваются для него возможностью жить в настоящем городе и как-то изменить свою судьбу.

В «Собирателях трав» один из героев говорит, что все люди в молодости «рвутся уехать из родных мест», тянутся к «столицам». Но искомым, лучшим местом жизни «может оказаться любой кусочек земли», даже «бугор, заросший лопухами», ведь именно там однажды может открыться «нечто огромное» и важное - то, что определяет смысл бытия. Для многих героев Анатолия Кима Сахалин и есть тот самый центр вселенной - «большой» мир, в котором вершится «удивительная сказка» человеческой  жизни.


## Книги Анатолия Кима в Республике Корея

Одним  из  самых  популярных  авторов  русской
литературы  о  Сахалине  в  Республике  Корея  стал
Анатолий  Ким.  В  ноябре 1987 года  на  корейском  языке
отдельной  книгой  были  изданы  «Бродяги  Сахалина»  в
переводе  Чхве  Гонёна.  По  представлению  издателей
прозы  Анатолия  Кима,  рассказы  писателя  несут  на  себе
печать  национального  корейского  миросозерцания,  быта,
фольклора  и  художественной  образности.  В  1989  году
Анатолий  Ким  впервые  побывал  в  Южной  Корее,  куда  он
был  приглашён  на  этнический  фестиваль.  В  этот  период
начинается  активная  деятельность  писателя  по
представлению  интересов  корейской  диаспоры  в  России  и
за  рубежом.

Сегодня  Анатолий  Ким - почётный  член  нескольких
национальных  объединений,  в  том  числе  Ассоциации
корейцев  в  России.  В  1997  году  писатель  стал  одним  из
организаторов  «поезда  памяти»,  посвящённого 60-летию
депортации  корейцев  с  Дальнего  Востока.  С  1991  года
Анатолий  Ким  пять  лет  прожил  в  Южной  Корее.  С  этого
времени  начинают  свой  отчёт  новые  переводы  прозы
писателя  на  корейский  язык.  Библиография  Анатолия

Кима на корей ском языке внушительна. Это переведённые ещё в конце 1990-х годов ⟨Собиратели трав⟩ (пер. Ким Хёнтхэк), ⟨Лотос⟩ (пер. Ким Дэгён), ⟨Белка⟩ (пер. Гвон Чхольгын), ⟨Отец-лес⟩ (пер. Ким Гынсик) и многие другие. Проза писателя активно изучается корей скими учёными. Профессор университета Кённам Пэ Дэхва рассматривает ряд произведений Анатолия Кима в контексте русской деревенской литературы (В. П. Астафьева, В. Г. Распутина, В. И. Белова и Л. М. Леонова). Примечательно, что и Анатолий Ким обратился к переводам на русский язык образцов корей ской классики. Так, в 2003 году он перевёл для русских читателей ⟨Сказание о Чхунхян⟩, относящееся к произведениям корей ского народного эпоса. В 2016 году Анатолий Ким вновь побывал в Южной Корее.

## Книги писателя в Японии

В Японии книги Анатолия Кима представлены не так широко, как в других странах мира. В 1990-е годы в Японии работал профессор из Южной Кореи Цой Гонён, который изучал композицию и стилистику ⟨Белки⟩, а также филосо фские размышления этого полифонического романа. Интер есно, что первые страницы ⟨Белки⟩ связаны с эпизодическ им упоминанием о Сахалине, а точнее - с описанием родит ельского дома писателя в селе Горнозаводском. Первым пр оизведением писателя на японск ом языке стал небольшой расска з «Молния в городе», входящий в цикл «Прогулка по городу». Рас сказ был переведён в 1990 году известным славистом Ясуем Рёх эем (род. 1935), который предло жил это произведение слушател ям радиокурса по изучению русск ого языка. Следующей книгой стала «Белка», опубликованная в Японии в декабре 2000 года. Пере водчицей этого романа выступи ла Арига Юко (род. 1957), в творч еской биографии которой есть и переводы произведений японск их драматургов на русский язык.

[Фото 3] Книга Анатолия Кима «Белка» на японском языке

В 2010 году в токий ском издательстве «Гундзося» план ировалось издание сборника «Голубой остров» в переводе Судзуки Такаси. Однако в силу разных обстоятельств публ икация этого перевода так и не состоялась. В 1994 году Ана толий Ким вместе с семьёй посетил Японию, где прочит ал публичную лекцию в Софий ском университете.

Арига Юко считает, что именно эта поездка писателя вдохновила его на создание романа-мистерии «Сбор грибов под музыку Баха» (1998), одним из прототипов которого,

[Фото4] АригаЮко Анатолий Ким Судзуки Такахаси Япония 1994. Фотография из архива АригаЮко

возможно, стал переводчик 《Голубого острова》 Судзуки Такаси.

## 《Месть》 по-корейски

По мотивам произведений Анатолия Кима снято несколько фильмов - 《Сестра моя Люся》 (1985), 《Выйти из леса на поляну》 (1987) и другие. 《Сахалинская》 фильмография Анатолия Кима связана с кинокартиной 《Месть》, в 1989 году созданной на киностудии 《Казахфильм》 режиссёром Ермеком Бектасовичем Шинарбаевым (род. 1953). Сюжетную канву этого фильма составили три рассказа, опубликованные в сборнике Анатолия Кима 《Голубой остров》: 《Месть》,

«Невеста моря» и «Сезонники». Внимание писателя в «Мести» сосредоточено на истории одной корейской семьи, в одночасье лишённой своей маленькой дочери. Душевные терзания Сунгу (главного героя рассказа и фильма) приводят однажды его на Курильские острова, а потом и на Сахалин. Именно на Сахалине суждено было осуществиться страшной и затаённой мечте Сунгу - отмщению за насильственную смерть своей сестры из рода Цай корейскому учителю Яну. Ключевые фрагменты фильма «Месть» снимались на сахалинском побережье Татарского пролива, в районе современного села Горнозаводского, в котором когда-то жил Анатолий Ким и в котором были найдены основные сюжеты его увлекательных повествований об островной корейской диаспоре. Именно сахалинская действительность породила в художественном сознании писателя запоминающиеся образы героев рассказов и фильма. Сахалинский колорит отчасти отражается и во вставках на корейском языке, на котором говорят герои в заключительных эпизодах фильма.

Летом 2013 года российский режиссёр Павел Григорьевич Чухрай (род. 1946) на сахалинском кинофестивале «На краю света» презентовал идею нового фильма «Месть» по произведениям Анатолия Кима. Предполагалось, что фильм с участием южнокорейской стороны в лице её кинопродюсера Ли Джу Ика (род. 1957) будет сниматься на

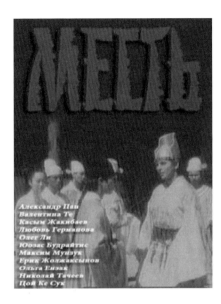

Сахалине. Но сегодня какой -либо информации о съемках фильма най ти невозможно. Скорее всего, этот интересный проект был приостановлен.

К числу самых последних публицистических работ писателя, отметившего в нынешнем году восьмидесятилетие, относится публицистический очерк 《В поисках малой родины》 (2016).[4] Анатолий Ким в этом произведении вспоминает разные места на карте России (и шире - всего мира), которые он мог бы назвать 《малой родиной》. Остров Сахалин (а конкретнее - Горнозаводское), назван писателем в перечне других мест Дальнего Востока. Однако своей настоящей малой родиной Анатолий Ким

---

4) Ким Анатолий . В поисках малой родины / А.А. Ким // Дружба н ародов, №. 8, 2016. С. 163-177.

считает «глухую лесную деревушку Немятово» в Рязанской области. Именно там, по его убеждению, находятся духовные истоки спокой ствия и творческого созидания.

# 사할린 북부 석유기업의 한인 노동자들의 노동 (1920-1930년대)

## Work of Korean Workers at Oil Enterprises in North Sakhalin (1920-1930s)

옐레나 리시치나(Yelena N. Lisitsyna)*

사할린 한인들의 역사가 역사 기록학의 단독 연구 주제로 포함된 것은 1980-1990년대가 되어서였다. 최근에 개괄적인 논문이 발표되고는 있으나(3, 13) 해당 주제는 여전히 미지의 영역이다.

그 중 하나는 일본전관거류지의《동양인》노동자들의 노동이다. 이 문제는 러시아 역사 기록학에서 극히 낮은 빈도로 다루었으며, 일본 기업에서 일한 노동자들의 수, 특성, 업무 조건에 관한 정보는 부분적이고 체계화되지 않았다(9; 12; 14).

보관기록자료와 공식 문건을 바탕으로 이 간극을 보완하고 일본 전관거류지 석유기업 내 한국인의 노동과 삶을 개관하려는 일부 시도가 있었다.

사할린 북부에 한인들이 나타난 것은 러시아 정부가 사할린을 식민지로 삼으려는 주요 수단이었던 강제노역이 1906년 폐지되면서부터였다. 이 법령으로 사할린 북부에 외국인들이 많이 이주하게 되었으며 한국인 이주의 사회적 기반이 확대되었다. 연해주에 거주했던 실업 인

---

* 사할린국립대학교 교수

구와 한국 땅을 떠나온 난민이 사할린섬으로 이주했다.

1920년부터 1925년까지 사할린 북부는 일제 지배를 받았고, 이 지역에 일본 군사행정시설이 설치되어 있었다. 해당 시기에 한국인들은 러시아가 지배하는 북쪽과 일본이 지배하는 남쪽을 왔다갔다 했다.

당시 사할린 북부 한인들은 1919년 일본에 설립된 일본 석유기업 《호쿠신카이》에서 일을 했다(18, Л.117).

일본군이 1925년 북부 사할린에서 철수한 이후, 다수의 노동력을 요하는 영토 개발이 실시되었다. 연해주에서 사할린 섬으로 이주해오는 한인 노동자들의 수가 늘어났다.

1926년 알렉산드롭스크(Aleksandrovsk), 리콥스키(Rikovskiy), 오하(Okha), 리브노프(Rybnov) 시를 포함한 사할린 지역구에는 487명의 한인이 거주했다(10, 92). 그들의 국적과 법적 지위는 다양했다.

한인들 대다수는 북부 사할린에 이주한 이후 6개월마다 갱신이 필요한 《체류 허가증》을 받았다. 비자를 소유한 한인들은 체류 허가증을 발급받을 필요가 없었고, 비자 기간 동안 체류가 허용되었다.

일부는 단순화된 절차로 소비에트 연방 국적을 취득해 소련 국민7이 되었다. 극동 지역에 2년 이상 극동에 거주했고 취업 상태이거나(14, 33) 1918년 이전에 사할린으로 이주한 한인들이 소련 국적을 취득할 수 있었다(10, 132). 처음에는 그 숫자가 많지 않았지만 매년 증가했다.

사할린 북부에 이주한 후 타 지역으로 이주할 계획은 없으나 공식적으로 허가를 받지 않은 경우도 존재한다. 이러한 한인들의 수도 꽤 많다. 그들은 험난한 지형과 감독기관의 느슨함을 이용해 섬 곳곳에 흩어져 살았다. 주로 그들은 현지 기후와 자연환경에 맞는 방식으로 농사를 지었다.

1925년 일본군 철수 이후 석유기업 《호쿠신카이(北辰会)》는 업무를 중단했다(오하 지역 유전 한 곳 제외)(13, 195). 해당 기업에서 일한 직원은 153명으로 많지 않았다. 13명의 사무직과 140명의 노동자가 있었다. 그중 한인은 46명이었다. 그들 모두 일본 국민이었다(3, 85).

1925년 12월《소련-일본 상호 외교 원칙 협정》에 서명하면서 기업활동이 재개되었고,《호쿠신카이》의 직원들은 일본 전관거류지 석유기업 《기타사가렌세키유기교구미아이(北サガレン石油企業組合)》에 속하게 되었다.

시추 작업이 재개되고 석유 복합운송을 개시하면서 추가 노동력이 필요하게 되었다. 그래서 1926년 4,292명까지 직원이 급증했다. 해당 기업에서 일한 한인들은 소련 국적자였다. 주로 오하 지역 거주 한인들과 사할린 니콜라옙스카야-나-아무르 직업소개소를 찾아온 한인들이었다. 그 결과 1926년 일본 전관거류지 석유기업에 일하는 한인들의 수는 667명에 달했다(5, 24).

1927년《기타 세키유 구게 구미카이》는 전관거류지 권한을 주식회사《기타 가라후토 세키유 가부시키 가이샤(KKSKK, 北樺太石油株式会社)》에 양도했다. 해당 주식회사는 1944년 폐업 이전까지 사할린 북부에서 석유 채굴 일을 지속했다. 당시 전관거류지 내 작업이 전면 중단되면서 한인 직원 수가 급감해서 1927년에는 24명까지 감소했다. 그러다 수가 증가하면서 전체적으로 안정화되었다.〈표 1〉

총 직원 수에서 한인은 일본인, 러시아인보다는 적었고, 중국인보다는 많았다.

일본 전관거류지 기업에서《동양인》직원 수 문제는 차후 연구가 필요한 분야이다. 학술 연구와 기록보관소 문서에서 자료를 찾을 수 있지만, 간혹 기록이 일치하지 않는 부분이 있기 때문이다. 대체로 이는 전관거류지에서 보고한 문건의 질, 직원 산정법(임시직 고려 여부), 직원들의 이직, 계산 과정에서 발생한 실수가 원인이다. 전관거류지

〈표 1〉 1920년대 말에서 1930년대 초 일본 전관거류지 석유기업 근무한 한인들의 수

| 연도 | 인원 수 |
|------|---------|
| 1928 | 123 |
| 1929 | 160 |
| 1930 | 115 |
| 1932 | 130 |

출처: 사할린주 국립역사기록보관소. Ф.440. О п.1. Д.1. Л.10; 쿠진A.T. 극동 한인들: 삶과 운명의 비극 (역사 다큐멘터리). 유즈노사할린스크: Dal'nevostochnoe knizh. Izd-vo., -107쪽; 트카초바 G.A. 러시아 1920-1930년대 러시아 극동 인구통계 현황. 블라디보스톡: Dal'rybvtuz, 2000. -125쪽; 러시아 연방 대외정치 기록보관소. Ф. 146. 일본 담당 비밀첩보기관. О п. 16. Д.41. П.155. Л. 18 (개정)

기업 직원들의 국적별 인원 수가 상이한 것은 다양한 층위의 소비에트 정부와 정당 구조 때문이기도 하다. 따라서, 다수의 자료에서 취합한 데이터는 정확한 수치로 취급해서는 안 되며, 평균값으로 보는 것이 더욱 타당하다.

전관거류지 기업에서 한인들은 가장 힘들고 낮은 숙련도를 요하는 일을 맡았다. 〈표 2〉에는 사할린주 국립역사기록보관소에 자료가 남아 있는 한인 103명이 담당한 업무가 소개되어 있다(8).

자료에서도 알 수 있듯이, 한인들이 전관거류지 기업에서 주로 담당한 업무는 잡역부, 인부, 미화원, 청소부, 토공, 벌목업자 등이다. 숙련도를 요하는 노동에는 동원되지 않았다.

한인 노동자들의 노동 평가를 주의깊게 살펴보면 기록된 문서나 역사학자의 연구 어느 곳에서도 불만사항이 언급된 부분을 찾아볼 수 없다(러시아인 노동자와 차이를 보임). 박수호(Bok Zi kou)교수 연구자의 의견대로 한인들은 성실하게 일했을 것이다(3, 75).

<표 2> 일본 전관거류지 석유기업에서 일한 한인들의 업무

| | | | |
|---|---|---|---|
| 잡역부 | 8 | 토공(土工) | 5 |
| 인부 | 49 | 물 운반업자 | 2 |
| 짐꾼 | 2 | 노동자 | 4 |
| 미화원 | 7 | 벌목업자 | 4 |
| 청소부 | 12 | 창고지기 | 1 |
| 상인 | 3 | 선반공 | 1 |
| 화부(火夫) | 2 | 목수 | 2 |
| 경비원 | 1 | 합계 | 103 |

　그러나 성실한 노동에 비해 임금은 차별대우를 받았다. 전관거류지 기업에서 임금은 직무에 영향을 받았고, 근로계약에 따라 가불을 받았다. 전관거류지 기업 사무직 다음으로 높은 임금을 받은 직종은 시추업자와 채굴업자로, 월급으로 123루블 36코페이카를 받았다. 그보다 임금이 낮게 측정된 광부, 화부, 철공은 월급으로 107루블 28코페이카를 받았다. 타 직종은 그보다 낮은 82루블 8코페이카를 받았다(15, 131). 그러나 저임금을 받는 직종 중에서도 한인들은 차별을 당했다. 그들은 러시아 노동자들보다 15-20% 낮게, 일본 노동자들보다 50-60% 낮게 임금을 받았다(6, 20). 러시아 노동자가 월급 45~75엔을 받으면 한인과 중국인 노동자는 동일한 노동에 40엔의 월급을 받았다(3, 75).

　한인과 중국인 노동자들은 도급제 노동을 그들에게 분배하지 않으려는 전관거류지 기업 간부들과 갈등을 빚었다. 간부들은 그들을 임시직으로 고용하여 극히 낮은 일급을 주었다(늦봄에서 이른 가을까지 짐꾼으로 고용). 그 결과 1927-1928년 전관거류지 기업 임시직 노동자들이 임금 상승, 고숙련 직종으로 이전, 10시간 근무 이후 추가수당 지급을 요구하며 파업을 단행했다. 노동조합이 개입하여 타협이 이루어졌다. 노동자 84명의 임금이 증가했고, 40명은 고숙련 직종을 맡게 되었으며 그 외 노동자들은 도급제로 전환되었다(6, 20). 그러나 이는 아주 예외적인 경우이다.

한인 노동자들에게 가해진 차별 정책에도 불구하고,《사할린네프티(Sakhalinneft')》사업소에 비하면 전관거류지 노동자들의 처우가 여러 지표면에서 나았다. 전관거류지 기업은 제때에 임금을 지급했고, 괴혈병 등 전염병에 다수 감염되지 않도록 했다(10, 107). 사업소(인당 3.1km²)보다 더 넓은 주거지(인당 4.5km²)를 제공했고(2, 72), 전관거류지 기업 내 외상발생 빈도가 훨씬 적으며 발생 수도 감소했다(4, 270). 식료품비도 사업소보다 58% 낮았다(7, 94-95). 물론 전관거류지 기업 계약서에 명시된 노동법, 노동 보호, 사회생활조건 보장 등이 지켜진 것은 대부분 소비에트 연방 관련기관의 공로였다. 그러나 전관거류지 기업과 사업소 노동자의 실태를 비교하면 후자가 훨씬 열악했다. 이로 인해 한인 노동자들 사이에 일본을 선호하는 분위기가 형성되었다. 쿠진(Kuzin A.T.)은 일부 한인들이 이를 숨길 생각이 없었다고 기록한다: "전관거류지 기업에 '천황 폐하에 대한 충성'을 서면으로 고백하며…"(10, 139). 한인들이 소비에트 정권에 온전히 충성을 보였음에도 불구하고, 일본 국적을 취득하려는 요청 수는 갈수록 증가했다.

1932년 여권 제도가 시행되었다. 안타깝게도 전관거류지 한인 노동자들에게 곧장 적용되는 탄압 원칙이 여권 제도 시행 배경이 되었다. 1933년 9월 소비에트 연방 외무부 차관 소콜니코프(Sokol'nikov G.Ya.)는《여권 제도가 시행되었으니 전관거류지 한인 노동자들에게 1년 만기 여권을 발급한다》는 지시를 내렸다. 여권에《전관거류지 노동자》라고 표시된 자는 1년 후 전관거류지뿐만 아니라 사할린 섬을 떠나야 했다(1, 59 (개정)). 소비에트 정권의 이러한 조치를 외무부도 지지했다. 1929년 4월 외교관 볼프(Vol'f L.I.)는 이런 글을 남겼다: "전관거류지 일본인과의 상호관계, 그리고 최근 러시아 노동자들이 해당 기업에서 일하기 어려워지는 경향을 고려했을 때 소련은 경각심을 가질 필요가 있다. 특히 일본인과 동질감을 느끼는 한인들을 주시해야 한다. 소련이 동양인 노동자들에게 의무적으로 제공해야 하는 것이 없으니 한인들이 일본인과 점점 더 가까워지는 것 같다. 이는 피할 수 없는 일이나 소련에게 이득이 되지 않는다."(11, 140). 1934년 완료된 여권 제도 시행 결과, 한인 일부는 섬에서 추방되었다. 형식적인 이유는 '국경 지역 거주규칙 위반'이었다(14, 12). 103개의 전관거류지 한인 노동자 근무일지를 보면 6차 해고 시기는 1932년이었고, 13차 해고 시기는 1934년이었다(8).

모든 정치적 요소, 당시 일본 영토였던 사할린 남부와의 국경 접근성 때문에 당시 소련 정부는 사할린 한인들을 특별위험분자로 간주했고, 그들을 정치적으로 탄압했다. 그 결과 1937년 무렵 사할린 섬에 남아있는 한인들은 없었다. 극동 변경주 내 일본 스파이가 나타날 가능성을 차단하기 위한 목적으로 그들을 우즈베키스탄과 카자흐스탄 소비에트 사회주의 공화국으로 이송시켰다. 안타깝게도 추방된 한인노동자들의 정확한 수치를 밝히는 것은 불가능하다. 하지만 간접적으로 추방된 노동자의 수를 다음의 지표로 가늠해볼 수 있다. 사할린 역사 문서 보관서에 보관된 한국 국적 노동자들의 103개 개인근무카드 중 51개 카드(49.5%)에 해고 날짜가 1937년으로 명기되어 있다.

사할린 석유공업은 사할린 섬 북부 경제 발전에 커다란 기여를 했음을 결론에 밝혀두겠다. 이 과정에서 전관거류지 기업에서 일한 한국인들은 기업의 경제적 차별과 소비에트 정권의 정치 탄압으로 이중 압박을 받았다.

# 참고문헌

러시아 연방 대외정치 기록보관소. ф.146. 일본 담당 비밀첩보기관. O п.16.
  Д.41. П.155. Л.59 (개정판)

러시아 연방 대외정치 기록보관소. ф.146. 일본 담당 비밀첩보기관. O п.16.
  Д.41. П.155. Л.72

박수호(Bok Zi Kou). 사할린 한인들. 유즈노사할린스크: Sakhalinskot knizh.
  Izd-vo., 1993

하바롭스크 주 국립기록보관소. ф.668. O п. 1. Д.13. Л.270

하바롭스크 주 국립기록보관소. ф.668. O п.1 Д.19. Л.24

하바롭스크 주 국립기록보관소. ф.668. O п.1. Д.64. Л. 20

하바롭스크 주 국립기록보관소. ф.668. O п.1 Д.65. Лл.94-95

사할린주 국립역사기록보관소 ф.338. 전관거류지 석유기업

Ku S. 소련 정치 탄압의 희생자 한인들. 1934-1938. 1권. M., 2000

쿠진A.T. 사할린 한인들의 역사적 비극. 1권(전체 3권). 유즈노사할린스크:
  Sakhalinskot knizh. Izd-vo., 2009

쿠진A.T. 극동 한인들: 삶과 운명의 비극 (역사 다큐멘터리). 유즈노사할린스크:
  Dal'nevostochnoe Publishing company, 140쪽

포드루브나야(Podlubnaya I.F.) 사할린 한인 형성 원인//동아시아 이주 과정.
  Mezhdunarodnaya konferentsiya. Tezisy dokladov i soobshcheniy.
  블라디보스토크, 1994

폴레보이(Porevoy P.P.) 사할린 북부 석유공업의 성과//Neatyanoe khozyaystvo.
  No. 8. 1925. 195쪽

러시아 국립 경제기록보관소ф. 3429. O п.6. Д.618. Л.117

사할린 신역사 다큐멘터리 센터. ф. П-2. O п.2.Д.248. Л.12

트카초바 G.A. 러시아 1920-1930년대 러시아 극동 인구통계 현황. 블라디보스
  톡: Dal'rybvtuz, 2000.

샬쿠스(Shalkus G.A). 사할린 석유공업 형성과 발전의 역사: 1879-1945년. 역사학 박사 학위 논문. 블라디보스토크, 2004

# Труд корейских рабочих на нефтяных предприятиях Северного Сахалина (1920–1930-е годы)

Лисицына Е.Н.*

В самостоятельное научное направление историография истории сахалинских корейцев оформилась только на рубеже 80-х - 90-х годов XX века, и, несмотря на появление в последние годы обобщающих работ (3, 13), в ней продолжают оставаться «белые пятна».

Одним из них является труд «восточных» рабочих на японских концессиях. Исследований по этой проблеме край не мало в российской историографии, а имеющиеся в них сведения о численности, характере и условиях работы этой категории населения на японских предприятиях носят несистематизированный и отрывочный характер (9; 12; 14).

На основе архивных данных, а также материалов открытой печати нами предпринята попытка частично восполнить этот пробел и попытаться представить общую

---

* Сахалинский государственный университет

картину труда и жизни лиц корейской национальности на японской нефтяной концессии.

Следует отметить, что появлению корейцев в северной части Сахалина способствовало упразднение в 1906 году каторги, являвшейся для российского правительства основным способом колонизации острова. Этот акт облегчил приезд иностранцев на север Сахалина, что расширило социальную базу корейской эмиграции. Наряду с безработными корейской национальности, прибывающими из Приморья, на остров двинулись беженцы из самой Кореи.

В период японской оккупации Северного Сахалина с 1920 по 1925 годы и установления на этой территории японского военно-административного управления активизировалась внутренняя миграция корейского населения: с японского юга - на оккупированный российский север, и наоборот.

В этот период на Северном Сахалине корейцы были привлечены к работе на нефтяных промыслах японского консорциума 《Хокусинкай》 (18, Л.117), образованного в Японии в 1919 году.

После эвакуации в 1925 году японских войск с Северного Сахалина началось хозяйственное освоение территории, потребовавшее значительного числа рабочих рук. На остров увеличился приток корейцев из Приморья.

На 1926 год в Сахалинском округе, включавшем в себя Александровский, Рыковский, Охинский и Рыбновский рай оны, проживало 487 лиц корей ской национальности (10, 92). Их гражданско-правовая принадлежность была достаточно разнообразной .

Значительная часть корей цев после въезда на территорию северной части Сахалина получала «вид на жительство», который необходимо было продлевать каждые 6 месяцев. Лица, имевшие визы, от получения вида на жительства освобождались. Их пребывание на острове регламентировалось сроками виз.

Часть корей ского населения являлось гражданами СССР, получившими гражданство по облегченной форме. Как правило, это были те, кто прожил на Дальнем Востоке не менее двух лет и имел работу (14, 33) или переселился на Сахалин до 1918 года (10, 132). Первоначально число таких граждан было невелико, но с каждым годом оно увеличивалось.

Существовала еще одна достаточно большая категория корей ского населения, которая, попав на Северный Сахалин, уезжать с него никуда не планировала, но в то же время официально не регистрировалась. Как правило, они рассеивались по территории острова, пользуясь сложностью его ландшафта и слабостью контролирующих органов. Их основным видом деятельности был крестьянский труд, приспособленный к местным природно-климатическим условиям.

После эвакуации в мае 1925 года японских вой ск

нефтяные промыслы консорциума 《Хокусинкай》 были законсервированы (за исключением одной скважины ручного бурения на Охе) (13, 195). Общее число обслуживающих их работников было невелико - всего 153 человека: 13 человек конторских служащих и 140 рабочих. Из числа последних корейцы составляли 46 человек. Все они являлись гражданами Японии (3, 85).

С подписанием в декабре 1925 года 《Соглашения об основных принципах взаимоотношений между Союзом ССР и Японией》 работы на промыслах были возобновлены, а обслуживающий их персонал стал числиться работниками японской нефтяной концессионной компании 《Кита Секию Кооге Кумикай》.

Возобновление буровых работ, а также сложная транспортировка нефти потребовали дополнительной рабочей силы, поэтому в 1926 году число работников концессии резко возросло - до 4.292 человек. Имевшийся на предприятии корейский контингент был дополнен корейцами, имевшими советское гражданство. Главным образом, это были корейцы - жители Охи, а также корейцы, направленные на Сахалин Николаевской - на-Амуре биржей труда. В итоге число лиц корейской национальности, работавших в 1926 году на концессии, составило 667 человек (5, 24).

В 1927 году 《Кита Секию Кооге Кумикай》 переуступила свои права на концессию акционерному обществу 《Кита

Карафуто Секию Кабусики Кайся》 (《ККСКК》), которое продолжило добычу нефти на севере Сахалина вплоть до ликвидации предприятия в 1944 году. К этому времени работы на концессии начали выходить на полную мощность, и количество работников корейской национальности сначала резко сократилось - до 24 человек в 1927 году, а затем увеличилось и в целом стабилизировалось (см. табл.1)

В общем количестве работников предприятия корейцы занимали третье место, численно уступая японцам и русским, но существенно обгоняя китайцев.

Следует отметить, что проблема численности 《восточных》 рабочих, привлекаемых к работе на концессионных японских предприятиях, требует дальнейшего изучения, так как данные не только научных исследований , но и архивных источников имеют, порой существенные, расхождения.

Численность лиц корейской национальности, работавших на японской нефтяной концессии в конце 1920-начале 1930-х годах

*Таблица 1*

| Год | Численность |
|---|---|
| 1928 | 123 |
| 1929 | 160 |
| 1930 | 115 |
| 1932 | 130 |

Составлено по: ГИА СО. Ф.440. Оп.1. Д.1. Л.10; Кузин А.Т. Дальневосточные корейцы: жизнь и трагедия судьбы (документально-исторический очерк). Южно-Сахалинск: Дальневосточное кн. изд-во, 1993. -С. 107; Ткачева Г.А. Демографическая ситуация на Дальнем Востоке России в 20-30-е ХХ века. Владивосток: Дальрыбвтуз, 2000. -С. 125; АВП РФ Ф. 146. Референтура по Японии. Оп. 16. Д.41. П.155. Л. 18 (об.)

в, предоставляемых концессионером, методикой подсчета работников (с сезонными рабочими или без них), текучестью кадров, а также ошибками, допущенными при их учете. Расхождения в цифрах о национальном составе работающего на концессии контингента наблюдаются и по линии советских государственных и партий ных структур разного уровня. На основании этого, приводимые в различных публикациях данные, нельзя воспринимать как абсолютно точные, а логичнее рассматривать как средние.

Труд корей цев на концессии был одним из самых низкоквалифицированных и тяжелых. В таблице 2 приведены должности, которые занимали 103 корей ца, работавшие в разное время на нефтяной концессии, чьи карточки учета сохранились в государственном историческом архиве Сахалинской области: (8)

Должности, занимаемые корейцами на японской нефтяной концессии

*Таблица 2*

| Разнорабочий | 8 | Землекоп | 5 |
|---|---|---|---|
| Чернорабочий | 49 | Водонос | 2 |
| Грузчик | 2 | Рабочий | 4 |
| Ассенизатор | 7 | Лесоруб | 4 |
| Уборщица | 12 | Кладовщик | 1 |
| Продавец | 3 | Токарь | 1 |
| Кочегар | 2 | Плотник | 2 |
| Сторож | 1 | Всего | 103 |

Как свидетельствуют данные, основными должностями, которые занимали корей цы на концессии, были рабочие самого низкого уровня - разнорабочие, чернорабочие, а также уборщики, ассенизаторы, землекопы, лесорубы. Более квалифицированный труд для них был скорее исключением.

Важным моментом является оценка труда корей ских рабочих. Следует отметить, что ни в архивных документах, ни в исследованиях специалистов нет каких-либо указаний на претензии концессионера к их работе (в отличие от русского контингента), что позволяет согласиться с мнением исследователя Бок Зи Коу о том, что в целом корей цы работали на концессии добросовестно (3, 75).

На фоне старательного отношения к труду размеры его оплаты были явно дискриминационными. В целом размер заработной платы на концессии зависел от профессии, а ее начисление осуществлялось согласно заключенных контрактов. Самую высокую зарплату, после служащих концессии, получали буровики и эксплуатационщики - 123 руб. 36 коп. в месяц, ниже оплачивался труд промысловиков, кочегаров и слесарей - 107 руб. 28 коп., еще ниже была оплата труда рабочих других специальностей - в месяц она составляла 82 руб. 08 коп (15, 131). Однако в этой низкооплачиваемой категории работников корей цы подвергались дискриминации. За свою работу они получали на 15-20% ниже, чем русские рабочие и на 50-60% меньше, чем японские (6, 20). Так, если русский рабочий получал на концессии от 45 до 75 иен, то корей цам и китай цам за ту же работу платили 40 иен в месяц (3, 75]).

Одной из причин, вызывавшей у «восточных» рабочих конфликты с руководством концессии являлось нежелание последнего предоставлять корей цам и китай цам сдельную работу. Как правило, их использовали на сезонных работах (в первую очередь - как возчиков, в период с поздней весны до ранней осени) с край не низкой поденной оплатой труда. В результате в 1927-1928 годах на концессии вспыхнула забастовка рабочих-сезонников, требовавших повышения заработной платы, перевода их на более высокие разряды и оплату сверхурочных после 10-часового рабочего дня. Благодаря вмешательству промкома забастовка закончилась компромиссом: 84 рабочим зарплата была повышена, 40 человек перевели на более высокий разряд, а остальных перевели на сдельную работу (6, 20). Однако такой исход дела был исключительным случаем.

И все же, несмотря на дискриминационную политику по отношению к корей ским рабочим, их положение на концессии по ряду параметров было лучше, чем у работавших в тресте «Сахалиннефть». Концессионер своевременно выплачивал заработную плату, не допускал случаев массовых заболеваний (например, цингой ) (10, 107), предоставлял рабочим жилплощадь больших размеров

(4, 5 кв.м на чел.), чем трест (3, 1 кв. м) (2, 72), на концессии было гораздо меньше случаев травматизма и число их сокращалось (4, 270), цены на продукты питания были на 58% ниже трестовских (7, 94-95). Безусловно, в целом выполнение пунктов концессионного договора в части соблюдения трудового законодательства, охраны труда, обеспечения социально-бытовых условий рабочих во многом было заслугой соответствующих советских органов, следивших за этим. Тем не менее, для простого рабочего сравнение положения дел на концессии и в тресте было не в пользу последнего. Это способствовало распространению среди корейцев японофильских настроений. Кузин А.Т. пишет, что определенная часть корейцев даже не особо скрывали это, «...делая концессионеру письменные признания в «верноподданстве его императорскому величеству» (10, 139). Несмотря на то, что в целом корейцы демонстрировали вполне лояльное отношение к Советской власти, количество заявлений для получения японского гражданства стало увеличиваться.

В 1932 году в стране началась паспортизация населения. К сожалению, в ее основу были положены репрессивные принципы, которые напрямую коснулись и корейцев, работавших на концессии. В переписке заместителя наркома по иностранным делам Сокольникова Г.Я. в сентябре 1933 года говорится, что по поводу паспортизации была дана следующая установка: рабочим концессии выдавать паспорта сроком на 1 год Те, которые оценены как нежелательный элемент в паспорте делать отметку - «рабочий на концессии», для того, чтобы через год не только с концессии, но и вообще с Сахалина выслать (1, 59 (об.)). Этот настрой советских властей поддерживался и агентами НКИД. Один из них - Вольф Л.И., в апреле 1929 года писал: «...Взаимоотношения с японцами на концессиях и тенденция последних к максимальному сужению контингента русских рабочих, диктуют особую бдительность с нашей стороны, именно в отношении корей цев, как народа, рассматриваемого японцами своими. В наших условиях отсутствия должного обслуживания нами восточных рабочих сближение корей цев с японцами более чем вероятно. Это нам не выгодно и это необходимо во что бы то ни стало избежать» (11, 140). По итогам паспортизации, которая завершилась в 1934 году, часть корей ского населения была выселена с острова. Формальным поводом являлось «нарушение правил проживания в пограничной полосе» (14, 12). Из 103 учетных карточек корей цев - работников концессии в 6-ти сроком увольнения значится 1932 и в 13-ти - 1934 год (8).

Вся совокупность политических факторов, а также пограничная близость японского Южного Сахалина, дали власти повод видеть в сахалинских корей цах особо опасных врагов народа. На них обрушились политические репрессии, а 1937 год и вовсе завершил пребывание корей цев на острове. «В целях пресечения проникновения японского шпионажа в дальневосточный край » их выселили в Узбекскую и Казахскую ССР. К сожалению, выявить точно, сколько корей цев, работников концессии было депортировано, не представляется возможным, однако из 103 личных учетных карточек в 51-ой датой увольнения указан 1937 год и только в 2-х более поздние сроки (8).

В заключение можно отметить, что нефтяная промышленность на Сахалине внесла существенный вклад в поступательное развитие экономики северной части острова. К этому процессу был причастен и работавший на ее предприятиях корей ский контингент, который испытал на себе двой ное давление: экономическую дискриминацию со стороны концессионера и политические репрессии со стороны советских властей .

# Библиографический список

Архив внешней политики Россий ской Федерации (АВП РФ) Ф.146. Референтура по Японии. Оп.16. Д.41. П.155. Л.59 (об.)

АВП РФ Ф. 146. Референтура по Японии. Оп. 16. Д.41. П.155. Л.72

Бок Зи Коу. Корей цы на Сахалине. Южно-Сахалинск: Сахалинское кн. изд-во, 1993

Государственный архив Хабаровского края (ГАКХ) Ф. 668. Оп. 1. Д.13. Л.270

ГАКХ Ф.668. Оп.1 Д.19. Л.24

ГАКХ. Ф.668. Оп.1. Д.64. Л. 20

ГАХК Ф.668. Оп.1 Д.65. Лл.94-95

Государственный исторический архив Сахалинской области (ГИА СО) Ф.338. Нефтяная концессия

Ку С. Корей цы - жертвы политических репрессий в СССР. 1934-1938. Кн.1. М., 2000

Кузин А.Т. Исторические судьбы сахалинских корей цев. В 3-х кн. Кн.1. Южно-Сахалинск: Сахалинское кн. изд-во, 2009

Кузин А.Т. Сахалинские корей цы: история и современность (Документы и материалы. 1880-2005). Южно-Сахалинск: Сахалинское кн. изд-во. 2006. С.140

Подлубная И.Ф. Источники формирования корей ского населения на Сахалине //Миграционные процессы в

Восточной Азии. Международная конференция. Тезисы докладов и сообщений . Владивосток, 1994

Полевой П.И. Успехи нефтепромышленности на Северном Сахалине //Нефтяное хозяй ство. №. 8. 1925. С. 195

Россий ский государственный архив кономики (РГАЭ) Ф. 3429. Оп.6. Д.618. Л.117

Сахалинский центр документации новей шей истории (СЦДНИ) Ф. П-2. Оп.2.Д.248. Л.12

Ткачева Г.А. Демографическая ситуация на Дальнем Востоке России в 20-30-е ХХ века. Владивосток: Дальрыбвтуз, 2000

Шалкус Г.А. История становления и развития нефтяной промышленности на Сахалине: 1879-1945 гг. Дисс. канд. ист. наук... Владивосток, 2004

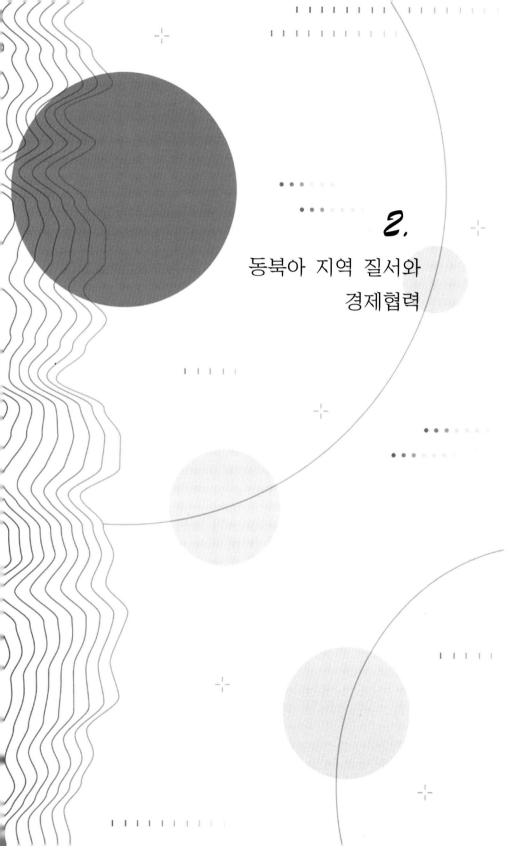

*2.*

동북아 지역 질서와
경제협력

# 동아시아 질서의 변화와 새로운 지역협력의 모색

## 샌프란시스코체제의 동학(動學)을 중심으로-*

## 1. 머리글

최근 여러 요인들이 동아시아 질서의 변화와 관련한 논의에 샌프란시스코체제(San Francisco sysytem)라는 개념을 소환하고 있다. 우선, 2018년 남북관계와 북미관계의 진전에 따라 한반도평화프로세스가 본격적으로 추진될 수 있다는 기대가 높아진 것과 함께 한반도평화프로세스는 제2차 세계대전 이후의 동북아 혹은 동아시아 질서를 규율해 온 샌프란시스코체제의 극복으로 나아가야 한다는 주장들이 제기되었다(조한범, 2019: 13~15). 이러한 주장에는 그래야만 한반도평화프로세스가 성공적으로 추진될 수 있다는 함의도 담겨 있다. 한반도평화프로세스에 대한 낙관적인 기대는 실현되지 못했지만 샌프란시스코체제가 한반도 평화정착을 어렵게 만드는 요인이라는 점은 다시 확인되고 있다. 샌프란시스코체제 하에서 미국이 구축한 군사네트워크와 한반도평화프로세스 사이의 상충적 관계가 북미협상의 진전을 어렵게 만

---

* 이 논문은 『경제와사회』 2020년 봄호(통권 제125호)에 게재된 논문임.
** 성공회대 중국학과 교수

드는 주요 요인 중 하나로 작용하고 있기 때문이다. 또한 2019년에 한일관계가 크게 악화된 것도 샌프란시스코체제의 동학과 깊은 관련이 있다. 샌프란시스코체제는 미국이 미일동맹을 아시아전략의 가장 중요한 축으로 삼으며 구축되었다. 그런데 최근 미국의 아시아전략에서 이러한 경향이 더 강화되고 있다. 일본은 이러한 분위기를 활용해 정치군사적 대국으로의 전환을 더 적극적으로 모색하고 있고, 이것이 한국 혹은 중국과 역사갈등, 정치갈등 등을 고조시키는 원인으로 작용하고 있다. 마지막으로 미중관계의 변화도 샌프란시스코체제의 구조적 변화를 촉진하는 요인으로 등장하고 있다. 미중관계는 샌프란시스코체제 변동에서 가장 중요한 변수로 작용했는데 최근 미중관계가 전략적 경쟁이라는 새로운 단계로 진입하고 있기 때문이다.

다만 샌프란시스코체제라는 개념을 지역질서의 변화를 분석하는데 적용할 때 문제가 없지 않다. 우선 이 개념의 의미가 명확히 정의되지 않았기 때문에 지역질서 분석을 위한 적절한 프레임을 제공하기 어렵다는 비판이 제기되었다(Buszynski, 2011: 315). 샌프란시스코체제는 엄밀하게 정의하면 1951년 9월 8일 연합국과 일본 사이에 체결된 샌프란시스코강화조약에 의해 만들어진 지역질서를 가리킨다. 그런데 현재 샌프란시스코체제 관련 논의에 샌프란시스코강화조약과 직접 연결되어 있지 않는 요소들이 포함되어 있고 논자들마다 샌프란시스코체제를 다른 의미로 사용하는 경우가 많다.

또한 샌프란시스코체제 개념은 동아시아 질서를 지나치게 정태적으로 이해하게 만들 수 있다. 샌프란시스코체제를 동아시아의 냉전질서로 등치시켜 이해할 경우 이러한 문제가 커진다. 동아시아 질서는 제2차 세계대전이 종결된 직후부터 유럽 등 다른 지역과 매우 다른 역동성을 갖고 움직였고, 이러한 역동성은 미소 냉전이라는 틀만으로는 설명할 수 없다. 무엇보다 한국전쟁, 베트남전쟁 등을 겪었던 동아시아에 냉전이라는 개념을 그대로 적용하기는 어렵다. 이러한 사건들의 영향을 받으며 변화된 미중관계, 특히 1970년대 초반의 미중관계 변화는 샌프란시스코체제의 작동 방식에 큰 변화를 초래했다.[1] 이러한 차이는 냉전이 해체된 이후 유럽과 동아시아가 다른 발전경로를 걷고 있는 주요 원인이기도 하다. 그런데 체제라는 개념이 이러한 변동을 효과적으로 설명하는 데 많은 어려움을 만든다.[2]

즉 샌프란시스코체제라는 개념은 분석적 도구로서의 한계가 적지 않다. 그렇지만 이 개념이 동아시아 지역질서에 대한 논의를 진전시키는 데 다른 프레임보다 더 유용한 측면이 있다. 첫째, 이는 동아시아 질서와 유럽의 냉전질서와의 차별성을 드러내줌으로써 제2차 세계대전 이후의 세계질서를 냉전질서로 규정하고 냉전질서가 세계에 균일한 방식으로 작동했다는 식의 서술에서 벗어나 동아시아 질서에 대한 논의를 동아시아의 역사적 실재에 더 부합하게 진행할 수 있게 해준다. 이를 통해 동아시아 질서의 고유한 특성을 더 잘 파악할 수 있다. 둘째, 이러한 접근은 동아시아가 직면하고 있는 문제가 무엇인가를 더 정확하게 드러내주고 동아시아에 부합하는 문제해결 방법을 찾아갈 수 있는 방향을 제시해줄 수 있다. 이 글은 샌프란시스코체제 개념의

---

1) 오랜 동안 냉전질서를 미소 양극체제라는 프레임에서 이해하는 관성이 강했기 때문에 미중관계의 변화가 동아시아 질서에 갖는 함의가 그리 큰 주목을 받지 못했다. 이 변화의 중요성을 강조한 드문 예로는 Selden(2009)을 들 수 있다.

2) 또 다른 문제 중의 하나는 샌프란시스코체제가 포괄하는 지역 범위와 관련된 어려움이다. 미국에서는 이를 아시아·태평양(Asia Pacific)이라는 지역 개념과 연결시키는 경우가 많은데 이는 오스트레일리아 등이 초기부터 샌프란시스코체제의 주요 참여국이었다는 점에 근거한 것이다. 그렇지만 이럴 경우 포괄범위를 지나치게 확장하고 샌프란시스코체제 개념을 사실상 미국의 대외전략으로 이해하게 만드는 문제가 있다. 샌프란시스코체제의 논리가 실질적으로 작동하는 지역은 대체로 동아시아로 한정할 수 있기 때문에 본 연구에서는 샌프란시스코체제를 동아시아 질서로서 규정하고 논의를 전개한다.

이러한 유용성을 활용해 그동안 동아시아 질서 변화에 대한 해석에 큰 영향을 미쳐온 '냉전과 그 해체'라는 프레임에서 벗어나, 동아시아 질서의 구조적 특징과 그 역동성을 분석하고 샌프란시스코체제의 한계를 넘어서는 새로운 지역질서 구축의 전망을 논의하는 것을 목적으로 한다.

다만 논의의 진전을 위해서는 앞에서 지적된 개념적 문제를 해결할 필요가 있다. 따라서 2장에서 샌프란시스코체제에 대한 기존 논의를 검토하고 이 검토에 기초해 샌프란시스코체제의 의미를 새로 정의할 것이다. 3장에서는 샌프란시스코체제의 형성과 변동을 설명할 것이다. 이를 통해 동아시아 질서가 유럽의 그것과 어떤 다른 역동성을 갖고 있었는지를 밝힐 것이다. 4장에서는 샌프란시스코체제가 직면한 도전과 도전에 대한 대응방안에 대한 논의를 정리하고 평가한다. 5장에서는 앞의 논의를 정리하고 이후 논의과제를 제시한다.


## 2. 샌프란시스코체제 개념의 검토와 재정의

샌프란시스코체제라는 개념은 얄타체제의 한 요소로서 샌프란시스코강화조약에 의해 만들어진 미일동맹체제를 의미하는 것으로 이리예(AKira Iriye)에 의해 처음 사용되었다(Iriye, 1974: 47, 93~97). 그러나 이처럼 샌프란시스코체제를 미일동맹과 동일시하는 설명 방식은 이 개념이 포괄하는 범위를 지나치게 좁히고 샌프란시스코강화조약과 지역질서의 재구축 사이의 연관관계를 체계적 포착하기 어렵다. 샌프란시스코강화조약의 가장 중요한 결과가 미일동맹의 구축이지만 이는 그에 한정되지 않는 그리고 동아시아 질서 전반에 큰 영향을 미치는 다른 요인들도 만들어내었다. 그뿐만 아니라 샌프란시스코강화조약은 고립적 사건이 아니라 제2차 세계대전이 종결된 이후 세계적 차원, 그리고 지역적 차원에서 전개되었던 역사적 흐름 위에서 체결되었다. 즉 샌프란시스코강화조약이 샌프란시스코체제 구축에 결정적인 계기가 되었지만, 샌프란시스코체제의 의미를 이 강화조약의 내용에만 한정할 이유는 없다. 이러한 이유로 이리에 이후 샌프란시스코체제 개념을 사용해 동아시아 질서의 변화를 분석하고자 하는 경우에는 공간적으로나 시간적으로나 그 외연을 확장시켰다. 이는 주로 두 방향으로 진행되었다.

첫째는 하라(Kimie Hara)의 경우처럼 샌프란시스코체제를 샌프란시스코강화조약과 직접적으로 연관시켜 정의하지만 미일관계를 넘어 다른 국가들과의 관계와 연관된 질서로 샌프란시스코체제를 정의하고 그것이 지역질서의 변화에 미치고 있는 영향을 분석하는 방향이다. 하라(Hara)는 유럽과는 달리 아시아 지역에서는 한반도의 분단과 전쟁으로 얄타체제가 제대로 성립되기도 전에 붕괴되었고 이를 대체해 샌프란시스코체제가 등장했다고 주장했다(Hara, 2016: 25). 그리고 미국이 일본의 전략적 위치를 재규정하는 방식으로 미일동맹체제를 구축한 것과 샌프란시스코강화조약에서 일본이 점령했던 영토를 모호하게 처리해 동아시아 국가들 사이의 갈등요인을 남겨놓은 것을 샌프란시스코체제의 핵심 요소로 제시했다(Hara, 2015: 2).

독도를 예로 들면 1946년부터 미국이 준비한 강화조약 초안에는 한국영토로 인정되었으나 1949년 12월 초안에서는 일본에 귀속시켰고 한국전쟁이 발발한 직후인 1950년 8월 7일 초안에는 중국의 대만에 대한 귀속권에 대한 규정과 함께 독도에 대한 언급도 사라졌다. 이 과정에 중요한 역할을 한 것이 중국 대륙이 중국공산당에 의해 통일된 것과 한국전쟁의 발발이었다. 이러한 사태 전개에 따라 일본이 미국의 대아시아정책에서 차지하는 비중이 높아졌고 샌프란시스코강화조약에서 일본이 점령한 영토 처리에 모호성을 남겨놓게 되었다(Hara, 2016: 29~33). 이 모호성은 동아시아에서 역내국가들 사이의 협력에 중요한 장애요인으로 작용했고 이는 미국의 전략적 위치를 강화시키는 결과를 낳았다. 하라의 연구는 샌프란시스코체제의 의미를 미일관계를 넘어 동북아와 동아시아 지역질서와 연관시켜 파악할 수 있게 하고 동아시아에서 지역협력이 직면하고 있는 핵심 문제를 효과적으로 부각시켜주었다. 그러나 샌프란시스코체제를 샌프란시스코강화조약이 영토문제와 관련해 남긴 모호성을 중심으로 설명하는 것은 동아시아 지역질서가 어떻게 작동해왔는가를 설명하기 어렵다.

샌프란시스코체제에 대한 다른 접근은 이를 지역, 특히 동아시아 안보 메커니즘으로 정의하고 이 개념을 중심으로 지역질서의 구조와 특징을 분석하는 것이다. 칼더(Kent E. Calder)의 연구가 대표적이다. 그는 ① 밀도 높은 공식적 양자 안보동맹 네트워크 ② 미국을 중심으로 하는 동맹들의 '중심축-바퀴살'(hub and spoke) 네트워크 ③ 군사적인 면에서나 경제적 면에서 뚜렷한 비대칭 관계 ④ 경제, 안보 혜택에서 일본의 특별하고 우선적 지위 ⑤ 서태평양국가들의 참여 결여 ⑥ 동맹 국가들에 대한 광범위한 경제적 혜택 등을 샌프란시스코체제의 특징으로 제시했다(Calder, 2004: 138~139). 이처럼 미국을 중심으로 하는 양자동맹들의 네트워크를 샌프란시스코체제의 핵심구조로 정의하고 그 작동을 분석하는 접근은 안보 연구자들 내에서 넓은 공감대를 형성하고 있다. 그런데 칼더가 정의한 방식으로, 즉 아시아·태평양 지역 전체를 포괄하고 안보 영역을 넘어 경제적 상호작용까지 규율하는 체제로서 샌프란시스코체제를 정의하는 것이 적절한가라는 문제가 있다. 우선 샌프란시스코강화조약 체결일인 1951년 9월 8일 체결된 미일안보조약을 제외하면 다른 양자동맹은 강화조약과 직접 관련이 없다. 필리핀과 체결한 상호방위조약(1951.8), 오스트레일리아 및 뉴질랜드와 체결한 앤저스(ANZUS) 조약(1951.9.1., 뉴질랜드는 1984년 이 조약에서 탈퇴했음) 등만이 시간적으로 이 강화조약과 거의 동시에 체결되었다. 한미상호방위조약(1953.10.1.)과 미대만상호방위조약(1954.10.2.) 등은 시간적으로 거리가 있다. 이에 따라 미일동맹 이외에 미필리핀상호방위조약과 앤저스 조약만이 샌프란시스코체제에 포함된다는 주장도 제기되었다(Buszynski, 2011: 325~326). 그러나 칼더의 샌프란시스코체제에 대한 정의는 외연을 너무 확장해 분석적 엄밀성을 희생시켰다는 비판을 피하기 어렵지만 샌프란시스코체제의 범위를 이처럼 좁히는 것은 샌프란시스코체제 형성의 역사적 맥락을 무시하는 것이다. 한미상호방위조약, 미대만상호방위조약 등은 샌프란시스코강화조약의 주요한 배경이 되었던 유럽에서 미소 냉전의 개시, 중국의 공산화, 그리고 한국전쟁 등의 직접적 결과이며, 이러한 의미에서 샌프란시스코강화조약 논리의 연장이다. 한미동맹, 미대만동맹 등의 양자동맹은 샌프란시스코체제의 주요 구성요소로 간주할 수 있으며(Tow, 1999: 6), 이렇게 보아야 샌프란시스코체제가 동아시아 질서의 변화를 설명하는 데 유용한 분석 프레임이 될 수 있다. 샌프란시스코체제는 샌프란시스코강화조약의 체결이 중요한 분기점으로 작용했지만 그 이전과 이후에 이 강화조약의 체결과 연관된 여러 역사적 요인들이 상호작용하면서 만들어낸 요소들을 포괄하는 방식으로 정의할 필요가 있다.

하라의 접근법이나 칼더 등의 접근법이 서로 배타적이지는 않다. 전자는 역사적 접근이고 후자는 구조적 접근이라고 할 수 있으며 이 두 측면을 동시에 보아야 샌프란시스코체제의 구조와 동학을 종합적으로 파악할 수 있다. 샌프란시스코체제 내부와 외부의 적대와 대립의 역사적 맥락을 분석한 역사적 접근은 미국이 주도하는 양자동맹의 "중심축-바퀴살" 네트워크가 효과적으로 작동할 수 있는 원인과 역사적 맥락을 보여준다. 동시에 후자의 구조적 접근은 샌프란시스코체제가 어떤 방식으로 작동해왔으며 어떤 새로운 도전에 직면하는지를 보여줄 수 있다. 이 글에서는 역사적 접근과 구조적 접근을 결합시켜 샌프란시스코체제 개념을 정의하고 이를 이후 분석에 적용하고자 했다. 하라도 미국 중심의 "중심축-바퀴살" 동맹 네트워크를 샌프란시스코체제의 한 특징으로 인정하고 있으며, 칼더도 동아시아의 영토 문제를 비록 부가적 의미이기는 하지만 샌프란시스코체제의 주요 구성 요소로 포함시켰다(Hara, 2015: 2; Calder, 2004: 139~140). 이러한 관점에 따라 샌프란시스코체제를 다시 정의하면 다음과 같다.

첫째, 아시아·태평양 지역에서 사회주의진영의 영향력 확장을 저지하는 것을 목적으로 제2차 세계대전 이후부터 1950년대 중반까지 점진적으로 구축된 안보체제이다.

둘째, 미국이 중심된 양자동맹들의 네트워크가 이 안보체제의 주요한 제도적 기초이다. 여기서 미국은 미일동맹에 다른 동맹보다 더 중요한 전략적 가치를 부여했다.

셋째, 식민주의와 전쟁의 결과로 남겨진 갈등 요인들이 합당하게 해결되지 않음에 따라 남겨진 분단, 역사갈등, 영유권 갈등 등의 문제들이 생산하는 대립과 적대가 샌프란시스코체제의 작동에 중요한 기초가 되었다. 이는 이 지역 내 국가들의 협력을 어렵게 만들고 미국의 동맹 관리를 용이하게 만들었다. 그렇지만 한일갈등은 미국이 효과적 동맹네트워크를 구축하는 데 장애요인으로 작용했다.

넷째, 이 체제는 지역적으로는 아시아태평양 지역 전체에 관여하지만 동아시아 지역에서 가장 전형적으로 구현되었다. 이는 샌프란시스코체제에서 적대와 대립의 균열선이 사할린 도서 - 한반도 동해 및 한반도 - 센카쿠열도(댜오위다오) - 타이완해협- 남중국해로 이어진다는 점에서 분명하게 나타난다.

이와 같이 정의된 샌프란시스코체제는 유럽 중심으로 형성된 냉전 질서와 상당한 차이가 있다. 앞에서 언급한 샌프란시스코체제의 두 번째, 세 번째 특징은 유럽과 명백히 다른 점이다. 그리고 첫 번째 특징도 중국의 공산화와 동아시아 여러 국가들의 내부적 취약성으로 인해 유럽보다 그 목적을 달성하는 데 어려움이 컸다. 그 때문에 냉전 시기, 특히 1970년대 초반까지 동아시아 질서의 유동성은 유럽보다 훨씬 컸다. 그리고 샌프란시스코체제는 유럽의 냉전질서보다 더 강한 생명력을 유지해왔지만, 정태적으로 유지된 것이 아니라 동태적으로 작동해 왔다. 이러한 동태적 과정이 지금까지 계속 되고 있다.

## 3. 1970년대 이후 샌프란시스코체제의 변동 : '미국 우위하의 미중협조체제' 형성과 붕괴

### 1) 미국 우위하의 미중협조체제의 형성

1950년대 중반 샌프란시스코체제의 기본적인 구조가 형성된 이후에도 이 체제는 많은 변화를 겪었다. 유럽에서 얄타합의에 기초한 전후질서가 안정적으로 작동하고, 헬싱키협정으로 더 공고해진 것과는 차이가 있다. 특히 베트남전쟁이 이 시기 동아시아는 물론이고 국제질서 전반에 큰 충격을 주었다. 베트남전쟁에서 패배가 확실시되면 동아시아에서 반공정권이 연속적으로 붕괴될 사태를 크게 우려한 미국과 중소분쟁의 고조로 세계에서 가장 긴 국경을 접하고 있는 소련으로부터 심각한 군사적 위협을 느끼던 중국이 서로 접근하기 시작했다. 미중의 접근은 1972년 2월 베이징에서 '닉슨마오 회담'이라는 역사적 사건으로 이어졌고, 이를 계기로 미중관계가 정상화 궤도에 들어섰다.

이때부터 중국은 동아시아에서 미국의 패권적 지위를 사실상 수용했고 이는 미국이 이 지역에서 패권적 지위를 비교적 안정적으로 유지하는 데 큰 도움이 되었다. 물론 이 협력관계는 미국의 요구만 일방적으로 관철된 것은 아니었고 일정한 범위 내에서 중국의 요구도 수용되었기 때문에 지속되고 발전될 수 있었다. 이는 다음과 같은 점을 통해 확인할 수 있다. 첫째, 중국은 중일 관계정상화(1972.9), 중일평화우호조약(1978.8) 체결 등을 거치며 미일동맹, 주일미군 등 미국의 군사적 존재를 지역질서의 구성 요소로 인정했다. 당시 중국은 소련의 위협을 견제하는 데 있어 이 지역에서의 미국의 역할을 적극적으로 평가하기도 했다. 둘째, 미국과 중국은 모두 한반도 문제의 한반도화와 한반도의 현상유지를 추구했다(홍석률, 2012: 186~188). 양국 모두 한반도에서의 분쟁과 갈등이 증가하는 것이 자국의 이익은 물론이고 미중관계에도 부정적 영향을 미칠 가능성이 높다고 인식했기 때문이다. 셋째, 미중관계정상화(1979.1)에 이르는 과정에 미국은 '하나의 중국' 원칙을 수용하고 타이완과의 외교관계를 단절했다.

이러한 미중관계는 '미국 우위하의 미중협조체제'로 볼 수 있다. 여기서 협조체제라는 개념은 유럽협조체제(Concert of Europe)에서 빌려온 것이다.[3] 유럽협조체제는 일종의 다자협력이지만 이를 주도하는 강대국과 약소국 사이의 위계적 질서를 전제로 작동했다. 강대국들 사이의 공동이익과 갈등조정 메커니즘이 이 협조체제가 유지될 수 있도록 한 가장 중요한 요인이었다. 즉 협조체제는 규범과 제도에 의해 규율되는 다자협력 메커니즘이나 전통적인 세력균형 체제가 아니라 권력정치적 메커니즘, 특히 강대국들의 이익거래가 다자협력이라는 형식을 통해 작동한 체제였고 이를 통해 유럽은 오랜 동안 안정을 유지

---

3) 유럽협조체제가 유럽평화에 미친 영향을 긍정적으로 평가한 글로는 Robert Jervis(1983), 이혜정·이경아(2014) 등을 참조.

했다. 1970년대 초반부터 발전하기 시작한 미중협력도 동아시아에서 다른 국가들에 비해 지역 안보에 훨씬 큰 영향력을 갖고 있는 두 국가가 국가이익의 교환을 통해 협력을 추구하고 지역질서의 안정을 유지하고자 했다는 점에서 협조체제의 한 형태로 간주할 수 있다. 다만 동아시아에 대한 영향력이라는 면에서 미국과 중국 사이에 상당한 차이가, 즉 일종의 위계적 관계가 있었다는 점을 고려해 "미국 우위하의"라는 조건을 붙일 필요가 있다. 새로운 미중관계는 샌프란시스코체제에 새로운 역동성을 불어넣었다.

우선, 미중협조체제의 출현은 봉쇄와 억지의 대상이었던 중국을 지역질서 내로 끌어들이면서 샌프란시스코체제를 더 포괄적인 지역협력체제로 확장시켰다고 볼 수 있다. 이에 따라 적어도 냉전 시기와 냉전 해체 직후까지 샌프란시스코체제는 더 안정적으로 작동할 수 있었다. 특히 미중협조체제는  미국이 구축한 기존 동맹관계에 부정적 영향을 주지 않았다. 이러한 면에 주목하면 샌프란시스코체제와 미중협조체제가 상호보완적 관계를 형성했다고 할 수 있고, 더 적극적으로 평가하면 샌프란시스코체제의 "중심축-바퀴살" 네트워크에 미중협력이 추가된 것으로도 볼 수 있다.

샌프란시스코체제의 이러한 변화는 동아시아가 1970년대 후반부터 1990년대 초반까지 유럽과 다른 발전경로를 걷게 된 주요 원인 중 하나였다. 1970년대 중반부터, 특히 소련의 아프가니스탄 침공을 계기로 미소간 패권경쟁이 더 격화되었다. 이에 따라 유럽에서 미소의 핵 군비경쟁 가속화로 인한 갈등이 증가했고, 중동에서는 이란혁명이나 이란-이라크 전쟁 등의 정치·군사적 위기가 이어졌다. 그러나 미중협조체제가 작동하던 동아시아에는 미소 냉전의 격화가 큰 영향을 미치지 못했다. 오히려 중국이 개혁개방을 시작하면서 샌프란시스코체제와 미중협조체제의 보완성은 더 강화되었다. 1970년대 주로 안보적 차원에서 작동했던 미중협조체제에 경제적 차원의 협력이 더해졌다. 동시에 중국과 주변국가들 사이의 관계도 안정적으로 발전했다. 1978년 8월 중일평화우호조약이 체결된 이후 중일교류가 빠르게 진전되었다. 중국과 한국 사이의 경제관계도 점진적으로 확대되고 문화교류도 증가하면서 한반도 현상유지라는 흐름도 더 강화되었다. 이는 1992년 한중수교로 이어졌다. 북미관계의 개선에 대한 보장이 없이 중국이 한국과의 수교를 결정한 것은 미중협조체제가 샌프란시스코체제와의 대립적이지 않고 보완적 방식으로 작동했다는 점을 입증한 또 다른 사례이다.

그러나 미중협력이 동아시아 내의 적대과 대립, 혹은 균열을 해소시킨 것은 아니었다. 한반도 문제에 대한 처리가 이를 가장 잘 보여주는 사례이다. 한중수교가 표면적으로는 냉전적 대립을 완화시킨 것으로 보이지만 장기적으로 보면 한반도와 동아시아의 균열을 더 심화시키는 결과도 초래했다. 당시 한반도 문제가 다른 방식, 예를 들면 교차승인의 방식으로 처리되었다면 샌프란시스코체제를 협력적 질서로 변화시킬 수 있는 기회가 만들어질 수 있었다. 그러나 이는 한미동맹은 물론이고 미일동맹의 변화를 촉발할 수 있는 변화이고 당시 미국으로서는 이러한 방향으로 사태가 진전되는 것을 수용할 이유는 없었다. 북미관계의 변화가 병행되지 못한 한중수교는 북한의 고립을 심화시켜 적어도 동북아에서는 적대와 대립을 더 심화시킨 결과를 초래했다. 다만 1990년대 초반에는 북한이 지역질서 변화에 큰 변수가 되지 못했기 때문에 냉전의 해체로 큰 격동을 겪던 유럽의 상황과 비교하면 동아시아는 냉전해체의 충격을 효과적으로 극복했던 것으로 보였을 뿐이다. 문제는 이 극복이 샌프란시스코체제 내의 대립과 적대를 해체하고 새로운 협력적 질서를 구축하는 방식으로 이루어진 것이 아니라 샌프란시스코체제 내의 대립과 적대를 은폐시키는 방식으로 진행되었다는 데 있다. 그뿐만 아니라 미중협력도 샌프란시스코체제가 기반을 둔 적대와 대립의 완화 혹은 해소와는 거리가 멀었다. 미중협력은 이념, 체제 등과 관련해 양립이 어려운 주요한 차이를 소련 패권주의에 대한 대응이라는 정치적 목표로 은폐하고 진행된 것이다. 장기적으로 보면 이처럼 이질적 요소를 체제의 보완요소로 받아들인 것은 체제의 안정성에 상당한 부담이 될 수밖에 없고 심지어는 큰 위협이 될 수도 있는 변화였다. 즉 미중협조체제가 샌프란시스코체제 내로 편입될 수는 없었고, 이 체제 하에서 은폐된 대립과 적대가 21세기에 들어 북핵 위기의 심화, 중국의 부상과 함께 다시 전면에 등장했다.

물론 이 시기에 대립과 적대를 넘어선 새로운 질서를 향한 노력이 전혀 없었던 것은 아니다. 1990년대 후반부터 주목할 만한 움직임이 출현했다. 아세안(ASEAN, 동남아시아국가연합)은 베트남(1995), 라오스와 미얀마(1997), 캄보디아(1999) 등을 회원국으로 받아들이면서 동남아시아 전체를 포괄하는 지역협력 플랫폼으로 발전했다. 그리고 1997년 하반기 금융위기 이후에는 동아시아 차원의 다자협력도 본격적으로 추진되어 'ASEAN+3'이 다자협력을 위한 플랫폼으로 등장했다. 'ASEAN+3 정상회의'는 2002년 11월 동아시아공동체 건설을 최종목표로 하는 지역협력의 비전과 실천과제를 제시했다. 그리고 2000년대 들어 더 심각해진 북핵 문제의 해결을 위해 6자회담이 진행되고, 6자회담의 성공적 진행을 기초로 동북아에서 다자안보협력 관련 논의도 시작되었다. 2007년 2월 13일 발표된 6자회담 합의문 5항은 "6자는 9.19 공동성명의 이행을 확인하고 동북아 안전협력 증진방안 모색을 위한 장관급 회담을 신속하게 개최한"다는 내용을 담았다. 이 합의에 따라 '동북아 평화안보체제 실무그룹(Northeast Asia Peace & Security Mechanism Working Group)'이 구성되어 2009년 초까지 3차례의 회의를 가진 바 있다. 이러한 다자협력에 미국이 참여하는 경우도 있었지만 기본적으로 미국의 동아시아 전략, 샌프란시스코체제에 새로운 도전 요인이었음 분명하다.

다만 21세기 첫 10년까지는 기존 동아시아 질서의 기본 구조, 즉 적대와 대립이 은폐된 채 역내 교류가 확대되어가는 추세에 근본적인 변화가 발생하지는 않았다. 장기적으로 보면 중국의 부상과 그에 따라 동아시아 지역 내에 출현한 새로운 동학이 미국 헤게모니와 샌프란시스코체제에 잠재적 도전 요인이라는 점은 분명했다. 그렇지만 미중 사이의 힘의 격차가 여전히 컸고 미국경제도 성장세를 유지하면서 이를 당장 대처할 문제로 인식하지는 않았다. 오히려 미국 내에서는 냉전 해체 이후 세계질서 재편을 미국이 주도할 수 있다는 자신감이 더 높아졌고 소위 네오콘(neocon) 등 미국 패권 질서를 지구적 차원에서 구축하려는 기획이 미국 대외정책을 좌우했다. 이 기획의 일차적 초점은 중동지역이었고, 9.11 사건은 이 기획을 적극적으로 추진할 수 있는 정치적, 군사적 동력을 제공했다. 이에 따라 미국은 동아시아에서는 현상유지를 추구했고 미중협조관계도 불안한 기초 위에서 지속되었다.

## 2) 미중협조체제의 붕괴와 샌프란시스코체제의 동요

그런데 21세기 두 번째 10년에 접어들면서 동아시아 질서는 큰 격변을 겪기 시작했다. 2010년은 동아시아 질서의 주요한 전환점으로 기록될 만한 해이다. 3월 한반도 서해에서 천안함사건이 발생해 군사적 긴장이 고조되었고 미국 항공모함의 서해 진입 시도로 인한 미중갈등이 출현했다. 7월에는 하노이 아세안지역안보포럼(ARF)에 참석한 클린턴(Hillary Clinton) 당시 미국 국무장관이 "남중국해는 미국의 이해와 직결된 사안"이라고 주장하면서 이 지역에서 미중경쟁이 본격적으로 시작되었다.4) 9월에는 센카쿠열도/댜오위다오 주변 해역에서 중국어선을 일본 해상보안청 순시함이 나포하는 사건이 발생하고, 중국은 이에 희토류 수출 규제라는 수단을 사용해 일본을 압박하는 사건이 발생했다. 이러한 사태들은 미중협조체제와 샌프란시스코체제의 상호 보완적 관계가 지속되기 어려운 수준으로 미중경쟁이 가속화되고 있다는 점을 보여주었다.

무엇보다 미국과 중국 사이의 국력의 격차가 줄어든 것, 중국의 미국 추격이 빠르게 진행된 것이 미중관계의 성격을 변화시키기 시작했다. 미국은 2008년 금융위기를 겪고 중동에서 정치적, 군사적 실패를 거듭하는 와중에 가운데 중국은 경제적으로 고속성장을 유지했다. 이 시기는 중국의 미국 추격이 가장 빠르게 그리고 극적으로 진행된 시기이고 경제총량에서는 이미 미국과 어깨를 나란히 할 수준에 도달해 가고 있다. 2018년 경제규모와 환율을 기준으로 하고 미국의 경제성장률을 3%, 중국의 경제성장률을 6%로 가정하면 중국의 경제규모는 2033년에 미국을 추월한다. 만약 미국의 경제성장률을 2%, 중국의 경제성장률을 6%로 가정하면 그 시기는 2029년으로 당겨진다.[5] 그뿐만 아니라 중국은 일대일로 등 야심찬 프로젝트를 내걸고 국제사회에서 영향력을 높이는 데 적극적으로 나섰다.[6]

---

4) 클린턴의 이 발언은 2010년 3월 중국의 일부 관료가 미국 측에 남중국해가 중국의 핵심이익(core interest)이라고 주장했다는 보도와 관련이 있다. 중국은 이 시기부터 남중국해에 대한 영유권 주장을 강화하고 이를 뒷받침하기 위한 행정구역 개편, 인공섬 건설 등에 적극적으로 나섰다. 다만 중국은 2016년에 가서야 남중국해가 중국의 핵심이익에 속한다는 입장을 공식화했다(친티엔·차창훈, 2017: 149~150).

5) https://www.bloomberg.com/graphics/2016-us-vs-china-economy/의 그림을 활용해 계산(검색일 2019년 12월 15일).

6) 2017년 중국공산당 제19차 전국대표대회의 정치보고에서는 두 개의 백년과 관련해 2045년까지 "사회주의현대화강국"의 건설을 하는 것을 2045년까지의 목표로 제시했다. 이는 기존의 "사회주의현대화국가" 건설보다 더 야심찬 목표이다.

이러한 변화는 미국으로 하여금 샌프란시스코체제가 직면한 도전과 위협을 더 민감하게 인식하도록 만들었다. 가장 큰 도전과 위협은 중국의 부상이 샌프란시스코체제 내의 양자동맹들이 약화시키는 것이다. 미국이 중국과의 협력관계를 지속하는 상황은 미국과 동맹관계에 있는 국가를 포함한 많은 동아시아 국가들의 미국에 대한 신뢰를 약화시킬 가능성이 커졌다. 이들은 미국과의 관계에만 자신의 외교적 자원을 모두 쏟아부을 수 없다는 점을 인식하고 다양한 방식의 헤징(hedging) 전략을 고려하게 되었다(Shelton, 2016: 17~19). 즉 중국과이 관계를 발전시키는 한편 미국과 중국 사이에서의 선택이라는 문제에 대해 지역주의의 강화로 대응하고자 했다.[7] 21세기 초반 10년 동안 동아시아 국가들은 대부분 무역이나 투자 등의 경제교류에서는 중국과의 관계가 미국과의 관계를 압도하는 변화가 출현하면서 이러한 추세가 더 강화되었다. 2013년 중국으로의 수출이 각국 GDP에서 차지하는 비중은 오스트레일리아는 22.7%, 한국은 13.2%, 말레이시아는 12.3%, 싱가포르는 9.6%, 베트남 9.4%, 태국 8.5% 오스트레일리아 6.0%에 달했다.[8] 오스트레일리아의 경우는 2004년 1.2%에서 급상승한 수치이고 다른 나라의 경우도 대부분 2004년보다 크게 증가했다(Scutt, 2015).

그 사이에 미중관계를 새로 정립하려는 시도가 없었던 것은 아니다. 미국에서는 "G2"와 같이 미중협력관계를 새로운 차원으로 진전시키자는 아이디어가 등장했지만, 중국은 이러한 아이디어를 미국이 현재 국제질서를 더 평등한 방향으로 개선하려는 시도가 아니라 미국 패권

---

7) 동아시아의 지역주의는 역내 국가들이 주도하는 다자협력이라는 점에서 미국이 아시아태평양 지역에 구축하고자 하는 집단안보체제나 다자질서와는 성격이 크게 다르다. 예를 들어 'ASEAN+3'는 미국이 참가 자격을 얻지 못하는 다자협력 체제이다.

8) https://www.uschina.org/china-hub/exports-china-share-gdp (검색일: 2019년 11월 30일)

을 전제로 중국의 책임과 부담만 증가시키려는 시도로 간주했다. 중국은 상대의 핵심이익을 존중하는 "신형대국관계"를 제안했지만, 중국이 주장하는 핵심이익이 자신의 이익과 상충할 것을 우려하는 미국이 수용하지 않았다. 결국 미중관계의 미래 비전에 대한 공감대를 만들어내지 못한 셈이다. 그에 따라 미국은 기본적으로 오바마행정부에서 시작된 "아시아로의 축 이동(pivot to Asia)" 전략을 지속적으로 추진했다.[9] 그 핵심 내용은 중국의 증가하는 영향력을 견제하기 위해 이 지역 동맹국가들에 대해 정치적, 군사적, 전략적 '재보증'(reassurance)을 제공하는 것이다. 그 일환으로 지난 10년간 기존 동맹국과의 군사협력의 강화를 적극적으로 추구해왔다. 트럼프 행정부 출범 이후 미중관계의 불안정성은 더 크게 증가했고 미중 사이의 전략적 경쟁이 본격화하고 있다. 2017년 12월 발표된 국가전략보고(NSS)는 중국을 러시아와 함께 미국의 가치와 이익에 상반되는 세계를 만들려고 하는 수정주의 국가로 규정했다. 중국에 대해서는 "인도-태평양 지역에서 미국의 지위를 대체하고, 국가 중심의 경제 모델을 확장하며, 자신들의 이익에 맞게 지역 질서를 재편하는 방안을 추구하고 있다"고 비판했다(National Security Strategy of the United State of America, 2017: 25) 이러한 기조는 2019년 6월 국방부가 공개한 인도·태평양 전략 보고서에서 다시 강조되었다(Department of Defence, 2019). 중국의 발전이 미국의 이익에 부합한다는 1970년대 이후의 기본방침이 사실상 폐기된 셈이다. 그에 따라 미중협조관계의 기초가 본격적으로 동요하고 있다. 미중갈등은 타이완·홍콩 문제, 무역과 기술, 그리고 이념·가치 등 전방위적으로 확산되고 있다. 사태가 이에 이르러서는 과거에도 합의하기 어려웠던 G2나 신형대국관계와 같은 아이디어에 양국이 합의할 가능성은 더 낮아졌다.[10]

---

9) 이 새로운 정책은 Clinton(2011)을 통해 발표되었다.

미중협조체제와 샌프란시스코체제의 상호보완성은 더 이상 유지될 수 없고 미중협조체제의 기반이 무너지면서 그동안 은폐된 적대와 대립이 전면에 부상하고 있다. 첫째, 중국이 새로운 억제(deterrence)의 대상으로 간주되면서 새로운 균열구조가 만들어지고 있다. 둘째, 남중국해의 갈등과 같은 새로운 균열선이 등장하고 있다. 셋째, 한반도에서 군사적 대립이 더 심각한 양상으로 진전되는 등 기존의 균열도 더 심각해지고 있다. 한일관계의 악화도 한편에서는 미중경쟁, 다른 한편에서는 한반도 분단체제가 더 심각한 위기에 직면하고 있는 것과 연관된 변화이다. 이에 따라 샌프란시스코체제도 중요한 전환점을 맞이하고 있다.

## 4. 샌프란시스코체제의 미래 - 재강화인가, 전환인가?

현재 샌프란시스코체제의 미래와 관련해 세 가지의 시나리오를 예상할 수 있다.

첫째, 여러 새로운 문제에도 불구하고 미중갈등이 관리되고 미중 사이의 상호관여가 지속되면서 지역의 안정을 유지하는 시나리오이다. 미국과 중국 모두 전면적인 대립에 따른 안보적, 경제적 부담을 감당하기 쉽지 않기 때문에 이러한 방식으로 양국관계를 관리하고자 할 것이다. 문제는 중국이 현재와 같은 방식으로 경제발전을 지속시키게 되면 멀지 않은 장래에 미국이 전례 없는 도전에 직면하게 될 가능성이 증가하고 있다는 데 있다. 특히 미국의 동맹국가 이 본격적으로 미

---

10) 미국 내에서는 미중관계의 중요성을 누구보다 강조하는 키신저(Henry Kissinger)도 미중이 변화하는 상황을 반영하는 새로운 협력질서에 대해 합의하지 못하고 있다는 점을 일찌감치 인정했다(Kissinger, 2011: 487).

국과 중국 사이에 균형을 잡으려는 방향으로 움직일 경우 동아시아에서 미국의 영향력을 더 빠르게 약화될 것이다.

둘째, 미국이 이러한 상황에 만족하기는 어렵다고 판단하고 중국에 대한 억제를 주요한 목표로 해서 샌프란시스코체제를 재편하는 시나리오가 있다.[11] 냉전 시기의 소련을 대신해 중국을 억제의 대상이 삼는 방식으로 샌프란시스코체제를 재구축하는 것이며 앞에서 언급한 것처럼 미국은 이미 이러한 방향으로 움직이고 있다. 그렇지만 제2차 세계대전 직후와는 달리 미국은 이러한 시도에 동원할 수 있는 경제자원이 부족하다. "중심축-바퀴살" 모델을 구성하는 양자동맹은 미국이 경제적 이익을 제공하는 대신 안보 문제에서 주도권을 확보하는 방식으로 이루어졌는데, 이러한 모델은 지속되기 어렵다. 이에 따라 미국은 양자동맹을 기초로 구축된 샌프란시스코체제 군사네트워크에 집단안보협력을 결합시키고 이에 동맹국가들의 경제적, 군사적 기여를 증가시키는 방식으로 샌프란시스코체제의 효율성을 제고하고 동맹국들의 이탈을 방지하고자 하고 있다. 집단안보협력의 구축은 양자동맹을 중심으로 했던 샌프란시스코체제 작동방식의 중요한 변화이지만, 동아시아에서의 적대와 대립 구도를 지속시키고 나아가 더 강화시킨다는 점에서 보면 샌프란시스코체제 2.0 버전이자 샌프란시스코체제의 재강화로 규정할 수 있다.

이러한 흐름 속에 다소 결이 다른 경향도 나타났다. 오바마행정부가 자유주의적 다자협력을 추구하며 중국의 영향력 증가를 견제하고자 했다. 즉 동맹관계의 강화와 군사력의 재배치에만 의존하는 것이

---

11) 프리드버그(Aaron Friedberg)는 최근 수년 동안 냉전의 해체 이후 처음으로 대중국정책에서 관여(engagement)를 추구한 세력보다, 중국의 도전에 대한 견제(balance of power)를 중시하는 방향으로 중심이 이동하고 있다고 주장했다. 중국에 대한 견제의 핵심전략 중 하나가 동맹국들과 군사적 협력을 강화하는 것이다(Friedberg, 2018: 14~16).

아니라 외교적 설득, 환태평양경제동반자협정(TPP)과 같은 다자무역 체제의 구축 등과 같은 수단을 결합시키는 것이다(Auslin, 2018: 8~10). 반면 트럼프행정부는 자유주의적 질서의 강화보다는 미국이익을 우선 시하는 방식으로 동맹관계의 재편을 시도하고 있다. 트럼프행정부의 일방주의적 동맹정책이 전통적 동맹관계를 약화시키는 것으로 보이지 만, 이 지역에서 미국의 군사네트워크와 집단안보체제를 강화하려는 목표 자체를 포기한 것은 아니다. 오히려 트럼프행정부가 출범한 이후 중국의 도전에 대응하기 위해 동맹과 파트너십을 확대하고 이들을 더 확대된 네트워크 내로 통합시켜야 한다는 방침은 '인도-태평양 전략' 을 통해 더 분명하게 제시되었다(Department of Defence, 2019: 44). 그 리고 2019년 8월 중거리미사일협정(INF)에서의 탈퇴함으로써 미국이 중국에 대한 훨씬 공격적 군사전략을 추진할 수 있는 조건을 만들었다.

이러한 시도 역시 난관과 문제가 적지 않다. 중국이 이러한 움직임 을 아시아판 북대서양조약기구(NATO)를 구축하려는 시도이자 중국 을 겨냥한 것이라고 강하게 비판해왔고 이러한 움직임에 적극적으로 대응해왔다. 사드를 한국에 배치한 것에 대한 경제보복을 가한 것이 대표적 사례이다. 따라서 미국의 동맹국이라고 하더라도 중국의 강한 반발을 무시하고 미국의 요구를 전적으로 수용하기는 쉽지 않다. 이들 국가들에서 당장은 안보 리스크를 줄이기 위해 기존의 동맹관계를 강 화하는 관성이 강하게 작용하겠지만, 이에 따른 경제적·군사적 비용 이 계속 증가할 경우 지속가능한 전략이 되기 힘들다. 이러한 어려움 에도 불구하고 미국이 중국에 대한 억제를 목표로 이 지역의 군사 네 트워크를 강화하는 방향으로 샌프란시스코체제를 재구축하려고 하면, 세력권과 영토경계 문제가 어느 정도는 해결되어 있었던 유럽과는 달 리 동아시아의 상황이 냉전에 그치리라는 보장은 없다.

셋째, 현상유지도 어렵고 샌프란시스코체제를 강화하려는 시도가 지역의 불안정성을 높일 가능성이 높다는 점에서 샌프란시스코체제를 다자협력을 기초로 하는 지역질서로 대체해야 한다는 주장이 오래전부터 제기되어 왔다(강상중, 2002; 와다, 2004; 이남주, 2012). 이러한 다자협력은 미중 이외의 국가들에 미중 사이에 선택을 강요당하는 상황에서 벗어나고 자율적인 활동공간을 확대할 수 있는 제공하는 장점이 있다. 그리고 다자협력이 공동안보에 기초한 안보협력을 촉진시킬 수 있다면 샌프란시스코체제가 만들고 강화시킨 대립과 적대를 근본적으로 해소하는 데로 이어질 수도 있다.[12]

이와 관련한 구상들은 유럽안보협력기구(OSCE, 1975년 헬싱키 정상회의에서 창설한 유럽안보협력회의가 1995년 유럽안보협력기구로 상설 기구화 했음)를 모델로 삼는 경우가 많다(Jeong, 2017). 이 역시 과거에는 소련, 현재는 러시아를 잠재적 위협으로 간주하는 북대서양조약기구를 기초로 작동한다는 점에 전적으로 공동안보라는 규범에 의해서만 작동하지는 않았다. 다만 이 안보협력메커니즘은 냉전시기에도 두 적대적 진영의 상호신뢰와 협력을 증진시키는 역할을 했고 냉전해체 과정에도 유럽의 안정을 보장하고 통합을 진전시키는 데 중요한 역할을 했다. 그러나 동아시아의 상황은 유럽의 현상유지와 당시 국경선 인정에 합의했던 1975년 헬싱키협정의 수준에도 도달하기 어렵다. 유럽에서는 이를 전제로 동서진영 사이의 교류가 진행될 수 있었고 이것이 유럽통합에 동력을 제공했다. 그러나 동아시아는 도서 영유권 분쟁이 오히려 더 고조되고 있고 이 문제들의 해결을 전제로 지역협력을 진전시키는 발상은 비현실적이다. 여전히 영토갈등 등의 문제가 동아시아 다자협력의 실현을 어렵게 만들고 있다(Bong, 2010; 492).

---

12) 공동안보(common security)는 "안보는 경쟁적 권력정치보다 협력을 통해 가장 잘 보장될 수 있다"는 전제에 입각해 구성된 안보개념이다. 이는 1982년 스웨덴 총리 팔메(Olof Palme)가 주관해 제출한 리포트(Common Security: Blue Print for Survival)에서 처음 제기되었다.

결국 동아시아 지역에 내재한 적대와 대립을 해결하기 위해서 다
자협력이라는 대안으로 모색해왔으나 이 대안이 적대와 대립으로 실
현되기 어렵다는 결론에 도달하게 된다. 즉 구조 문제를 해결하고자
하면 역사적 요인들이 이를 가로막고, 역사적 요인을 해결하자고 하면
구조적 요인이 이를 제약한다. 이 점이 샌프란시스코체제를 극복할 수
있는 새로운 지역질서 구축을 위한 논의를 공허하게 느끼도록 만드는
중요한 요인이다.

  그렇지만 다자협력에 기초한 새로운 지역질서에 대한 논의의 공허
함에서 벗어날 수 있는 길이 넓지는 않지만 완전히 봉쇄된 것도 아니
다. 이러한 논의를 비현실적으로 보이게 한 데에는 다자협력을 주장하
는 사람들의 책임도 적지 않다. 즉 다자협력을 하나의 과정으로 간주
하고 이를 진전시킬 수 있는 실질적인 방안을 찾기보다 최종적이고
이상적 모델로 도약을 실현하려는 식으로 접근하는 경우가 많았고, 이
는 다자협력에 대한 논의를 더 비현실적으로 보이게 만들었다. 예를
들어 한때 "ASEAN +3"가 동아시아에서 지역주의를 진전시키기 위한
주요 플랫폼으로 기대를 모았으나, 동아시아처럼 역내 국가들 사이에
문화적, 정치적 정체성 차이가 크고 또 다양한 안보갈등이 존재하는
상황에서 'ASEAN + 3'나 '동아시아정상회의'와 같은 포괄적 플랫폼
으로만 다자협력을 추진하는 것은 성공하기 힘든 발상이었다. 특히 당
시 제기된 "동아시아공동체" 비전은 한때 관심을 모았지만 현실과 너
무 유리된 목표였다. 위의 시도들이 실패한 또 다른 중요한 원인은 경
제협력 진전이 정치안보협력을 촉진할 것이라는 기능주의적 접근에
과도하게 의존한 것이다. 그에 따라 정치·안보 영역에서는 선언적, 형
식적 방식의 협력이 중심이 되었고 문제를 해결하는 데는 실질적인
도움을 주지 못했다. 결국 기대와는 달리 경제협력의 진전과 안보갈등
의 증가가 동시에 진행되고, 최근에는 안보갈등이 경제협력에도 부정

적인 영향을 주는 상황이 출현하고 있다.

다자협력의 동력을 만들어내기 위해서는 공동체의 비전을 공유하고 확산하는 것도 중요하지만, 실질적으로 다자협력을 위한 실천공간을 창출하고 확장시키는 작업이 동시에 진행되어야 한다. 특히 체제전환을 위한 초기 모멘텀을 어떻게 형성하고 누가 이러한 모멘텀을 제도건설로 이어갈 수 있는가에 대한 고민이 필요하다. 첫째 문제와 관련해서는 안보문제를 협력에서 후순위로 미루는 것보다 이 영역에서 해결의 필요성에 공감대가 형성된 문제를 중심으로 협력을 추진할 때 다자협력을 위한 강한 모멘텀을 만들어낼 수 있다. 둘째 문제와 관련해서는 대다자협력, 지역 전체를 포괄하는 다자협력보다 소다자협력이 구체적 성과를 만들어내는 데 더 효과적일 수 있다는 점을 고려해 다자협력 메커니즘 구축을 위한 노력을 전개해야 한다. 물론 행위자 수가 증가할수록 협력이나 집합행동(collective action)이 어려워진다는 지적은 오래전부터 있었다. 이러한 지적이 다자협력과 집합행동의 가능성을 부정하는 것으로 귀결되는 것은 적절치 않다. 행위자 수가 상당히 많은 협력이 가능하다는 점을 보여주는 사례도 적지 않고, 그 경우 장점도 크다(Kahler, 1992: 683). 다자협력에 참여하는 국가의 수는 많고 적음에 절대적 기준이 있는 것은 아니며, 이슈의 성격과 상황에 의해 결정되어야 한다. 그렇지만 실질적인 협력이 뒷받침되지 못한 채 참여 국가의 수만 증가시킬 경우에는 집합행동의 어려움을 증가시키는 것은 분명하다. 특히 동아시아처럼 지역 차원의 협력을 위한 규범이나 제도가 축적되지 못한 경우에는 그에 따른 어려움은 더 커지게 된다. 예를 들어 동아시아정상회의는 ASEAN+3(한중일)에 호주, 뉴질랜드, 인도 등도 참여하면서 참가국들은 증가했으나, 실질적 협력을 추진하기에는 참가국들 사이의 입장 차이가 큰 상태에서 선언적 활동에 의존하면서 다자협력 플랫폼으로서의 효율성은 더 떨어졌다.

따라서 포괄적 다자협력에만 의존하지 않고 핵심적 의제에 직접적인 이해관계를 갖고 있는 행위자들이 중심이 되어 다자협력을 진전시키고 여기서 만들어진 성과를 기초로 행위자들과 협력영역을 확대하는 방식이 결합되어야 다자협력과 관련한 논의의 공허함을 해소하고 지역협력을 새로운 단계로 진전시킬 수 있는 길을 만들 수 있다. 그리고 이러한 소다자협력이 포괄적 지역협력의 추진과 상충하는 방식으로 진행되어서는 안 된다. 즉 포괄적 협력 플랫폼과 실질적이고 활발한 협력이 가능한 소다자협력을 병행 추진해야 한다. 다만 현재 동아시아 상황에서는 후자 영역에서 새로운 돌파구를 만들고 이를 기초로 포괄적 다자협력의 동력을 강화시키는 접근이 더 필요하다.

이런 방향으로 노력을 전개하는 데 있어 우리에게는 한반도적 시각이 필요하다. 한반도 문제는 샌프란시스코체제의 핵심 구성부분이다. 냉전해체를 전후로 동아시아에서 현상적으로 지역협력이 발전되는 것으로 보였을 때도 한반도 문제는 기본적으로 대립과 적대가 더 강화되는 방향으로 움직였고 이는 샌프란시스코체제의 유지와 강화를 위한 명분으로도 작용했다. 그렇지만 이제 북핵 문제는 한반도에서 대립과 적대의 질서의 공고화에 활용될 수 있는 수준을 넘어 동북아 전체 및 미국의 안전에도 위협요인이 되고 있다. 적대와 대립의 한 축을 이루고 있는 북한은 한반도의 현상유지를 자신의 안전과 발전에 대한 위협으로 간주하고 핵·미사일을 이를 돌파하기 위한 수단으로 삼았기 때문이다. 최근 수년간 북한 핵탄두의 다종화와 경량화가 크게 진전되었고 ICBM 개발도 최종단계로 진입해 동아시아 지역 내의 미군과 미국 본토에 대한 타격 능력을 갖추어가고 있다. 이에 따라 한반도 문제를 군사네트워크 강화에 적극적으로 활용해온 미국에게도 북한의 핵이라는 증상이 아니라 이 증상을 만든 원인을 해결이 필요해지고 있으며(전재성, 2019: 113), 현상유지 전략에 대한 새로운 대안들이 검토되고 있다. 최근 북핵협상 과정에서 미국이 평화협정 체결의 가능성을 언급한 것이 대표적 사례이다. 2018년 10월 5일 4차 방북을 위해 워싱턴을 출발한 폼페이오 미국 국무장관은 기자들과 만난 자리에서 "일이 잘돼서 목표에 다다를 때 우리는 정전협정을 끝내는 평화협정에 서명하게 될 것이고 궁극적으로 중국이 그 일원이 될 것"이라고 발언한 바 있다. 그뿐만 아니라 북핵 위기의 심화는 중국에게 '북한의 안정이냐, 비핵화를 위한 미국과의 협력이냐'라는 선택이 어려운 문제를 제기했고, 한반도 현상유지 전략의 유용성을 떨어뜨렸다. 이에 따라 중국은 6자회담까지의 중재자적 역할에 머무르지 않고 2016년 1월 북한이 4차 핵실험을 감행한 직후 소위 "쌍중단, 쌍궤병행"(쌍중단은 북한의 핵·미사일 활동과 한미연합군사훈련 동시 중단, 쌍궤병행은 한반도 비핵화와 한반도 평화체제 건설의 병행을 각각 의미함) 방안을 제안하는 등 문제 해결에 적극적으로 나서고 있다. 즉 한반도 문제는 현재 샌프란시스코체제의 불안정성을 가장 두드러지게 보여줄 뿐만 아니라, 바로 그 이유 때문에 관련국들 사이에 문제의 봉합과 은폐가 아니라 해결을 위한 노력이 가장 적극적으로 진행되고 있는 사안이 되었다. 사태가 이런 방향으로 진전되면 샌프란시스코체제의 작동을 뒷받침한 한반도에서의 분단과 대립이 협력과 공존의 질서로 전환되고 강대국 정치에서 벗어나 지역 문제를 주체적으로 해결해갈 수 있는 새로운 실천공간을 제공할 수 있다. 이런 점을 고려하면 한반도 문제에서 시작해 샌프란시스코체제의 전환을 촉진한다는 발상은 결코 한반도 중심주의로 치부될 일이 아니다. 물론 한반도 문제 해결만으로 바로 샌프란시스코체제를 대체하는 새로운 질서를 만들어낼 수 있는 것은 아니다. 또 다른 지역에서 동아시아의 적대와 대립을 완화하거나 극복할 수 있는 실천, 그리고 이러한 실천과 연대할 수 있는 가능성을 부정하는 것도 아니다. 다만 한반도 문제 해결을 위한 노력이 다자협력의 진전을 위한 동력과 행위자의 형성을 촉진할 수 있다는 점을 인식할 필요가 있다.

첫째, 안보 영역에서 적대와 대립을 약화시키고 협력의 공간을 제공할 수 있다. 현재 한반도 주변에서는 북핵 문제를 빌미로 미국은 미사일방어체제 구축 등 군사네트워크를 강화해왔고, 이 시도에 대해 중국과 러시아도 군사적으로 대응하면서 냉전해체 이후 그 어느 때보다도 군비경쟁과 군사적 대립이 고조되고 있다. 앞에서 언급한 것처럼 한반도에서 비핵화와 평화체제의 수립은 동북아안보협력과 연계될 수밖에 없고 우리로서는 이를 연계시키는 전략이 필요하다. 비핵화는 다른 국가들의 동북아에서의 핵전략의 변화, 평화체제의 수립과 그에 따른 군축은 동북아 차원의 군사태세의 변화를 각각 촉발하기 때문이다. 따라서 북핵 문제의 해결과 한반도 평화체제의 수립을 위한 논의의 진전은 한반도 주변에서 진행되는 군비증강 추세를 완화시키고 다자안보협력을 촉진시킬 수 있는 계기를 제공해줄 수 있다.

둘째, 한반도 문제를 해결하는 과정에서 동북아 차원의 안보협력 이외에 다양한 소다자협력을 활성화할 수 있다.[13] 앞에서는 논의한 기준에 가장 잘 부합하는 소다자협력으로 두만강유역개발협력 나아가 한반도-중국의 동북지방-러시아의 극동지역을 연결하는 지역협력이 대표적이다. 우선, 경제적으로 볼 때 이 지역은 경제협력의 상호보완성이 매우 높다. 국가 별로 자본, 기술, 노동력, 자연자원 등에서 비교

---

13) 최근 동북아에서 소다자주의에 대한 관심을 계속 증가해왔다. 그러나 이와 관련한 논의의 대부분이 대북압박을 목표로 하는 경우가 많았다. 즉 6자회담 프로세스가 좌초된 상황에서 한미일 협력은 물론이고, 한미중 협력, 나아가 북을 제외한 5자협력을 통해 북의 비핵화를 이끌어낼 수 있는 협력을 하자는 주장들이 그러했다. 이와 같은 소다자협력은 포괄적 지역협력과 상충하는 것이다. 이 글에서 논의하는 소다자협력은 포괄적 지역협력과 보완적, 나아가 상호촉진적 관계의 구축을 추구한다..

우위가 뚜렷하고 이러한 요소들의 결합될 수 있다면 다른 어떤 지역의 경제협력보다 빠르고 큰 경제 효과를 기대할 수 있다. 또한 다자협력의 확장성도 매우 높다. 동해와 접하고 있기 때문에 다른 지역과의 연결과 역외 국가들의 참여가 상대적으로 용이하다. 최근 북극항로의 개방과 연결할 경우 유럽까지도 해로를 통해 직접 이어질 수 있다. 또 일본이 참여하면 환동해협력으로 발전할 수도 있다. 공간적으로만이 아니라 의제 면에서도 확장성이 강하다. 또한, 안보협력과도 연관성이 높다. 이 지역의 경제협력을 본격적으로 추진하기 위해서는 적대적 관계를 협력적 관계로 전환시키는 것을 포함하는 일정한 수준 안보협력이 전제되거나 병행되어야 한다. 북한의 핵·미사일 동결 상태가 유지되는 것을 전제로 대북 제재의 면제 등을 통해 안보갈등을 완화하고 북한을 포함하는 협력사업이 추진될 수 있는 공간을 만들어야 한다. 이러한 협력사업이 진행될 경우 관련국들의 국제사회 및 유엔에 대한 영향력을 고려하면 동북아 안보협력을 더 높은 수준으로 진전시킬 수 있다.

물론 이러한 전환을 이루는 것이 쉽지 않다는 사실이 최근 다시 확인되고 있다. 그러나 우리가 한반도 문제의 해결과 동아시아의 평화와 협력을 연계시킬 수 있는 기회의 문이 완전히 닫힌 것은 아니다. 한반도는 점점 지속가능성에 의문이 제기되고, 동시에 긍정적 방향보다 부정적 방향으로 변화될 가능성이 높은 샌프란시스코체제를 동아시아 및 세계의 평화와 협력을 촉진시킬 수 있는 방향으로 전환시키는 데 있어 새로운 계기를 제공할 수 있는 실천공간으로서의 의미를 여전히 갖고 있다.

## 5. 결론

이 글에서는 샌프란시스코체제의 의미를 다시 정의하고 이 개념을 중심으로 동아시아 질서 변화와 동아시아가 직면한 도전을 설명하고 자 했다. 샌프란시스코체제는 동아시아 내의 적대와 대립을 기초로 성립했고, 이는 이 지역에서 미국의 헤게모니를 유지되는 데 유리하게 작용했고 적대와 대립을 재생산시키는 작용도 해왔다.

샌프란시스코체제는 성립 이후에 큰 변화를 겪었다. 여기에 가장 중요한 변수로 작용한 것이 미중관계이다. 첫 번째 주요 변화는 1972년의 '닉슨마오' 회담을 계기로 미중협조체제가 만들어지며 시작되었다. 이는 샌프란시스코체제와 상호보완적 관계를 형성했다. 이 점이 냉전 해체 전후의 동아시아 상황이 유럽과 달랐던 주요 원인이기도 했다. 그리고 미국의 헤게모니는 더 안정적으로 작동할 수 있었다. 그러나 바로 이러한 이유로 미중협조체제는 샌프란시스코체제를 동아시아 내의 적대와 대립을 해소하는 방향으로 변화시킬 수는 없었다. 이 적대와 대립을 은폐했을 뿐이다..

두 번째 변화는 미중협조관계가 붕괴되면서 이러한 적대와 대립이 전면에 부상하면서 시작되고 있다. 특히 중국의 부상에 따른 동아시아 질서의 새로운 동학이 샌프란시스코체제에 도전을 제기하고 있다. 미국은 중국에 대한 억제를 목표로 샌프란시스코체제의 강화를 추구하고 있다. 그러나 이러한 방식의 대응은 동아시아 내의 적대와 대립을 더 심화시키고 심각한 군사충돌로 이어질 수 있다. 그뿐만 아니라 미중협조체제가 문제를 해결하기보다는 은폐하거나 억제하려고 했던 한반도 문제가 더 이상 기존의 방식으로 관리되기 어려운 상황으로 진전되었다. 이러한 변화가 당장은 샌프란시스코체제가 동아시아에서 적대와 대립을 강화하는 방향으로 움직이게 만들기도 하지만 그럴 경우 동북아, 나아가 동아시아 상황을 더 악화시킬 것이다.

따라서 이러한 도전에 새로운 대응도 필요하며 적대와 대립을 전제로 하고 동시에 이를 재생산해온 샌프란시스코체제를 협력과 공존의 정신에 기초한 다자협력으로 대체해야 한다는 것이 주요한 대안으로 제기되고 있다. 그러나 이에 대해서는 현실성에 대한 의문이 제기되었고 실질적인 진전도 거의 이루어지지 않고 있다. 따라서 이러한 가능성을 현실화시키기 위해서는 다자협력에 대한 새로운 접근이 필요하고 4장에서 이에 대한 몇 가지 제안을 했다. 특히 한반도 문제 해결이 현재 이러한 방향으로 동아시아 질서를 진전시킬 수 있는 가장 유력한 실천공간이라는 점을 강조했다. 물론 한반도 문제의 진전이 쉽지는 않지만 이를 샌프란시스코체제의 극복이라는 지평과 연결시킴으로써 한반도 문제가 갖는 지역적, 세계적 의미를 밝히는 연구를 더 촉진할 수 있을 것으로 기대한다.

마지막으로 실천적으로 한국 외교의 자율성을 얼마나 확보하는가가 위의 협력을 성공적 추진 여부에 큰 영향을 줄 것이라는 점을 강조하고자 한다. 이 문제는 최근 남북관계에서 더 두드러지게 나타났다. 동아시아 질서의 변화 속에서 제기된 도전에 효과적으로 대응하기 데 남북관계가 갖는 중요성은 새삼 강조할 필요가 없을 것이다. 그렇지만 2018년 주어진 기회를 제대로 살리지 못했는데, 남북관계와 관련된 문제를 자율적으로 결정하지 못한 것이 중요한 원인 중 하나였다. 즉 한국 외교의 자율성이 높아져야 위의 기획을 진전시킬 수 있고 우리가 주체성을 갖고 동아시아 지역질서 재편에 참여할 수 있을 것이다. 이는 단순히 학문적 연구의 문제만은 아닐 것이다.

# 참고문헌

강상중, 『동북아시아 공동의 집을 향하여』, 이경덕 역, 뿌리와 이파리, 2002.

와다 하루키, 『동북아시아 공동의 집: 신지역주의 선언』, 이원덕 역, 일조각, 2004.

이남주, 「동북아 평화체제와 다자안보협력: 필요성, 가능성, 그리고 발전경로」, 『동북아연구』, 제27집 제2호, 5~33쪽, 2012.

이혜정·이경아, 「근대 국제관계와 유럽협조체제: 슈뢰더의 유럽 국제정치 변환론」, 『평화연구』, 제22권 제1호, 53~91쪽, 2014.

조한범, 「신한반도체제의 비전과 목표」, 『신한반도체제의 비전과 과제』(KINU 학술회의 자료집), 2019년 5월 24일, 13~29쪽, 2019.

전재성, 「북핵과 북미 관계: 미국 주도 질서 속 북한의 주권적 지위 문제」, 『한국과 국제정치』, 제35권 제1호, 95~126쪽, 2019.

친티엔·차창훈, 「중국 대외정책의 현상 변경 서막?: 2010년 이후 중국의 남중국해 정책 변화와 그 요인을 중심으로」, 『21세기정치학회보』, 제27집 3호, 139~166쪽, 2017.

홍석률, 『분단의 히스테리: 공개문서로 본 미중관계와 한반도』, 창비, 2012.

Auslin, Michael R. 2018. *The Question of American Strategy in Indo-Pacific Region.* Hoover Institution. https://www.hoover.org/research/question-american -strategy-indo-pacific (검색일: 2019년 11월 30일)

Bong, Youngshik Daniel. "Past is Still Present: The San Francisco System and a Multilateral Security Regime in East Asia." *Korean Observer*, Vol. 41, No.3, pp. 471-495, 2010.

Buszynski, Leszek. "The San Francisco System: Contemporary Meaning and Challenges." *Asian Perspective*, No.35. 2011, pp. 315-335.

Calder, Kent. "Securing Security Through Prosperity: the San Francisco System in the Comparative Perspective." *The Pacific Review*, Vol.17

No.1, 2004, pp.135~157.

Clinton, Hillary. "America's Pacific Century." *Foreign Policy*, October 11, 2011. https://foreignpolicy.com/2011/10/11/americas-pacific-century/ (검색일: 2019년 11월 30일)

Department of Defence. 2019. *Indo-Pacific Strategy Report: Preparedness, Partnerships, and Promoting a Networked Region*, 1 June, 2019.

Friedberg, Aaron. "Competing with China." *Surviva*, Vol. 60, No.3, pp.7~64, 2018.

Hara, Kimiye. "The San Francisco System and Its Legacies." Kimiye Hara(ed.). *The San Francisco System and Its Legacies: Continuation, transformation and historical reconciliation in the Asian-Pacific*, Routledge, pp.1-19, 2015.

_____, "Takeshima and Dokdo problem in the San Francisco System." *Korean Journal of International and Comparative Law*, 4(1), pp.22~42, 2016.

Iriye, Akira. *The Cold War in Asia: A Historical Introduction*. Prentice Hill, 1974.

Jeong, Hanbeom. "Prospect of Multilateral Security Governance in East Asia." 《세계지역연구논총》, 35집 3호, pp.108-126, 2017.

Kahler, Miles, "Multilateralism with Small and Large Numbers." International Organization, Vol. 46, No. 3, pp.681-708, 1992.

Kissinger, Henry. On China. The Penguin Press, 2011.

Scutt, David.. "Australia is increasingly reliant on China for its own economic prosperity." *Business Insider Australia*, June 24, 2015, https://www.businessinsider.com.au/charts-australia-is-increasingly-reliant-on-china-for-its-own-economic-prosperity-2015-6 (검색일: 2019년 12월 15일)

Selden, Mark. "East Asian Regionalism and its Enemies in Three Epochs: Political Economy and Geopolitics, 16th to 21st Centuries." *The Asian-Pacific Journal*, Vol.7, No.4, 2009.

Shelton, Robert A. *Bridging the San Francisco System: 21 Century Security*

*Partnerships for the Asian-Pacific*, JFSC-NDU Master's Thesis (2016. 4)

Tow, William T. "Assessing US's Bilateral Security Alliances in the Asian-Pacific's 'Southern Rim': Why San Francisco System Endures." Asia Pacific Research Center Discussion Paper(Stanford University, October 1999).

The White House and Unites States Government. *National Security Strategy of the United State of America*. Dec. 2017.

# 동북아 지역 질서의 재편과
# 신(新)경제공동체 구상*

## 1. 서론

이 글은 한반도를 포함한 동북아 지역질서 재편의 주요 변수로 작동할 '시진핑 신시대'(習近平新時代)의 등장과 무역 분쟁으로 표면화된 '미중 간 신냉전'의 마주침을 헤게모니 경쟁이라는 시각에서 고찰하고, 이를 통해 '신(新)동북아 시대'에 부응하는 새로운 경제협력 모델을 모색해보고자 한다. 2018년 '판문점 선언' 이후, 세계사적인 전후체제의 마지막 유물인 한반도 분단체제가 종전선언을 거쳐 평화체제로 돌입할 수 있는 가능성이 열렸으며, 이에 따라 동북아시아의 지역질서 재편과 대대적인 정치경제적 변화를 예고하고 있다. 그러나 이러한 장밋빛 미래의 현실화는 결코 단순한 과정일 수 없음을 최근 발생한 한국과 일본 간의 무역 갈등 및 미국과 중국의 무역 전쟁이 여실히 보여준다. 물론 동북아시아 지역 내에서 경제적 측면에서의 상호의존이 점

* 이 논문은 2017년도 정부(교육부)의 재원으로 한국연구재단의 지원(NRF-2017 S1A6A3A02079082)을 받아 수행되었으며,『한중관계연구』제5권 1호에 게재된 「신(新)동북아시대, 지역질서의 재편과 새로운 경제협력 모델 모색」이라는 논문을 원광대 HK+연구단과 사할린국립대 공동주최로 개최된 학술회의에서 발표와 토론을 거쳐 수정·보완한 것이다.
** 원광대 한중관계연구원 동북아시아인문사회연구소 HK⁺연구교수

차 강화되는 구조적 조건을 고려할 때, 과거와 같은 진영 간 대립으로 격화될 가능성은 약하다고 보는 견해가 많다. 그러나 과거처럼 폐쇄적 형태의 양극체제가 그대로 재현되지는 않겠지만, 오히려 통합된 글로벌 생산네트워크(Global Production Network)하에서의 갈등과 분화가 새로운 진영논리로 전개될 가능성을 배제할 수 없다. 이처럼 '신냉전'적 상황에 기반한 동북아시아 지역 갈등은 중국이 지난 2017년에 한국의 '고고도미사일방어체계'(THAAD) 배치에 대한 반대로 무역보복을 단행한 것이나, 최근 일본이 강제징용 '유죄판결'을 빌미로 한국에 대한 수출규제를 한 것에서 나타나듯이 안보와 경제의 문제가 뒤섞여 있다. 더구나 글로벌 생산네트워크로 통합된 경제구조 속에서 전개되는 역내 갈등은 세계경제 및 산업구조의 변동에도 큰 혼란을 야기할 것으로 보인다.

특히 트럼프 대통령의 미국우선주의(America First)와 시진핑 주석의 중국몽(中國夢)이 마주치면서 전개되고 있는 미중 간 세력 격돌은 '신냉전'의 상황으로 비화할 가능성마저 내포하고 있으며, 한반도를 비롯한 동북아 지역의 평화체제 구축 및 경제협력 네트워크 구상의 험난한 과정을 압축적으로 드러내고 있다. 따라서 '신동북아시대'의 새로운 경제협력 모델 및 경제공동체의 구상을 위해서는 우선 시진핑 시기에 중국의 동북아 지역질서에 대한 상상과 실천이 어떤 방식으로 전개되고 있는가를 파악할 필요가 있으며, 이것이 미국 주도의 글로벌 경제네트워크 구조 속에서 어떤 '마주침의 정치'를 빚어내고 있는지를 좀 더 복합적으로 분석해야 한다. 이에 본 논문은 우선 중화민족의 부흥을 기치로 '사회주의 현대화 강국' 건설에 박차를 가하고 있는 시진핑 시기 중국의 거시적인 사회경제 정책들을 중점적으로 분석하고, 이것이 새로운 미중관계 및 동북아시아 정세에 어떤 영향을 미치고 있는지를 고찰한다. 또한 '일대일로'(一帶一路)로 대표되는 중국 중심의 글로벌 산업구조 재편과 '산업의 디지털화'를 핵심으로 하는 4차 산업혁명의 확산, 그리고 기존의 '동북아 경제공동체' 구상에서 공백지대로 남아있던 북한의 개혁개방에 따른 경제협력벨트의 확장으로 인해 동북아시아 지역의 경제협력 구도가 '한반도 신경제 구상'을 통해 어떻게 새로운 동북아 경세공동체로 연결될 수 있을 것인지를 분석한다. 특히 한반도 신경제 구상은 남북의 협력을 넘어 북방경제권과의 경제협력을 통해 유라시아 대륙과의 연계성을 증진하는 것이 무엇보다 중요하다. 따라서 한반도 신경제 구상에 대한 검토를 통해 궁극적으로 '신동북아 시대'를 견인할 새로운 경제협력 모델을 구상해보고자 한다.

## 2. 미중 간 헤게모니 경쟁과 동북아 지역의 정치경제 지형 재편

### 1) 미국 헤게모니의 퇴조와 중국의 도전

2018년 3월 이후 본격화된 미국과 중국 간의 '무역전쟁'[1]은 표면적

---

1) 미국과 중국 간의 무역전쟁은 2018년 3월 이후 본격화되었으며, 7월 6일 미국이 중국산 IT장비, 항공공학, 로봇공학 등 첨단기계 및 전자전기제품 818개 수입품목에 대해서 340억 달러 규모의 25% 관세를 발효했다. 중국은 즉각적으로 미국산 대두 등 농산물과 자동차 등 545개 품목에 대해 340억 달러 관세를 발효시켰다. 8월 23일에는 미국과 중국이 상호간 160억 달러 규모의 관세를 부과했다. 9월 7일에 미국은 2,000억 달러 규모의 6,031개 품목에 대해 의료, 섬유, 음식료 등 소비재를 중심으로 25%의 대중국 관세부과를 예고했다. 중국은 600억 달러 규모의 5,207개 품목에 대해 보복관세를 예고했다. 트럼프 행정부는 이와 더불어 2,670억 달러 규모의 중국산 수입품에 부과함으로써 2017년 대중국 수입액인 5,055억 달러를 초과할 수 있다고 위협했다. 트럼프 행정부의 무역정책기조는

으로는 통상무역과 관세를 둘러싼 경제 문제에 집중된 것처럼 보이지만, 그 이면에는 이행기 세계체제의 패권을 놓고 벌이는 헤게모니 경쟁과 체제경쟁이 내장되어 있다. 세계체제론(world-system analysis)의 '헤게모니 순환' 개념에 의하면 근대 세계체제는 역사적으로 세 번의 헤게모니 순환을 거쳤다. 즉 17세기 중엽 네덜란드로의 순환, 19세기 중엽 영국으로의 순환, 20세기 중엽 미국으로의 헤게모니 순환이 있었다는 것이다. 그리고 헤게모니 순환의 이행기에는 예외 없이 기존 헤게모니 국가와 도전 국가 간에 전쟁을 포함한 격렬한 헤게모니 쟁탈전이 발생했다(이수훈, 2013: 132-133). 이러한 세계체제론의 시각에서 보면 현재의 시기는 '헤게모니 이행기'에 속한다고 할 수 있다. 즉 워싱턴 컨센서스로 대표되는 미국 헤게모니의 쇠퇴와 이에 대응하는 새로운 잠재적 헤게모니 권력인 중국의 급부상이 격전을 벌이는 양상이다.[2] 그리고 이러한 이행기 헤게모니 경쟁의 중심 무대가 한반도를 포함한 동북아 지역이며, 이에 따라 이 지역의 정치경제적 지형에도 상당한 재편이 발생할 것으로 예상된다.

이는 동북아를 둘러싼 주요 국가들의 경제구조 변화에서 보다 뚜렷하게 드러난다. 아래의 표에서 볼 수 있듯이 "1990년대 초 동북아 주요 국가는 매우 궁핍하고 낙후된 지역으로 미국 중심의 UNDP등 국제기구의 도움이 컸던 지역이었다. 하지만 1991년에 비해 2016년 명목 GDP는 미국이 3배, 일본 1.4배, 러시아가 2.5배 성장을 기록한 가운데,

---

자국 내 제조업 생산 확대와 일자리창출을 목적으로 하고 있기 때문에 상당기간 지속될 전망이다.

2) 홍석훈과 황태연에 의하면 '뉴노멀 시대'의 미중관계는 냉전·탈냉전 시기의 제로섬(zero-sum) 성격의 관계라기보다는 '협력 속 경쟁과 갈등' 혹은 '경쟁과 갈등 속 협력'이라는 복합적 관계가 지속될 가능성이 농후하다. 왜냐하면 미중 간 상호의존성은 증대했지만 취약성이 오히려 심화되었고, 상호 '전략적 불신' 또한 여전하며, 미중관계에 영향을 주는 내외부 영향 요인도 과거에 비해 다양화되었기 때문이다(홍석훈, 황태연, 2018: 18).

중국 29.2배, 몽골 4.7배, 한국 4.3배 증가를 나타내어 세계평균인 3.2
배 보다 높은 증가율을 기록했으며, 최근 10년 동안 세계경제의 위상
에 큰 변화를 가져왔다. 이러한 상황에서 최근 아시아 지역을 무대로
미국과 일본, 중국과 러시아가 연합하는 새로운 냉전체제가 형성"되
고 있는 것이다. 특히 중국의 경우 1991년에는 GDP가 미국의 6.2%에
불과했지만, 2016년에는 60% 수준으로 증가했다. 또한 세계 경제에서
차지하는 점유율에서도 중국은 1991년 1.6%에서 2016년 14.8%로 약
10배에 가까운 경제성장을 이루면서 동북아에서 미국과 유일하게 경
쟁할 수 있는 국가로 자리매김했다(서종원 외, 2017: 30).

〈표 1〉 동북아 주요국 기간별 명목 GDP

(단위 억 달러)

| 구분 | 1991 | 1996 | 2001 | 2006 | 2011 | 2016 |
|---|---|---|---|---|---|---|
| 미국 | 61,740 | 81,002 | 106,218 | 138,559 | 155,179 | 185,691 |
| 러시아 | 5,180 | 3,917 | 3,006 | 9,899 | 20,318 | 12,832 |
| 중국 | 3,834 | 8,637 | 13,394 | 27,521 | 75,726 | 111,991 |
| 일본 | 35,781 | 48,337 | 43,035 | 45,304 | 61,575 | 49,394 |
| 몽골 | 24 | 13 | 13 | 34 | 104 | 112 |
| 한국 | 3,257 | 5,981 | 5,331 | 10,118 | 12,025 | 14,112 |
| 세계 | 239,098 | 315,190 | 333,360 | 513,068 | 732,417 | 755,435 |

자료: World Bank, 'World Development Indicators, 2017, KIEP(2017), "중국 동북지역과 연계한 남북
중 신(新)인프라 전략연구"에서 재인용, http://databank.worldbank.org/data/home.aspx

〈표 2〉 동북아 주요국 기간별 세계경제대비 분담율

| 구분 | 1991 | 1996 | 2001 | 2006 | 2011 | 2016 |
|------|------|------|------|------|------|------|
| 미국 | 25.8% | 25.7% | 31.9% | 27.0% | 21.2% | 24.6% |
| 러시아 | 2.2% | 1.2% | 0.9% | 1.9% | 2.8% | 1.7% |
| 중국 | 1.6% | 2.7% | 4.0% | 5.4% | 10.3% | 14.8% |
| 일본 | 15.0% | 15.3% | 12.9% | 8.8% | 8.4% | 6.5% |
| 몽골 | 0.0% | 0.0% | 0.0% | 0.0% | 0.0% | 0.0% |
| 한국 | 1.4% | 1.9% | 1.6% | 2.0% | 1.6% | 1.9% |
| 세계 | 100.0% | 100.0% | 100.0% | 100.0% | 100.0% | 100.0% |

자료: World Bank, 'World Development Indicators, 2017, KIEP(2017), "중국 동북지역과 연계한 남북
중 신(新)인프라 전략연구"에서 재인용, http://databank.worldbank.org/data/home.aspx

이러한 미국 헤게모니의 쇠퇴는 이미 10년 전인 2008년에 발생한 미국발 경제위기에서부터 시작되었다. 이를 단적으로 보여주는 것이 '달러-월스트리트' 체제로 대표되는 '신자유주의적 축적구조의 종말' 선언이다. 2008년 3월 〈파이낸셜타임스〉의 기고문에서 마틴 울프 (Martin Wolf)는 월가의 5대 투자은행이었던 베어스턴스(Bear Stearns) 의 파산에 대해 "2008년 3월 14일 금요일을 기억하라. 자유시장 자본 주의의 꿈이 사망한 날이다"라고 애도했다. 또한 2009년 4월 3일 런던 에서 G-20 정상회의가 끝난 뒤에 열린 기자회견에서 영국의 고든 브 라운 전 총리는 "워싱턴 컨센서스로 대표되는 지난 40년 동안의 유력 한 신념이 종말을 맞았다"고 선언했다.3) 그리고 이러한 미국 헤게모 니의 쇠퇴와 맞물려 중국은 명실공히 G2로 급부상하면서 미중관계의 재편을 시도하고 있다.4) 즉 오바마 정권 시기인 2010년경부터 시작된

---

3) 장시복. (2018). 신자유주의가 걸어갈 미래의 모습 네 가지. 프레시안, http://www. pressian.com/news/article.html?no=216193#09T0, (2018.11.23.)

4) 중국은 2001년 세계무역기구 가입으로 세계경제 질서에 편입된 이후 무역 규모

미국의 '아시아로의 회귀'(pivot to Asia) 전략에 대응하여 중국의 '핵심이익'을 강조하는 '신형대국관계'를 제기하면서 지역 내의 주도적 역할 정립과 이를 통한 미국과의 '협력적 동반자' 관계라는 위상을 구축하려는 것이다. 나아가 2013년 이후에는 '일대일로'라는 신(新)실크로드 전략을 제시함으로써, 미국 중심의 아시아·태평양 지배 전략에 대응하는 유라시아 경제협력 네트워크의 구축을 적극적으로 시도하고 있다.5) 트럼프 대통령이 출범부터 지금까지 줄곧 '미국 우선주의'를 강조하고 있는 것은 바로 이러한 미중 관계의 재편이라는 세계체제 전환과 깊이 연관된 것이다.

따라서 현재 진행 중에 있는 미중 간 무역전쟁은 단순히 경제적인 문제로만 접근해서는 그 맥락을 제대로 이해할 수 없다. 이는 지난 10월 미국 뉴욕에서 열린 제73차 유엔 총회에서 있었던 트럼프 대통령의 연설에서도 잘 드러난다. 트럼프 대통령은 중국을 겨냥해 "더 이상 미국의 근로자들이 희생되고, 미국 기업들이 속임을 당하고, 미국의 부(富)가 약탈당하고 이전되도록 허용하지 않겠다고 강조"했으며, "세상의 모든 나라들이 사회주의를 저지해야 한다"고 주장했다. 이는 트

---

가 급속도로 증가하여 2012년까지 연평균 수출 증가율이 19.2%였고, 2012년 무역액은 3조 8,674억 달러로 미국의 3조 8,210 달러를 추월하면서 미국을 제치고 세계 무역 1위 국가로 등극했다. 또한 중국은 최대 외환보유국이면서도 미국에게 최대 채권국이며, 그 규모는 9,000억 달러에 이른다(홍석훈, 황태연, 2018: 3).

5) 이일영이 지적하듯이 미중관계의 전환은 미국의 무역 및 고용구조의 변화로부터 형성된 압력과도 관련이 있다. 미국의 대중 무역적자는 2001년 832억 달러에서 2016년 3473억 달러로 3배 이상 증가했으며, 2016년 대중국 무역적자가 미국 전체 무역적자의 46.2%에 달했다. 또한 중국이 세계의 공장으로 부상하던 시기에 미국의 제조업 고용 수준은 크게 감소했고, 2008년 경제위기 전후에 최저점을 기록했다. 이러한 흐름을 반영하여 트럼프 대통령은 2016년 대통령 선거과정에서부터 미국 제조업의 부흥을 강력하게 주장했으며, 특히 중국 때문에 미국에서 5만개의 공장과 수천만 개의 일자리가 사라졌다고 주장했다(이일영, 2018: 64-65).

럼프 행정부의 '경제안보가 곧 국가안보'라는 정책적 기조와 상통하는 것이며, 최근 중국 정부가 강조하고 있는 '시진핑 신시대 중국 특색의 사회주의 사상'(習近平新時代中國特色社會主義思想)과는 전면적으로 배치되는 것이다. 그렇기에 트럼프 행정부의 '미국 우선주의'와 시진핑의 중화민족의 부흥을 위한 '중국몽'(中國夢)의 격돌이 어떤 양상으로 전개될 것인지가 한반도를 비롯한 동북아시아 지역질서 및 정세에 결정적 변수로 작용할 것이다. 왜냐하면 한반도야말로 경제와 안보의 측면에서 직접적으로 중국과 미국의 영향력에 놓여있으며, 갈등과 협력의 이중적 난제에 직면해 있기 때문이다. 따라서 '신동북아시대'의 새로운 경제협력 모델 및 경제공동체의 구상을 위해서는 우선 시진핑 시기에 중국의 동북아 지역질서에 대한 상상과 실천이 어떤 방식으로 전개되고 있는가를 파악할 필요가 있다.

## 2) 시진핑 신시대, 거시적 정책 변화와 동북아 지역의 정세 재편

2017년 10월 24일 개최된 제19차 당대회에서 중국 공산당은 시진핑 국가주석의 집권 2기(2018년~2022년)를 이끌어갈 지도이념으로 '시진핑 신시대 중국 특색의 사회주의 사상'을 발표하고, 2050년까지의 국가발전 로드맵을 제시했다. 즉 1단계로 2020년까지 '소강'(小康) 사회의 전면적 완성(모든 인민이 기본적인 의식주를 해결하는 것을 넘어 풍요로운 생활을 영위하는 것을 의미함), 2단계로 2021~2035년까지 사회주의 현대화의 실현, 3단계로 2036~2050년까지 부강하고 민주적이며, 문명이 있고 조화로우며 아름다운 사회주의 현대화 강국을 건설하겠다는 목표를 제시했다. 무엇보다 주목되는 것은 19차 당대회에서 중국 사회의 주요 모순에 대한 새로운 인식이 제시되었다는 점이다. 즉 중국 사회의 주요 모순을 갈수록 증가하고 있는 '아름다운 생활에 대한 인민의 수요'와 '불균형·불충분 발전' 사이의 모순으로 전환되었다고 규정함으로써, 중국식 사회주의가 '신시대'로 접어들었다고 판단한 것이다. 그리고 이러한 주요 모순의 변화를 올바로 인지함으로써, 민생 영역의 개선과 불균형·불충분 발전 문제를 해소하는 것이 중요한 과제로 제기되었다. 사회주의 현대화 강국을 실현하기 위해서는 농촌의 빈곤인구 구제, 도농지역 균형 발전과 소득분배 격차 해소, 교육·의료·주거·양로 등 공공서비스 영역의 공급부족 문제 해결, 전체 인민에 대한 사회보험 제도의 실시 등을 통한 민생 영역의 개선과 지역·영역·집단 간 불균형 발전 문제의 해결 및 지속가능한 발전 모델의 구축이 시급하다는 것이다(蔡昉, 2017). 따라서 신시대 중국 특색의 사회주의를 고민하는 중국 공산당의 향후 사회경제적 개혁 과제는 '산업구조의 고도화', '균형발전', '민생개선' 등에 집중될 것으로 보인다.

그러나 사실 이러한 개혁 과제는 19차 당대회에서 갑자기 등장한 것이 아니라, 시진핑 체제하에서 중장기적 발전 전략으로 꾸준히 제기되어왔으며, 특히 2016년에 발표된 '13차 5개년 규획'(이하 '13.5 규획')과 이에 호응하여 발표된 다양한 정책 문건에서 이미 제시된바 있다. 주지하듯이 2016년 3월에 개최된 제12기 4차 전국인민대표대회에서 리커창(李克强) 총리는 2016년의 거시경제 운용방향을 발표하고, '13.5 규획'을 심의·확정했다. 즉 중국 정부는 세계 경기의 부진, 국제 금융 및 상품시장의 불안 등 대외 여건의 악화 속에서 성장 감속, 구조조정, 성장 동력의 전환 등으로 2016년에도 경기하락의 압력이 강해지고 있다고 평가했다. 이에 따라 '합리적 구간'에서 경제를 안정시키고, 공급 측 구조개혁에 중점을 둔다는 기본 방침 아래 안정적 성장, 경제구조의 질적 개선, 물가안정, 민생과 복지 증진, 국제수지 균형 등의 5대 목표를 제시했다. 특히 '안정적 성장'과 2020년 '전면 소강(小

康)사회' 건설을 위한 장기적 목표, 구조개혁에 따른 성장 둔화, 고용 확대의 필요성 등을 고려하여 2016년의 경제성장률 목표를 6.5~7.0% (2015년의 목표는 7.0%였고, 실제 실적은 6.9%)로 설정했다(임호열, 양평섭 외, 2016). 그리고 이에 부합하여 2017년 중국 국내총생산 (GDP)은 82조 7,122억 위안으로 전년대비 6.9% 증가했다(人力資源和社 會保障部, 2018).

〈표 3〉 '13.5 규획'의 원칙, 목표, 발전이념

| 구 분 | 주요 내용 |
|---|---|
| 6대 원칙 | - 경제·사회 발전 과정에서 반드시 견지해야 할 6대 원칙: 인민 주체지위 견지, 과학발전 견지, 심화개혁 견지, 의법치국 견지, 국내와 국제 양 국면의 통합 견지, 당의 리더십 견지 |
| 7대 목표 | - '전면적 소강사회' 실현을 위해 향후 5년간 달성해야 할 7대 목표: 중고속 성장 유지, 혁신주도 발전, 균형발전 강화, 민생 수준 제고, 국민 소양 함양 및 사회문명 수준 제고, 생태환경의 총체적 개선, 제도 성숙화 및 정형화 |
| 5대 발전이념 | - 13.5 규획 기간 경제·사회 발전 과정에서 준수해야 할 발전이념: 혁신 (創新), 균형(協調), 녹색, 개방, 공동향유(共享) |

자료: 「국민경제와사회발전 제13차 5개년 규획 강요 초안」, 임호열, 양평섭 외, 2016에 서 재인용

'13.5 규획'은 기본적으로 중국 경제가 '신창타이'(新常態, New Normal)의 국면에 접어들었다는 판단에 기초한 것이다. '신창타이'라는 개념은 시진핑 총서기가 2014년 허난성을 시찰할 때, 현재 및 향후 일정 시기를 대상으로 중국경제 발전을 개괄하면서 처음으로 제기되었다. 그리고 2015년 1월 중앙경제공작 회의에서 '신창타이'에 대해 더욱 자세하게 설명했는데, 즉 경제하락의 압력이 증가하고, 구조조정의 진통이 나타나며, 기업의 생산경영난이 가중되며, 경제적 위험이 출현한다는 내용으로 제시되었다. 이러한 인식하에 제기된 중국경제

의 '신창타이'는 다음과 같은 특징을 갖는다. 첫째, 고속성장에서 중고속 성장으로의 전환이다. 둘째, 경제구조의 최적화와 업그레이드, 도농 간 지역격차의 점진적 축소, 주민소득 비율의 상승으로 보다 많은 대중에게 발전의 성과를 환원하여 혜택을 제공하는 것이다. 셋째, 생산요소 및 투자에 의존한 성장 촉진으로부터 혁신에 의한 성장 촉진으로의 전환이다. 그러나 전반적으로 볼 때, 경제의 '신창타이' 국면 하에서 산업구조 변화의 영향을 받아 실물경제는 지속적으로 하락할 것이며, 일부 기업의 경영난이 가속화 될 것이고, 과잉생산과 도태되고 낙후한 기업의 퇴출이 본격화되면서 구조조정의 압력도 심화될 전망이다. 그리고 이에 따라 필연적으로 노동관계의 불안정성도 강화될 것이고, 이에 대한 적절한 대책을 수립하지 못하면 사회적 모순이 더욱 격화될 것으로 예측되고 있다.[6]

〈표 4〉 '13.5 규획'의 주요내용

| 구분 | '13.5 규획' 의 주요 내용 |
|------|------------------------|
| 지도사상 | 경제성장률의 둔화를 인식하고, 실리적인 사고방식과 민생의 보장에 역점을 두는 '효율'의 원칙을 강조 |
| 노동관련 | 창업과 고용우선 전략의 견지, 노동력의 질과 노동생산성 제고, 노동시장의 유연성 확대와 규제완화를 강조 |
| 소득분배 | 가계소득 증대와 경제성장, 노동생산성 제고, 최저임금 인상 시스템 완비 등 효율우선의 원칙 강조 |

자료: 喬健, 2016에서 재구성

---

6) 특히 '신창타이'라는 경제국면에서 중국의 노동관계는 다시 재조정의 도전에 직면했다. 즉 '신창타이'의 배경 하에 중국 노동력의 취업규모는 지속적으로 확대되고 있으며, 고용시장의 불확실성이 커지고 있고, 노동자의 임금은 지속적으로 상승하고 있지만, 임금체불이 상시화 되고 있으며, 이에 따라 노사분쟁의 발생률이 증가하고 있고, 집단적 노동쟁의는 사상 최대의 규모를 기록하고 있다. 또한 인구 노령화의 추세도 심각하며, 빈곤문제도 더욱 심화되고 있다(정규식, 2019).

이러한 중국 내부의 거시적 정책 변화와 맞물려 시진핑 지도부는 '중화민족의 부흥'을 강조하면서 지역패권에서 나아가 세계 강대국으로의 도약이라는 발전 로드맵을 과감하게 드러내고 있다. 여기서 무엇보다 주목되는 것은 '시진핑 신시대 중국 특색의 사회주의사상'이 단순히 중국 내부의 발전 전략에만 머무는 것이 아니라, 서구식 정치경제 제도와의 이념 및 체제 경쟁을 내포하고 있다는 것이다. 즉 "사회주의 정치체제 하에서 시장경제 체제를 수용하여 개혁개방과 사회주의 현대화 건설을 목표로 하지만, 중국 공산당은 서구식 다당제와 정치제도를 도입하지 않겠다고 선언한 것"이다(홍석훈, 황태연, 2018: 22). 그리고 이러한 중국의 전략적 구상은 정치적 구호로만 그치지 않고, '일대일로'와 '아시아인프라투자은행'(AIIB)의 창설 등 보다 구체적인 정치경제 전략으로 이어지고 있다. 또한 중국은 아시아를 거점으로 새로운 다자간 협력체계의 구축에도 적극적으로 나서고 있다. 즉 중국은 2018년에 보아오(博鰲)포럼7)과 상하이협력기구 정상회의에 이어 중국-아프리카협력포럼 정상회의, 제1회 중국 국제 수입박람회를 개최했다. 이처럼 중국이 일대일로의 유라시아 경제협력 기획과 아시아를 중심으로 한 '신형 국제관계' 건설을 주도하며 세계적으로 다자간 협력체계를 중층적으로 이끌어가고 있는 것은 동북아 지역의 정치경제 지형의 변화에도 지대한 영향을 미칠 것으로 보인다.

중국이 주도하는 다자간 협력체제의 핵심은 역시 '일대일로' 전략

---

7) 아시아 지역경제 포럼으로서 아시아 국가들의 협력과 교류를 통한 경제발전을 목적으로 창설된 비정부 비영리 민간 기구이다. 매년 4월 중국 하이난성(海南省) 충하이시(瓊海市)의 보아오(博鰲)에서 개최된다. 2001년 2월 아시아 26개국 지도자들이 아시아 국가의 지역경제 협력을 목적으로 보아오에서 출범식을 열었고, 2002년 제1차 연차총회가 열렸다. 한국도 중국·일본·오스트레일리아·인도·싱가포르·대만·이란 등의 26개국과 함께 창립 회원국으로 참가했다. 사무국은 중국 베이징(北京)에 있으며, 연차총회 외에도 수시로 다양한 회의를 개최한다(백원담, 2018: 65).

이다. 주지하듯이 '일대일로'는 육상 실크로드와 해상 실크로드로 (동)아시아와 유럽을 연계하여 유라시아 경제협력 네트워크를 통해 새로운 경제성장 동력을 창출하고 새로운 지역질서를 만들어내고자 하는 중국의 21세기 대외전략이자 경제발전 전략의 총체이다.[8] 또한 일대일로 사업은 '중국 굴기'의 도전에 직면한 미국 정부의 대(對)중국 포위 작전에 대한 적극적 반격이기도 하다.

[그림 1] 중국의 '일대일로' 구상

자료: 연합뉴스(2015). 중국, '일대일로' 큰 그림…60개국 참여 유도(검색일: 2018.11.25.).
　　　https://www.yna.co.kr/view/AKR20150124025300089?input=1195m

---

8) 최근 중국 상무부 통계에 따르면 2014~2016년 중국과 일대일로 관련 국가의 무역 총액은 20조 위안에 달한다. 2015년 현재, 65개의 핵심 국가를 포괄하는 '일대일로'는 그 포괄 면적이 5,539제곱킬로미터로, 전 세계 총면적의 약 41.3%, 거기에 포괄될 인구는 46.7억 명으로, 전 세계 총인구수의 66.9%에 해당한다. 해당 지역 경제총량은 27.4조 달러로서, 이는 전 세계 경제총량의 38.2%에 이른다(백원담, 2018: 66).

물론 중국의 대외원조를 기반으로 한 일대일로 사업의 폐해도 적지 않다. 일대일로는 중국이 주로 국유은행을 통해 해당 국가에 거액의 돈을 빌려주고 국유기업을 통해 철도·항만·도로·댐 등 인프라를 구축해 주는 방식으로 진행돼왔다. 하지만 일부 참여국들이 채산성을 제대로 따지지 않고 무리한 투자 계획을 수용하면서 재정난에 빠지는 사태가 속출하고 있는 것이다. 이에 따라 최근 일대일로 사업으로 인해 '빚의 덫'에 빠진 몰디브, 파키스탄, 네팔 등의 국가들이 잇따라 중국과의 거리두기를 시작하고 있다. 또한 애초에 중국의 일대일로 전략은 경제 둔화의 국면에서 국내의 과잉생산 문제 해결과 중국 자본 및 기업의 대외진출을 통한 국제적 투자기회의 확보가 주요 목적이었기 때문에 투자 대상국 현지의 고용창출이나 기술 발전에는 실질적인 도움을 주지 못한다는 지적도 많다. 그러나 이남주의 지적처럼 '일대일로'는 중국과 관련 국가가 상호 필요성에 의한 관계 맺기를 통해 일종의 호혜경제를 이루어나갈 가능성과 또 다시 '중심-주변'의 관계를 재생산할 수 있는 한계를 동시에 갖는다고 할 수 있다. 이러한 측면에서 왕후이도 "중국의 일대일로 전략이 다른 지역을 과잉생산 문제를 해소하기 위한 대상이나 자원의 원천으로 간주하는 방식으로 진행된다면 성공할 수 없을 것이라고 단언했다. 그러면서도 일대일로가 평등의 원칙과 문화다양성의 존중에 기초해 서로 연계하고 소통하는(互聯互通) 경로를 추구해나간다면 그것은 필연적으로 자본주의 경제모델에 대한 개혁의 긴 과정이 될 것이고, 역사문명과 미래 사회주의를 서로 연계시키는 과정이 될 것"이라고 강조한다(백원담, 2018: 67-68). 따라서 시진핑 정부가 제기하는 '신시대'를 중국만의 것으로 치부하거나 방관하지 않는 보다 적극적인 자세가 요구되며, 미국이나 중국의 패권 경쟁을 넘어 새로운 시대를 열어젖힐 가능성으로서 사고할 필요가 있다.

# 3. 신(新)동북아시대, 새로운 경제협력 모델의 모색

## 1) 신동북아시대의 '남한–북한–중국' 경제협력 구도

신(新)동북아시내는 '일대일로'로 대표되는 중국 중심의 글로벌 산업구조 재편, '산업의 디지털화'를 핵심으로 하는 4차 산업혁명의 확산[9], 그리고 기존의 '동북아 경제공동체' 구상에서 공백지대로 남아있던 북한의 개혁개방에 따른 경제협력 벨트의 확장 등을 주요 특징으로 한다. 무엇보다 앞서 말했듯이 2018년 '판문점 선언' 이후, 세계사적인 전후체제의 마지막 유물인 한반도 분단체제가 종전선언을 거쳐 평화체제로 돌입할 수 있는 가능성이 열렸으며, 이에 따라 동북아시아의 지역질서 재편과 대대적인 정치경제적 변화를 예고하고 있다. 그리고 이러한 정세의 변화는 단지 정치적 수사 차원에만 머무는 것이 아니라, 문재인 정부의 '한반도 신경제 구상'이라는 경제발전 전략을 통해 구체화되고 있다. 즉 '한반도 신경제구상'을 통해 남북 간 소득격차를 줄여 남북한 경제발전의 기초 하에 체제 간 통일을 대비해 나간다는 것이다. 나아가 중국 및 러시아 대륙과 연결하여 세계로 나아가는 환동해권 경제협력벨트와 서해권 경제협력벨트 등 경제네트워크의 확장은 물론, 경제협력을 넘어 동북아 평화체제 구축까지 지향하고 있

---

9) 특히 중국은 4차 산업혁명 대응 전략으로 '중국제조 2025'라는 전략목표를 설정하고, 중국의 제조업 경쟁력을 세계 최고 수준으로 향상시키기 위한 지원정책으로서 3단계의 목표와 10개의 중점분야를 선정하였다. 중국 정부가 지향하는 것은 10개의 주력 제조업 분야의 고도화를 통해 2035년까지 독일·일본을 추격하고, 2045년 미국을 추월하여 세계 최고의 제조 강국으로 도약하는 것이다. 이와 더불어 중국의 대표적인 4차 산업혁명 전략으로 '인터넷 플러스(Internet +)'를 들 수 있다. '인터넷 플러스' 정책은 빅데이터, 클라우드, 모바일 인터넷을 주력산업에 접목하여 부가가치를 증대시키고 신성장동력산업을 발굴하는데 초점을 두고 있다.

다. '뉴노멀'(New Normal)[10]과 '신창타이'(新常態)이라는 개념으로 대표되듯이 저성장과 불안정이 일상화되고 있는 현 시기에는 4차 산업혁명 및 새로운 글로벌 분업 체제의 진전에 대응하는 보다 균형화된 발전 전략이 절실하기 때문이다.

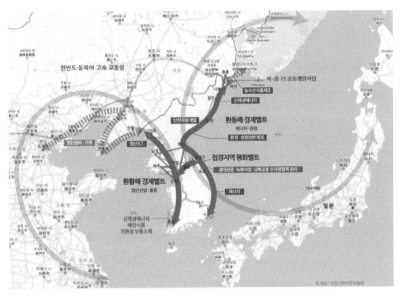

[그림 2] 문재인 정부의 한반도 신경제지도 구상

자료: 임을출(2017), "한반도 신경제지도 구상이란?". 통일한국(검색일: 2018.11.25.). http://uni korea21.com/?p=14203

이러한 측면에서 신(新)동북아시대, 새로운 경제협력 모델의 모색을 위해 남한의 '한반도 신경제지도'와 중국의 '일대일로', 그리고 북한의 경제개방 구상의 전략적 연계를 고민할 필요가 있다. 물론 이러

10) 뉴노멀은 2008년 미국발 세계 금융위기 이후 선진국들이 직면한 침체 상태를 의미하는 단어로 자리 잡았으며, 2012년부터 중국 경제의 초고속 성장이 주춤하면서 나타난 중국의 사회경제적 변화를 설명하는 용어로도 사용되고 있다.

한 구상은 여전히 다양한 형태의 북미갈등(비핵화, 대북제제)과 중미
갈등(무역, 군사)이 지속적으로 반복되고 있는 현실에서 무엇보다 한
반도 긴장완화와 영구평화체제의 구축이 선결되어야 가능할 것이다.
그러나 현재 남북한과 중국 모두 복합적 상호의존 속에서 경제적 이
해관계를 중심으로 협력을 모색해야 하는 현실적인 상황에 놓여있는
것도 사실이다. 이에 따라 한국과 중국은 이미 2015년 10월에 '유라시
아 이니셔티브'와 '일대일로' 사업의 협력을 위해 양해각서(MOU)를
체결했으며, 특히 최근 한국 정부의 '한반도 신경제지도 구상'과 '신북
방정책'이 적극 추진됨에 따라 한중 간 일대일로와 신북방·신남방정
책을 연계하기로 했고, 신북방정책과 일대일로의 접점이라 할 수 있는
중국 동북3성 지역과 관련된 거점별 협력 방안을 마련하기로 합의한
바 있다. 북한도 문재인 정부가 제기한 한반도 신경제 구상과 조율하
며, 기존의 남북경제협력의 경험을 근거로 새로운 경제발전 모델을 구
축하기 위해 고심하고 있다. 이에 따라 '한반도의 평화와 번영, 통일을
위한 판문점 선언' 1조 6항은 '남과 북은 민족경제의 균형적 발전과
공동번영을 이룩하기 위하여 10·4선언에서 합의된 사업들을 적극 추
진해 나간다'고 명시했다. 즉 '한반도 신경제구상'을 통해 북한이 시장
경제체제로 전환하고 남북 간 소득격차를 줄여 남북한 경제발전의 기
초 하에 체제 간 통일을 대비해나간다는 것이다. 또한 올해 6월 세 번
째 북·중 정상회담을 마친 후 시진핑 주석은 북한에 '세 가지 불변'을
약속했다. 즉 "북한과 중국의 협력은 국제와 지역 정세가 어떻게 변하
든 북·중 관계의 공고한 발전을 위한 낭과 정부의 노력, 조선 인민에
대한 중국 인민의 우호적 정의(情誼), 사회주의 조선에 대한 중국의 지
지는 변치 않는다"는 것이다(백원담, 2018: 60). 그리고 남한 역시 '한
반도 신경제구상'을 통해 수출의존형 경제구조, 특히 미국과 중국에
강박된 수출의존형 경제구조를 전환할 수 있는 계기를 맞아야 하는

만큼 중국 일대일로 구상의 한반도 연계에 주도적으로 대응할 필요가 있다. 지난 3차 방중에서 중국이 이미 신의주-평양-개성을 있는 철도 개·보수와 동북 3성(지린성吉林省 랴오닝성遼寧省 헤이룽장성黑龍江省)의 발전회랑(回廊)으로서 관계적 발전기획을 제기한 만큼 중국과 남북한은 경쟁보다는 협력과 조율 속에서 다자간 협력체제의 모델을 모색할 필요가 있는 것이다.

## 2) '한반도 신경제지도'와 새로운 동북아 경제공동체의 모색

앞에서 말했듯이 동북아 지역의 정치경제적 지형의 변화와 함께 2017년 문재인 정부가 '한반도 신경제지도'를 제시하면서, 이를 바탕으로 한반도를 비롯한 동북아 경제공동체의 연계 방안이 더욱 주목을 받고 있다. 특히 '한반도 신경제구상'은 향후 북한 및 중국, 러시아와의 인프라 협력의 기본 방향을 제시하고 있으며, 단순한 경제협력을 넘어 동북아시아 지역의 갈등과 긴장을 완화하여 동북아 평화공동체의 기반을 조성하려는 장기적 목표를 갖고 있는 것으로 평가된다. 무엇보다 "중국 동북지역의 경제회복, 북한의 경제난 극복, 한국의 안정적 경제성장 등 남·북·중 3국의 동반 성장 및 동북아 평화안보 유지를 위한 경제협력 사업이 필요한 시점"이기에 그 의미가 더욱 크다고 할 수 있다(서종원 외, 2017: 169-170). 그리고 이러한 경제협력 구상은 남북한과 중국, 러시아의 경제발전 구상과도 밀접하게 연결되어 있으며, 실제 지리적으로도 상당 부분 겹쳐있다.

'한반도 신경제지도' 구상은 남북 접경지역에 경제벨트를 구축하여 끊겼던 남북 철도를 연결함으로써 부산과 목포를 시작으로 북한의 평양과 중국의 북경을 지나 러시아와 유럽으로 확장시키려는 거대한 프

[그림 3] 한반도 신경제지도 3대 벨트 주요 프로젝트

자료: 백일(2018). 한반도 신경제지도 문제점과 신경제공동체 구축방안, 통일경제포럼
    (검색일: 2019.01.03.) http://okef.org/221431259137

로젝트로서, 동북아 협력을 넘어 유라시아 경제협력까지 실현하려는
목표를 갖고 있다. 그리고 이러한 한반도 신경제지도 구상은 4대 핵심
정책을 기반으로 구성된다. 즉 환동해, 환서해, 접경 지역 개발을 통한
한반도 균형발전과 북방 경제와의 연계 강화로 성장 잠재력 확충을
도모하기 위한 3대 경제 및 평화벨트 구상을 담고 있다. 또한 남북한
상품 및 생산요소의 자유로운 이동을 제약하는 요인들을 점진적으로
제거함으로써 시장 확대를 도모하고, 이를 통하여 남북한 주민 전체의
후생을 증진하면서 궁극적으로 하나의 시장을 형성하는 내용으로 구

성되어 있다. [그림 3]에서 볼 수 있듯이 구체적으로 3대 경제·평화 벨트 구상에는 ① 금강산, 원산(관광), 단천(자원), 청진, 나선 지역(산업단지, 물류인프라)의 남북 공동개발을 통한 동해안과 러시아를 연결하는 '동해권 에너지·자원 벨트 구축', ② 수도권(서울-인천-해주-개성), 개성공단, 평양·남포·신의주를 연결하는 서해안 경협 벨트 건설 및 경의선 개보수, 서울-베이징 고속교통망 건설 등 '서해권 산업·물류·교통 벨트 건설', ③ 설악산·금강산·원산·백두산의 관광 벨트 구축 및 DMZ 생태·평화안보 관광지구 개발 등이 주요 실천 과제들로서 포함되어 있다.[11] 이처럼 한반도 신경제지도 구상은 기본적으로 남북 간 협력이 핵심 축이지만 주변국과의 정책 공조가 매우 중요하다. 따라서 주변국의 국가발전 전략과의 긴밀한 연계체제를 구축하는 것이 핵심이라고 할 수 있다. 무엇보다 동북아의 경제공동체 건설과 공동번영을 위해서도 남한의 '한반도 신경제지도'와 중국의 '일대일로', 그리고 북한의 경제개방 구상의 전략적 연계가 절실하다.

이에 따라 중국 동북지역의 단둥(丹東)과 지안(集安), 투먼(圖們), 훈춘(琿春) 등 북중 주요 접경 도시가 주목을 받고 있다. 북중 접경 지역은 중국 정부의 국가발전 전략인 일대일로 사업의 전략적 요충지이며, 북한의 개혁개방 구상과도 직접적으로 연계되어 있기 때문이다. 먼저 압록강변에 위치한 북중 접경도시인 단둥은 이제까지 북중 무역의 거

---

11) 환동해 경제 벨트는 동해 연안을 중심으로 관광·교통·에너지·자원 벨트를 조성하자는 것이다. 금강산관광 재개와 설악산과 원산을 잇는 국제관광협력 사업, 나진-하산 복합물류 사업, 단천 자원개발 협력, 남·북·러 3각 에너지협력 사업 등이 포괄되어 있다. 환서해 경제벨트는 수도권, 개성공단, 해주, 남포, 신의주를 연결하는 서해안 산업·물류·교통 벨트를 만들자는 것이다. 여기에는 경의선 개·보수 사업, 신경의선 고속도로 건설, 서울~베이징 고속철도 건설 등 교통인프라 건설 사업이 해당된다. 마지막으로 한강 하구부터 DMZ를 가로지르는 경기 북부 접경 지역을 생태·환경·평화·관광 벨트로 만들자는 구상이다 (임을출, 2017).

점이자 '북중 경협사업'의 교두보 역할을 해왔다. 특히 북한과 중국은 지난 2011년 단둥과 맞닿아 있는 '황금평-위화도' 지역을 경제특구로 지정해 개발 사업을 진행하고 있다. 이 사업은 '황금평·위화도 경제특구(黃金坪威化島經濟區)' 계획으로 북한이 추진한 국가급 경제개발 프로젝트이다. 또한 일대일로 사업의 동북단 거점도시인 훈춘은 북한의 나선 경제특구와 접한 요충지이다. 이곳은 북중 무역 거점지인 동시에 중국에서 유일하게 동해와 연결되는 육해 복합 물류노선의 핵심 축으로 손꼽히며, 북중 민간 교류의 중심지로 자리매김 하고 있다. 무엇보다 향후 남북관계 개선으로 철도와 해상을 이용한 남-북-중 3개국 연계 복합운송 서비스가 활성화되면 화물 이동 거리가 대폭 단축되는 동시에 물류 경제성도 향상될 것으로 전망된다. 그리고 훈춘과 인접한 북중 접경도시인 투먼은 두만강을 사이에 두고 북한의 남양시와 마주한 중국 지린(吉林)성의 물류 중심지이다. 투먼 무역항의 연간 물동량은 500만톤으로 북중 접경지대 중 2대 육로 무역 창구이다. 또한 지안은 북한의 만포시와 마주하고 있는 북중 3대 무역창구로서 중국 기업들은 이곳을 통해 북한의 광물과 목재를 주로 수입하고 있다.

[그림 4] 북중 접경지역 4대 무역항

자료: 뉴스핌(2018). "북중국경이 소란하다는데... 왜? 한반도 해빙 최대 수혜 북중 접경 중국 도시들"(검색일:2018.12.21.) http://www.newspim.com/news/view/20180524000352

한편 최근 북한이 남북정상회담과 북미정상회담을 계기로 개혁·개방의 길로 나설 것으로 예상되면서 북한의 개혁·개방 거점이 될 특구도 주목을 받고 있다. 북한은 현재 라선(나진·선봉) 무역지대, 개성공업지구, 금강산관광특구, 신의주특별행정구, 황금평·위화도 경제지대 등이 대외 경제특구로 지정돼 있다. 북한은 이들 특구를 통해 원자재 개발과 무역, 금융, 관광 등의 인프라를 갖춰나간다는 복안이다. 여기에 원산과 백두산, 칠보산을 연계하는 관광특구 개발과 황해도 해주(강령) 경제특구 등을 모색 중이다. 그리고 해주와 남포, 개성, 원산 등은 문재인 대통령이 김정은 위원장에게 전달한 '한반도 신경제지도'에 나오는 '서해안 벨트'와 '동해권 벨트'에서 각각 산업 거점 지역이 될 도시들이다. 문재인 정부는 이들 특구를 'H'라인 형태의 철도와 도로로 연결하는 방안을 구상해 북한에 제안했다.

[그림 5] 북한의 5대 경제특구

자료: 머니투데이(2018). "신의주·해주를 선전·푸둥처럼…北특구 'H'라인으로 잇는다"
(검색일:2018.12.21.) http://news.mt.co.kr/mtview.php?no=2018050309241685203

한편 동북아시아 지역의 경제공동체 건설과 공동번영을 위해서는
한국의 '신북방 정책'과 러시아의 '신동방정책'간 전략적 접점을 찾는
것도 중요한 과제이다. 특히 지난 2018년 4월 29일 푸틴 대통령은 남
북정상회담의 성과가 남북러 3각협력 사업으로 이어져야 하는 필요성
을 제기하면서, 러시아의 철도, 가스, 전력 등이 한반도를 거쳐 시베리
아로 연결될 경우 한반도의 안정과 번영에 기여할 것이라는 점을 강
조한 바 있다. 또한 문재인 대통령은 같은 해 6월에 모스크바를 방문
해 푸틴 대통령과의 회담에서 이 3각 경제협력이 한반도 평화체제와

경제협력의 선순환 구조를 만드는 데 도움이 되며, 향후 동북아 다자 안보체제로까지 발전할 필요성이 있다는 데 공감대를 형성했다. 따라서 남북러 협력이 미국, 중국, 일본이 참여하는 다자협력을 활성화하는 계기가 된다면 한반도 및 동북아 지역에서 공동번영과 평화정착을 위한 소중한 단초가 될 것이다. 이를 위해서는 무엇보다 남북러 협력 사업의 현실화 방안을 구체적으로 모색할 필요가 있다.

이제까지 남북러 협력 논의는 대부분 대형 인프라 프로젝트(전력, 철도, 에너지망 연결) 중심이었다. 즉 한반도 철도와 시베리아 철도의 연결, 파이프라인을 통한 러시아 가스의 한반도 공급, 북한에 대한 러시아 전력의 공급 등이 남북러 협력의 상징적 프로젝트였다. 이러한 대형 인프라 프로젝트는 동북아 낙후 지역 개발의 필요성 및 경제적 타당성이 높고, 경제적 상호의존성의 증대를 통해 안보적 경직성을 완화할 수 있는 가능성을 지녔다는 측면에서 주목을 받았다. 하지만 이런 대형 인프라 프로젝트들이 제시된 지 30여 년이 지났음에도 별다른 진전이 없는 상황이다. 왜냐하면 이러한 대형 인프라 건설 사업은 정부 주도형 정책 결정 과정과 국제정세에 큰 영향을 받을 수밖에 없기 때문이다. 특히 한반도 평화 및 동북아 정세 변화에 핵심이라고 할 수 있는 북한 핵문제와 연결되어 있기에 변동이 클 수밖에 없다. 따라서 남북러 사업의 지속 가능성과 현실화 가능성을 높이려면 북한 개방과 지역 통합을 염두에 둔 3자 협력 프로그램을 개발함과 동시에 러시아 극동 지역 투자에 대한 대체 및 경쟁 성향이 높은 북한 경제특구와 러시아 극동·시베리아 지역과의 보완적 연계 프로그램을 개발할 필요가 있다. 또한 대형 인프라 프로젝트 위주가 아니라 러시아의 중소·중견 기업들과 남한 및 북한의 관련 기업들이 관심을 갖는 새로운 비즈니스 모델을 창출해야 한다. 특히 중국의 부상과 서방의 대러 제재 속에서 이루어지고 있는 북한의 비핵화 시도와 미국과 중국의 무

역 갈등의 고조는 러시아의 지도부에게 새로운 형태의 지정학적, 지경
학적 대응을 요구하고 있다. 이러한 상황에서 러시아가 펼치고 있는
대유라시아 파트너십, 유라시아경제연합(EAEU)의 확대, 신동방정책
으로 일컬어지는 극동개발계획 등은 유라시아 공간에서의 러시아의
영향력과 위상을 유지하기 위한 대전략의 하나로서 기능하고 있다(이
재영 편, 2018: 29-41). 따라서 동북아 지역의 새로운 경제협력 모델의
모색을 위해 남한의 '한반도 신경제지도'와 러시아의 '신동방 정책',
중국의 '일대일로', 그리고 북한의 경제개방 구상의 전략적 연계를 함
께 고민할 필요가 있다. 물론 이러한 구상이 현실화되기에는 아직 수
많은 난관을 거쳐야 하겠지만, '한반도 신경제' 구상을 동북아 지역의
경제공동체 형성을 넘어 '새로운 동북아 평화 공동체'의 가능성으로
서 보다 적극적으로 사고할 필요가 제기된다.


## 4. 결론


'시진핑 신시대'의 등장과 무역 분쟁으로 대표되는 미중 간 헤게모
니 경쟁은 한반도를 비롯한 동북아 지역의 평화체제 및 경제협력 모
델 구축의 험난한 과정을 압축적으로 드러내고 있다. 그러나 2018년
'판문점 선언' 이후, 세계사적인 전후체제의 마지막 유물인 한반도 분
단체제가 종전선언을 거쳐 평화체제로 돌입할 수 있는 가능성이 열렸
으며, 이에 따라 동북아시아의 지역질서 재편과 대대적인 정치경제적
변화가 전망된다. 따라서 시진핑 정부가 제기하는 '신시대'를 중국만
의 것으로 치부하거나 방관하는 것이 아니라, 미국과 중국의 패권 경
쟁을 넘어 신(新)동북아시대 지역 질서의 재편과 새로운 경제협력 모
델을 적극적으로 고민할 필요가 있다. 이러한 측면에서 본 논문에서는

신(新)동북아시대에 부합하는 새로운 경제협력 모델의 모색을 위해 남한의 '한반도 신경제지도'와 중국의 '일대일로', 그리고 북한의 경제개방 구상, 러시아의 '신동방정책'의 전략적 연계가 절실함을 강조했다. 물론 이러한 구상은 여전히 다양한 형태의 정치·군사적 갈등이 지속적으로 반복되고 있는 현실에서 무엇보다 한반도 긴장완화와 영구평화체제의 구축이 선결되어야 가능할 것이다. 그러나 현재 남북한과 중국, 러시아 모두 복합적 상호의존 속에서 경제적 이해관계를 중심으로 협력을 모색해야 하는 현실적인 상황에 놓여있는 것도 사실이다. 특히 '한반도 신경제구상'은 향후 북한 및 중국, 러시아와의 인프라 협력의 기본 방향을 제시하고 있으며, 단순한 경제협력을 넘어 동북아시아 지역의 갈등과 긴장을 완화하여 동북아 평화공동체의 기반을 조성하려는 장기적 목표를 갖고 있다.

　주지하듯이 판문점 선언 이후 새롭게 조명된 '남북연합론'의 핵심은 '한반도 신경제 구상'을 통해 북한이 시장경제 체제로 전환하고 상호 경제발전의 기초 하에 남북 간 경제격차 감소로 통일비용을 최소화하면서 체제 간 통일을 준비해가는 것으로 상정되었다. 나아가 남북한과 중국, 러시아 등을 연결하는 남북대륙철도 개통, 환동해권 경제협력벨트와 서해권 경제협력벨트 등 경제네트워크 확장과 이를 토대로 한 동북아 평화체제 구축을 지향하고 있다. 그러나 남한에서의 '냉전'의 시간은 곧 권력과 자본의 시간이었다. 이러한 측면에서 '한반도 신경제구상'은 그것이 국가 주도이든, 자본 주도이든 더 이상 바깥은 없는 자본주의 세계화 기획의 일부일 수도 있다. 더구나 이러한 정치경제적 동북아 지역통합론은 사실 미국의 동북아 전략과 크게 다르지 않고, 무엇보다 신자유주의적 자본주의 체제의 지리적 확장을 위한 수단으로 전락할 가능성이 크다는 비판도 제기될 수 있다. 실제로 변화하는 남북관계에서 북은 저임금과 지하자원의 보고라는 빈약한 상상력에 기초한 '프런티어 시장'으로서만 적극 조명되고 있다. 이는 사회주의 국가임을 표방하는 중국의 경우도 마찬가지이며, 최근 단둥, 투먼, 훈춘을 비롯한 북중 접경지대에서 나타나고 있는 부동산 열풍이 이를 극명하게 보여준다.

따라서 우리에게 보다 중요한 것은 남북의 마주침이 가져올 충돌과 갈등이 어떻게 잡거와 혼종을 넘어 융합과 공존으로 나아갈 수 있을 것인가 하는 문제일 것이다. 더욱이 '세계체제 분석' 이론의 취약점을 보완하기 위해 노동운동의 장기적 동학을 지역적-세계적 수준에서 분석한 실버(Beberly J. Silver)에 의하면 자본이 가는 곳에는 늘 갈등이 따라 간다(Silver, 2005). 이러한 측면에서도 새롭게 변화될 '한반도-동아시아-세계체제'의 공간에서 전개될 노동-자본 간의 모순과 갈등에 대한 분석 및 대응이 시급하게 요청된다. 또한 다가올 미래에는 국가를 단위로 한 동아시아 공간과 모델의 결합체(공동체)를 구성하는 것은 실현하기도 어렵고 바람직하지도 않다(이일영, 2018). 따라서 다양한 형태의 '네트워크 경제'를 확대하고, 이를 통해 '네트워크 국가'로 전환하는 체제혁신이 필요하다. 즉 4차 산업혁명 및 새로운 글로벌 분업 체제의 진전에 대응하는 보다 균형화된 발전 전략으로서 동북아시아 도시들의 공존과 지속을 가능케 하는 새로운 도시성(urbanity), 새로운 도시화의 모델을 수립하는 것이 중요하다는 것이다. 이를 위해서는 기존의 국가주의적·발전주의적 '특구' 조성을 넘어 시장논리, 영토논리로만 사고되던 자본주의 경제의 공간에 대해 새로운 지리경제학적 상상력을 발휘할 필요가 있다. 무엇보다 친환경, 생태, 평화, 교류, 공유, 공동체, 다양성, 공생 등 새로운 미래 가치를 담은 진보적 도시 실험과 대안체제의 구성이 중요할 것이다.

# 참고문헌

김창도, 「중국의 인더스트리 4.0과 스마트 팩토리 추진 전략」, 포스코경영연구원, 『이슈리포트』, 2017.

백낙청, 「어떤 남북연합을 만들 것인가」, 『창작과비평』 181호, 2018.

백서인, 김단비, 「중국의 디지털 전환 동향과 시사점」, 『동향과 이슈』, 2017.

백일, "한반도 신경제지도 문제점과 신경제공동체 구축방안", 통일경제포럼 발표문, 2018.

백원담, 「아시아가 만드는 세계: 38미터의 관계학에서 신시대 평화연대로」, 『황해문화』 통권 100호, 2018.

서종원 외, 『중국 동북지역과 연계한 남북중 신(新)인프라 전략연구』, KIEP 경제·인문사회연구회 중국종합연구 협동연구총서, 2017.

성균중국연구소, 『일대일로 다이제스트』, 다산출판사, 2016.

양문수, 「판문점 선언, 동해선·경의선, 그리고 남북 경협」, 『동향과 전망』 통권 103호, 2018.

윤여준 외, 『미국의 신정부 통상정책 방향 및 시사점: 미·중 관계를 중심으로』, KIEP, 2017.

이남주, 「분단 해소인가, 분단체제 극복인가」, 『창작과비평』 179호, 2018.

이수훈, 『동북아 공동의 미래를 생각한다』, 도서출판 선인, 2013.

이일영, 「동아시아 지역 구조와 한반도 경제협력: 한반도경제의 네트워크 분석」, 『동향과전망』 통권 104호, 2018.

이재영 편, 『한반도 평화번영과 남북러 3각협력』, 대외경제정책연구원, 2018.

이홍규, 「중국식 사회주의 3.0은 가능한가?: 시진핑 집권 2기의 중국의 발전모델 전망」, 『인차이나브리프』 Vol.351, 2017.

임을출, "한반도 신경제지도 구상이란?", 통일한국 2017년 9월호, 2017.

임호열, 양평섭 외, 「중국의 2016년 경제운용 방향 평가와 한국의 대응」, KIEP, 『오늘의 세계경제』 Vol.16, No.10, 2016.

장시복, "신자유주의가 걸어갈 미래의 모습 네 가지", 프레시안, http:// www. pressian.com/news/article.html?no=216193#09T0, (2018.11.23.)

정규식, 『노동으로 보는 중국』, 나름북스, 2019.

_____, 「신(新)동북아시대, 지역질서의 재편과 새로운 경제협력 모델 모색」, 『한 중관계연구』 제5권 1호, 2019.

홍석훈, 황태연, 「뉴노멀 시대의 새로운 미중관계: 상호경쟁과 협력의 전략적 조 화」, 『현대중국연구』 제20집 1호, 2018.

牛玲, 喬健. 中國工會在勞動力年齡, 性別, 貧困面臨的多重挑戰, 미간행논문, 2016.

人力資源和社會保障部. 2017年國民經濟和社會發展統計公報, 國家統計局網站. 2018 年 12月6日

汪暉. 當代中國歷史巨變─與全球危機中的臺灣問題-從結2014年論"太陽花陰運動"談 影起. 文化縱橫, 2015 第1期.

張冬梅. 2015-2016: 中國勞動關系的現狀與挑戰, 미간행논문, 2016.

中国商务部. 尖于中美经贸尖系的研究报告. (검색일: 2018.12.17.) http://www. mofcom.gov.cn/article/ae/ai/201705/20170502581448.shtml

蔡昉. 以論改革發展成果更多公平惠及全體人民. 求是, 2017년 12월 1일

喬健. 제 13차 5개년 계획 기간의 노동관계 현황 및 전망. 한국노동연구원, "변 화하는 중국의 고용관계" 포럼 발표문, 2016.

喬健, 劉曉倩. 새 시대를 향한 중국 노동관계: 2017년 중국 노동관계 현황 분석. 국제노동브리프, 2018년 2월호

餘珍豔. 權力轉移理論與中美關系. 國際關系研究, 2018年 02期, 2018.

Arrighi, G & Silver, B et. 체계론으로 보는 세계사. 서울: 모티브북, 2008.

Silver, Beverly J. 노동의 힘. 서울: 그린비, 2005.

뉴스핌. "북중국경이 소란하다는데... 왜? 한반도 해빙 최대 수혜 북중 접경 중국 도시들"(검색일: 2018.12.21.)

　http://www.newspim.com/news/view/ 20180524000352

머니투데이. "신의주·해주를 선전·푸동처럼…北특구 'H'라인으로 잇는다 "(검색 일: 2018.12.21.) http://news.mt.co.kr/mtview.php?no=20180503092 41685203

# 사할린주 – 대한민국 간 국제협력 발전

## Development of the Sakhalin Region and Republic of Korea International Cooperation

도경식*

현재 극동지역 발전의 우선과제는 곧 러시아 연방의 우선과제이다. 이와 관련 러시아 연방정부는 극동발전을 위한 매우 중요한 대책을 강구하고 있다. 극동지역 발전 전략과 정부 프로그램이 채택되고, 개발 방안 및 메커니즘이 마련되고, 개발기관이 설립되었다. 채택된 다양한 대책은 극동지역 개발을 가속화할 것이다. 2018년 9월 개최된 동방포럼에서 러시아 연방 푸틴 대통령은 극동지역의 대규모 경제사회 발전 계획을 다시 한 번 천명했다. 대통령은 이 자리에서 《극동지역 개발계획-2025》와 《극동지역 개발계획-2035》를 수립할 것을 지시했다. 《역동적으로 발전하고 있는 아태지역에 국제협력, 통합, 비즈니스 및 투자협력, 교육, 학술 협력 및 문화 센터 건립》 과제가 채택되었다. 이러한 과제는 무엇보다 아태지역 국가들과의 적극적인 협력 없이는 실행 불가능하다. 이에 사할린주와 한국 간의 협력은 매우 중요하다.

* 사할린국립대학교 교수

# 1. 사할린주의 신 경제정책

사할린주는 풍요로운 지역이다. 천연자원 잠재력 면에서 사할린주는 러시아에서 39 위이다. 자원 잠재력의 주 요소는 탄화수소, 수생-생물, 산림 및 레크리에이션 자원이다. 천연자원 매장량은 현재 및 미래의 역내 수요를 훨씬 초과하고, 러시아 극동지역뿐 아니라 아태지역 국가들을 위해서도 매우 중요한 의미를 갖는다.[1]

2019년 1월 1일 현재 사할린주 인구 수는 489,700명이다.[2] 2010년 인구센서스 자료에 따르면 사할린주 거주 주민 중 민족 분포는 러시아인이 86.5%로 주를 이루고, 상당 수의 한인(5.3%, 26,400명), 우크라이나(2.6%) 등으로 구성돼 있다[3]. 사할린주 경제의 주요 기반은 석유가스산업이다. 2001년 이후의 투자 증가 및 특히 현대적인 발전은《사할린 1》과《사할린 2》석유가스 프로젝트에 대한 대규모 투자 및 사할린주의 다른 석유가스 프로젝트 관련 지질탐사, 석유가스 관련 산업 발전에 기인한다. 사할린주의 잠재력에 대한 투자자들의 큰 관심은 풍부한 천연 자원, 특히 탄화수소에서 비롯된다.

사할린주 전체 매출에서 석유가스 산업이 차지하는 비중은 50%를 상회한다.

석유가스 산업에 대한 의존도가 매우 높은 상황에서 동 분야의 재정 기여도는 2015년도[4] 1690억 루블(재정의 84%)에서 2018년774억

1) 《사할린주 사회-경제 발전전략-2020》 / 사할린주정부
2) http://mineconom.admsakhalin.ru/?page=215
3) 사할린주 인구 / 출처: https://ru.wikipedia.org/wiki/%D0%9D%D0%B0%D1%81%D0%B5%D0%BB%D0%B5%D0%BD%D0%B8%D0%B5_%D0%A1%D0%B0%D1%85%D0%B0%D0%BB%D0%B8%D0%BD%D1%81%D0%BA%D0%BE%D0%B9_%D0%BE%D0%B1%D0%BB%D0%B0%D1%81%D1%82%D0%B8
4) 2017년 사할린주 재정의 석유가스 부문의 비중 54%로 하락 / 출처: https://www.

루블(65%)로 하락하고 있다.[5] 《사할린-II》 프로젝트에서 발생하는 법인세의 재분배로 인해서도 상황은 더욱 악화되고 있다: 세수의 75%는 연방재정으로 편입되고, 나머지 25%만이 주정부 재정에 편입된다. 이로 인해 사할린주 자체 소득이 감소하고 있다.

사할린주 석유가스부분의 재정 기여도가 하락함에 따라 2016년 신경제정책(NEP)이 발표되었다. 신경제정책의 핵심은 석유가스 외의 핵심산업 발전을 위한 자원 잠재력의 최대한 활용, 중소기업 지원 및 유리한 투자여건 조성 등에 있다.

농업, 수산업, 건축자재업, 인바운드 관광업을 핵심산업으로 발전시켜야 한다. 사할린주는 자체 농업 발전, 현지 생산 식료품의 내수 공급을 통한 대외 의존도 감축을 목표로 하고 있다. 조선, 선박 수리, 운송 인프라, 주택 건설업 등도 발전해야 한다.

신경제정책 실현을 위한 주요 도구로 《선도개발구역》 제도, 《블라디보스토크 자유항》 제도, 기업인 지원 대책이 추진되고, 《사할린주 개발 공사》, 《사할린 모기지 에이전시》, 《사할린 리징 플로트》 등 개발기관들이 중요한 역할을 담당한다. 2015년 사할린주 정부가 주에 의미가 있는 투자 프로젝트에 대해 재정지원을 위해 설립한 《사할린주 개발공사》는 매우 중요한 역할을 담당한다.

선도개발구역에서는 입주기업에 조세혜택이 제공되고, 행정절차에 소요되는 시간이 단축되는 특별 법 제도가 적용된다.[6] 2016년 사할린주에는 선도개발구역 《고르니 보즈두흐》,[7] 《유주나야》[8] 가 조성되고,

sakhalin.info/finance/123413

5) 사할린주 원유가스단지 / 출처: http://investinsakhalin.ru/ru/about/economy/neftegaz/

6) 《러시아연방 선도개발구역》에 관한 연방법(2015년7월 13일 개정법) / 출처: http://www.consultant.ru /document/cons_doc_LAW_172962/

7) 2016년3월 17일자 《선도개발구역 "고르니 보즈두흐" 조성에 관한 러시아 정부령 No. 200》/ 출처: https://rg.ru/2016/03/18/gornii-site-dok.html

2017년에는 《쿠릴》 선도개발구역이 조성되었다.[9] 이들 선도개발구역은 사할린주의 경제다각화 전략에 부합하는 관광, 농업, 축산업, 어업을 전문으로 한다.

선도개발구역 《고르니 보즈두흐》의 주요 목표는 세계 표준의 연중 관광 및 스포츠 센터를 건립하는 것이다. 선도개발구역 조성 관련 공중삭도 공사, 스키-바이에슬론 단지, 극동 최대의 수상 스포츠 단지 건설 등의 프로젝트가 실현되었다.[10] 계획 중인 프로젝트 중 가장 큰 것은 유즈노사할린스크 공항의 항공터미널 건설 공사이다. 선도개발구역 《유주나야》의 주요과제는 사할린주민들에게 육류, 유제품, 야채 공급 및 동 상품의 자급률 제고에 있다. 연중 야채재배를 위한 온실, 농산물 재배, 보관, 가공을 위한 첨단 단지, 첨단 기후 조절 시스템 및 냉장실을 갖춘 야채보관소가 건설되었다.[11] 2016년부터 양돈, 축산단지 건설 프로젝트가 실행되고 있다. 단독주택 및 낙농단지 건설을 포함한 농업 도시가 완공되었다.[12]

시코탄 섬에 선도개발구역이 조성되며, 이곳에서는 냉동 및 냉장 수산물과 통조림 공장 건설이 예정돼 있다. 차후 《쿠릴》 선도개발구역은 어업, 청정에너지, 유용광물 채굴, 에코 관광, 관광레크레이션 지대 건설 등의 투자 프로젝트가 실행될 것이다.[13]

---

8) 2016년3월 17일자 《선도개발구역 "유주나야" 조성에 관한 러시아 정부령 No. 201》/ 출처: https://rg.ru/ 2016/03/18/uzhnaya-site-dok.html

9) 《선도개발구역 《쿠릴》 조성》에 관한2017년 8월27일 자 러시아연방 정부령 No. 992/ 출처: http://static.government.ru/media/files/xNkRl6dakoAbvVQi9iBxjpxwGeKtAH0i.pdf

10) 사할린 소재 《고르니 보즈두흐》 선도개발구역의 2건의 대규모 시설물 공사 계획대로 추진 / 출처: https://www.skr.su/news/270377

11) 농업 / 출처: https://sakhalin.gov.ru/?id=166

12) 올레그 코제먀코, 선도개발구역 《유주나야》 조성 과정 점검 / 출처: https:// www. skr.su/news/266357

13) 드미트리 메드베제프, 선도개발구역 《쿠릴》 조성에 관한 정부령 서명 / 출처:

블라디보스토크 자유항은 관세, 조세, 투자 및 관련 규제 상 특별 제도를 갖춘 구역이다. 입주기업들은 조세특혜, 통관 및 비자 발급절차 간소화, 행정장벽 최소화 등 다양한 혜택을 받는다.[14] 블라디보스토크 자유항 연방법은 2015년 10월 발효되었다. 초기에는 블라디보스토크를 포함한 연해주 내 15개 지역만 해당 법의 적용을 받았다.[15] 이후 극동 타 지역도 적용되도록 범위가 넓혀졌다. 극동 주요 항구 전체, 《크네비치》 공항, 국제교통로《프리모리예-1》및《프리모리예-2》가 블라디보스토크 자유항 지구에 포함되었다. 2016년에는 하바롭스크 변경주 바닌스크 지역구, 사할린주 코르사코프 시 지구, 캄차카 변경주 페트로파블롭스크-캄차츠크 시, 추코트카 자치구 페벡, 연해주 라조프 지역구가 자유항 지구에 들어가게 되었다. 2017년 7월 1일 러시아 푸틴 대통령은 사할린주 우글레고르스크 구를 자유항 지구에 편입하는 대통령령을 발표했다. 2018년 7월에는 하바롭스크 변경주 소베츠코-가반스크 지역구도 포함되었다.

2018년 8월 1일부로 해당 법은 극동 5개 지역의 22개의 지역구에 적용된다. 그중 16개의 지역구가 연해주에 위치해 있고, 하바롭스크 변경주와 사할린에서는 각각 2개의 지역구가 포함되어 있다, 추코트카 자치구와 캄차카 변경주에서는 한 곳의 지역구가 해당 법의 적용을 받는다.[16][17]

코르사코프 시 지구에서는 다양한 투자 프로젝트 관련 블라디보스토크 자유항 입주기업의 기업활동 이행에 관한 많은 협약이 체결되었

https://sakhalin. info/news/ 137588/

14) 2015년7월 3일자《블라디보스토크 자유항에 관한 연방법》/ 출처: http://www. consultant.ru/document/cons_doc_LAW_182596/

15) https://minvr.ru/activity/svobodnyy-port-vladivostok/

16) http://tass.ru/novosti-partnerov/4408382

17) https://erdc.ru/about-spv/#anchor-statistics

다.[18] 안벽 건설, 여객터미널 신규 건설 및 물류-가공 센터 건설 프로젝트가 계획돼 있다. 우글레고르스크 구에서는 석탄 클러스터 건설 및 항만 재건축 프로젝트가 추진될 예정이다.[19]

## 2. 한-극동 간 경제 협력

2018년 한러 교역 규모는 2017년 대비 29% 증가하여 248억 달러를 기록했다[20]. 한국과 극동 지역의 대외무역 규모는 점차 늘어나는 추세이다. 한러 무역 규모 중에 극동 지역이 3분의 1 이상을 차지한다. 2017년 11개월 동안 교역 규모는 68억 달러에 달하며 이는 작년 동기 대비 33% 높은 수치이다. 극동 지역에서 한국으로 수출하는 교역량도 늘고 있다. 2016년 11개월 동안 45억 달러였던 교역량은 2017년 동기 59억 달러로 증가했다. 극동 지역 대외무역량 중 한국의 비중은 21.3%에 달한다.

극동 지역은 한국 시·도와 통상 협력하며 다양한 분야에서 공동 프로젝트를 진행 중이다. 한국과 경제 협력을 가장 적극적으로 하는 지역은 연해주, 하바롭스크 변경주, 사하 공화국(야쿠티야), 사할린주이다.

한국은 연해주의 주요 무역상대국이다. 한-연해주 대외무역 규모는 2018년 13억 5920만 달러에 달했고, 이는 북한을 제외하고 제일 큰 규모였다. 수출은 9억 5090만 달러였고 수입은 4억 820만 달러였다. 수

---

18) 블라디보스토크 자유항 - 코르사코: 누구나 입주할 수 있다! / 출처: http://sakhkorsakov.ru/p1295

19) 신 시대 도래: 우글레고르스크 구 블라디보스토크 자유항의 일부가 되다 / 출처: http://uglegorsk.news/nachalo-novoj-ehpohi-uglegorskij-rajon-stal-chastyu-svobodnogo-porta-vladivostok/

20) 2018년 한러 교역량 29% 증가 / 출처: https://tass.ru/ekonomika/6104653

출 주요 품목은 생선, 해산물, 고철이고, 수입 주요 품목은 기계, 장비 및 부품, 플라스틱 및 플라스틱 제품이다[21]. 연해주 기업 50곳 이상이 한국 기업과 협업 중이다. 한국 기업은 선도개발구역과 블라디보스토크 자유항 지구에 입주해 있다.

한국 관광객 또한 늘어나는 추세이다. 2016년에는 5만 명, 2017년에는 10만 명, 2018년에는 22만 명으로 증가했다[22].

한국은 하바롭스크 변경주가 중국 다음으로 가장 많이 교역하는 국가이다. 2018년 對 한 무역 규모는 4억 8980만 달러에 달했다. 변경주 전체 수출 규모에서 한국은 16.3%의 비중(4억 1960만 달러)을 차지했고, 수입 규모에서는 13.1%(7020만 달러)를 차지했다[23].

사하 공화국(야쿠티야)의 對 한 무역 규모는 2017년 1억 1820만 달러에 달했으며, 이중 수출은 1억 1680만 달러, 수입은 140만 달러였다.


## 3. 한-사할린주 간 주요 협력 방향

사할린주 신경제정책은 투자유치, 국제 및 지역 간 협력이 뒤따르지 않으면 이행 불가능하다. 다양한 분야에서 추진되고 있는 한국과 사할린주의 경제협력은 매우 중요하다.

첫째, 대외무역분야. 한국은 사할린주의 주요 무역 상대국 중 하나이다. 2018 년 한국은 사할린주 대외무역 비중에서 1위를 차지하며, 주의 전체 대외무역량 중 45.7%를 차지했다. 2018년 사할린주와 한국

---

21) 2018년 연해주 대외경제활동 일람

22) 2018년 연해주 방문 관광객 기록적인 수치 / 출처: https://www.primorsky.ru/news/156246/

23) 2018년 하바롭스크 변경주 대외경제활동자료 / 출처: http://www.khabexport.com/foreigneconomy_2018/

과의 교역량은 73억달러로, 전년동기대비 43.8% 증가했다. 한-사할린주 대외무역량 동향은 표 1에 나타나 있다.

〈표 1〉 한-사할린주 대외무역량 동향

| 지표 | 2013 | 2014 | 2015 | 2016 | 2017 | 2018 |
|---|---|---|---|---|---|---|
| 사할린주 전체 대외무역량 | 18,207.9 | 18,003.2 | 12,683.2 | 10,708.7 | 11,965.8 | 15,963.2 |
| 한-사할린주 대외무역량 | 6,528.9 | 7,278.6 | 4,632.0 | 3,825.7 | 5,072.1 | 7,296.3 |
| 한국 차지 비중 | 34.7 | 40.3 | 36.5 | 35.7 | 42.4 | 45.7 |
| 수출 | 6,471.0 | 7,159.9 | 4,555.3 | 3,523.4 | 4,603.5 | 7,258.6 |
| 수입 | 57.9 | 118.7 | 76.7 | 302.3 | 468.6 | 37.7 |
| 대외무역수지 | 6,167.6 | 7,041.2 | 4,478.6 | 3,221.1 | 4,133.8 | 7,220.9 |

수출 품목으로는 원유, LNG, 석탄 등 연료-에너지 자원, 식료품, 생선, 해산물 등 식료품 생산 원료 등이 주로 공급되고 있다. 대(對) 한 수출 총액에서 연료 및 에너지 자원이 차지하는 비중은 약 90%이다. 한국은 또한 사할린의 생선과 해산물의 주요 판로이다. 對 한 수입동향은 안정적이지 못하다. 이는 대륙붕 프로젝트 관련 설비와 자재 등의 반입에 좌우된다. 對 한 수입구조는 오랫동안 거의 변함이 없다. 여전히 기계, 장비 및 운송수단, 미네랄제품, 금속 및 금속제품, 화학제품 등이 주요 수입품이다.[24][25]

둘째, 투자협력. 사할린주 금융 외 분야에 대한 한국의 누적 투자액은 약 1억 5000만 달러이다. 2018년 1월 1일 현재 사할린주에는 한국의 대기업 지사 및 대표부 등 한국 자본이 참여한 66개 기업이 활동하

---

24) 한국 – 사할린주간경제, 통상, 투자 협력에 관한 정보/출처: http://mineconom. admsakhalin.ru/?page=685&div=

25) 대외무역활동 / 출처: https://sakhalin.gov.ru/?id=152

고 있다. 한국 기업들은 사할린 섬 대륙붕에서 석유가스 부문 국제협력 프로젝트에 적극 참여하고 있다. 《사할린-1》 프로젝트 실행 과정에서 한국의 《현대》와 《Pall Korea》사 등이 적극 참여했으며, 《DSME》 조선소에서는 해양플랫폼 《Berkut》의 해상 구조물을 건설했다. 현재 《Korean Union Trading Co.ltd》, 《Esso Petroleum Korea Ltd.》과의 협력이 진행 중에 있다. 《사할린-2》 프로젝트에서는 《Oceanus Co Ltd.》, 《Korea Heat Exchanger Ind Co., Ltd.》, 《Top Marine》, 《KRISS》, 《Dong Yang Rope MFG Co., Ltd》《Tong-il Boiler & Industries Co., Ltd》, 《Shell Korea Ltd.》 등 기업이 계약을 체결했다.

《삼성 물산: Samsung C&T Corporation》은 사할린 업계와 협력하여 우글레고르스크 항구를 재건축했다. 사할린에서는 한국 기업들의 참여 하에 개발프로젝트도 활발히 진행되고 있으며, 현대적인 주거 및 비즈니스 단지가 건설되었다. 2017년 5월 9일 《코스타 빅토리아》 유람선을 타고 많은 한국 관광객이 사할린을 방문했다. 한국 측과 크루즈 관광 부문의 협력을 지속할 계획이다. 한국과 사할린주 간 직항 개설 덕분에 양측 간 협력이 촉진되고 있다. Avrora 항공사는 대한항공 및 인천항공과 협력하여, 서울 - 유즈노사할린스크 간 화물 운송 노선을 운영하고 있다. 사할린 해운사와 한국 파트너사가 설립 한 《SASCO International Shipping Co., Ltd.》사는 《부산 - 코르사코프》, 《부산 - 나홋카》 간 컨테이너를 운송하고 있다.[26]

양측 간에는 경제협력 외에 인도분야 협력 또한 활발히 진행되고 있다.

보건분야에서는 사할린주와 한국의 《한양병원》, 대전시 보건복지부가 협력하고 있다.

---

26) 한 - 사할린주 통상경제 및 투자 협력 정보 / 출처: http://mineconom.admsakhalin.ru/?page=685&div=

사할린국립대학은 서울, 부산, 춘천 및 제주의 대학들과 적극 교류하고 있다. 동 협력 차원에서 대학생 교류, 교원 연수가 이루어지고 있으며, 학술회의, 경연대회 및 기타 행사가 개최되고 있다. 2016년 9월 28일 사할린주 교육부와 강원도 교육청 간 교육분야 협력 의정서가 체결되었다.

한국대표단은 사할린주에서 열리는 국제영화제《세상의 끝: Kray Sveta》에 적극 참여하고 있다. 일본의 식민지 지배로부터 한반도의 해방을 기념하기 위한 사할린 국제 한국 문화예술제 및 다양한 행사가 매년 열리고 있으며, 여기에는 한국의 배우 및 문학가들이 참여하고 있다. 2016년 6월 한국의 EBS 방송국의《세계 테마기행》촬영 팀이 사할린주를 방문하여 사할린의 자연 경관을 촬영했다. 2016년 7월에는 제주도 대표단이 마카로프 시 지구를 방문하여 한러 페스티벌에 참가했다.

스포츠 분야의 협력 또한 매우 활발하다. 2016년 사할린주와 한국의 킥복싱, 태국 복싱, 혼합 무술, 태권도 등 다양한 스포츠 단체와 다양한 협정이 체결되었다. 검도 부문에서도 정기적인 협력이 추진되고 있다. 검도 부문에서도 정기적인 협력이 추진되고 있다. 2014년 사할린주는 한국팀도 참가하고 있는 아시아 하키 연맹에 가입했다. 2016년 사할린주 대표팀이 한국 공수도 선수권대회에 참가했다.

2005년부터 사할린주와 한국의 로터리클럽 간 호혜적인 협력관계가 이어지고 있다. 유즈노사할린스크시, 코르사코프시, 홀름스크시는 한국의 원주시, 홍천시 등과 자매결연을 맺고 있다. 협력 차원에서 다양한 사회사업이 양 측에서 공동으로 개최되고 있다.

사할린주에는 사할린 거주 한인 단체가 설립돼 있다. 1993년부터 한국교육원이 운영되고 있으며, 사할린 주민들의 한국어 및 한국문화 등 교육 지원을 하고 있다. 2006년부터는 사할린 문화센터가 운영되어 한국 역사와 전통을 현지 주민들에게 소개하고 있다. 한국어 주간지 《새고려신문》이 매주 발행되고 있으며, 한국어 TV 프로그램인《우리 말 방송》 프로그램이 운영되고 있다. 2007년 4월에는 유즈노사할린스 크에 블라디보스토크 총영사관 출장소가 개설되었다.27)

## 4. 사할린주와 한국 간 경제협력 발전

이와 같이 한국과 사할린주 간에는 경제 및 인도분야 협력이 긴밀 하게 이루어지고 있다. 아울러 경제협력은 더욱 강화될 수도 있다고 본다.

한편 극동지역, 특히 사할린에는 한국기업들이 경제협력을 확대하 고, 투자활동을 강화하기에는 많은 어려움이 있다. 필수 기반설비, 교 통 및 사회 인프라가 결여돼 있으며, 투자자들은 어느 기관, 누구와 투 자 상담을 해야 하는지를 모르는 등 극동지역 투자 여건에 관한 정보 가 부족하고, 분명한 단일 창구가 없으며, 투자자들은 러시아 정부의 극동지역 외국인 투자정책을 잘 이해하지 못하고, 극동지역의 투자 이 미지가 크게 훼손돼 있다. 대부분 기업들은 극동지역을 투자 대상지역 으로 여기지 않고, 투자자들은 이 지역, 특히 원료 산업에만 관심을 두 고 있다.28) 2018년 11월부터 자바이칼 지방과 부랴트 공화국(자바이 칼 지방 인구: 1,072,806명, 부랴트 공화국 인구 984,500명)을 극동연방 지구에 편입했음에도 불구하고 약 800만명에 불과한 제한된 극동지역

27) 한-사할린주 통상경제 및 투자 협력 정보 / 출처: http://mineconom.admsakhalin. ru/?page=685&div=

28) http://docplayer.ru/31012279-Ob-itogah-deyatelnosti-ministerstva-rossiyskoy-federacii -po-razvitiyu-dalnego-vostoka-v-2013-godu-i-pervoy-polovine-2014-goda.html

소비시장 또한 한국과의 협력에 걸림돌이 되고 있다.

하지만 한국과 극동지역 간 대외경제협력을 촉진할 수 있는 요소 또한 다양하다.

첫째, 극동지역은 지리적 근접성, 직항노선, 상호보완적인 경제, 다수의 한인 교포사회 등 잘 알려진 장점도 있다. 특히 사할린주에는 많은 한인들이 거주하고 있다.

둘째, 양측 간 협력을 촉진하는 요소는 다음과 같다:

- 한러 양국 간 협력의 의미에 대한 양국 정상들의 입장이다. 러시아 푸틴 대통령이 2015년 발표한 러시아 발전의《동방 벡터》개념은 동북아 단일 경제공간 구축을 목표로 하는 문재인 대통령의 《신북방정책》및 한러 간 협력 발전을 위한《나인 브릿지》개념과 맥을 같이 한다.

- 2017년 9월 6일 문재인 대통령의 방러 기간 중 양국의 여러 부처들 간에는 협력 활성화를 위한 많은 문건이 서명되었다.

- 양국 간에는 또 정부간 경제, 과학기술 협력 공동위원회와 소위원회가 운영되고 있으며(2017년 3차 동방경제포럼 전에 16차 회의가 열렸다), 2017년 12월 한국 대통령 직속 북방경제협력위원회가 설립되고, 서울에는 극동투자 유치 및 지원청 사무소가 개설되었다.

- 2018년 11월《함께하는 한-러, 함께 여는 미래》라는 모토로 포항에서 한러 지방협력포럼이 개최되었다. 동 포럼에는 극동연방지구 9개 및 한국의 17개 지자체 관계자 약 150명이 참가했다. 지방정부 관계자, 전문가 및 기업인들은 양측 간 경제협력 발전 가능성에 대해 논의했다. 또한 경제통상, 과학, 교육, 인도적 교류, 문화교류 발전을 위한 협력에 관한 포항선언문이 채택되고, 선언문 실천을 위한 공동사무국이 개설되었다.

- 2019년 9월 블라디보스토크에서 개최된 제2차 한러 국제지역협

력포럼《새로운 가능성의 길》에는 한국의 7개 시·도와 러시아 연방 11개 연방주체가 참가했다.

사할린주와 한국은 액션플랜 서명, 사할린주와 제주 특별자치도 간 우호 및 경제협력 협정, 서울에서 개최된 사할린주 소개 행사, 상호 대표단 교환방문을 통한 다양한 분야의 경제사회 현황 및 협력 전망 파악 등 다양한 조치를 통해서 양측 간 관계 발전을 촉진하고 있다.

사할린주의 우선 협력 과제는 지역 개발 전략에 의해 결정된다. 사할린주에는《경제사회 발전전략 - 2025》가 시행되고 있다. 전략 이행의 일환으로 사할린주 개발을 위한 국가계획이 수립되었다. 현재는 새로운 개발 전략을 개발 중에 있다. 이는 2018년 5월 러시아 대통령령으로 열두 가지 국가 프로젝트를 달성하기 위해 수립한《러시아 국가 발전목표-2024》를 기초로 한 것이다.

한국과 사할린주 간에는 다음과 같은 다양한 협력확대 방안이 있다.

1. 신경제정책에 따른 우선분야의 프로젝트 실행
   축산, 양돈 단지 건설, 연어양식장 건설, 수중생물 재생산, 상업적 재배 및 가공 단지 건설 등을 위한 프로젝트 투자자들이 필요하다. 호혜적 경제협력을 위한 프로젝트 또한 다양하다.
2. 협력의 목표는 국내외 시장에서 사할린주 기업들의 경쟁력을 제고하는 데 있다. 신경제정책 차원의 프로젝트는 일자리 조성, 기본자금 조성, 프로젝트 참가자 수익 제공 등 사할린주의 경제사회발전에 중요한 의미를 갖는다. 이는 투자 프로젝트가 긍정적인 결과를 이끌어내는 첫《물결》일 뿐이다. 프로젝트 완수 후 사할린주 기업이 생산한 제품에 대한 수요를 보장하는 것 또한 못지않게 중요하다. 따라서 한국 등의 선진 경영 기법 연구 및 확

산과 선진기술 도입, 인력의 전문성 제고 등을 통해서 사할린주 기업들의 경쟁력을 제고하는 것이 매우 중요하다.

3. 한러간 협력에는 지역 간 상호관계가 특히 중요하다. 중앙 정부의 노력만으로는 양국 간 협력이 실현되지 않기 때문에 이를 새로운 궤도로 진입시켜야 하며, 광역 및 기초단체 간 협력에 관심을 기울여야 한다. 포항에서 열린 한러 지방협력포럼에서 문재인 대통령은 이 같이 말한 바 있다. 특히 중요한 것은 사할린주와 한국의 기초자치단체 간 협력을 발전시키는 것이다. 그러한 협력 틀 내에서 그리 크지는 않지만, 기초단체의 발전에 매우 중요한, 나아가 사할린주와 한국의 발전 전반에 매우 중요한 의미가 있는 프로젝트를 시행할 수 있다.

이러한 협력의 중요성은 다음에 근거한다. 영토개발에는 두 가지 상반된 접근 방식이 적용된다. 첫 번째는 대기업의 발전, 대규모 투자를 기반으로 한 대규모 프로젝트의 실현이다. 두 번째는 우선 사람들의 주거 환경과 삶의 질을 개선하면, 경제 발전이 뒤따를 것이라는 점이다. 또한 산업화는 대규모 프로젝트가 아닌 농업, 소규모 가공 산업 등 소규모로부터 시작해야 한다. 주민들과 경제단체들에게 관심을 촉구하고, 동기를 부여하는 것이 중요하다. 그리고 이러한 접근법을 시행함에 있어 한국과 사할린주 지자체들 간 협력은 이러한 방안을 실현하는 데 기여할 수 있고, 이러한 협력은 지역 발전에 추가적인 동력을 부여할 수 있다.

그러나 지자체들 간 협력은 아직 갈 길이 멀다. 공식적으로 양국 간 자매결연을 맺은 도시는 안산과 유즈노사할린스크가 유일하다. 물론 지자체들 간 자매결연은 단순한 문제가 아니기 때문에 양측 모두 목표 달성에 관심을 집중해야 한다.

## 5. 협력발전에 있어서 학자들의 역할

관례적으로 볼 때 당국이나 최고 지도자들의 노력만으로는 국제협력에서 원하는 성과를 얻지 못한다. 양국 학자들을 포함한 다른 이해관계자들의 노력도 필요하다. 시급한 것은 학술협력이다.

- 현안에 대한 공동 연구 및 학술적 근거에 입각한 해법제시, 연구 성과물의 공동 출판, 학술회의 개최, 관련 당국 및 업계 보고
- 학자, 기업인, 당국, 일반 대중 등 광범위한 이해 당사자가 참여하는 공동 비즈니스 포럼 개최
- 잠재적인 파트너에게 기업환경 및 협력방안에 대한 정보 제공을 위한 행사 개최
- 현대적 경영사례 연구 및 확산

사할린주와 한국 간의 협력은 대체로 꾸준한 긍정적인 추세를 보이고 있다. 동시에 다양한 분야로 협력을 확대 심화할 수 있는 잠재력이 매우 크다. 그러나 이러한 잠재력은 스스로 실현되지 않는다. 양측의 당국과 기업, 대중과 학자 등 모든 관계 당사자들의 미래지향적인 노력이 필요하다. 이와 관련 협력 발전에 대한 학자들의 각별한 역할이 요구된다.

# 참고 자료

사할린주 경제사회 발전전략 - 2020 / 사할린주 정부

인구 특성 / 출처: http://mineconom.admsakhalin.ru/?page=215

사할린주 인구 / 출처: https://ru.wikipedia.org/wiki/%D0%9D%D0%B0%D1%81
%D0%B5%D0%BB%D0%B5%D0%BD%D0%B8%D0%B5_%D0%A1
%D0%B0%D1%85%D0%B0%D0%BB%D0%B8%D0%BD%D1%81%D
0%BA%D0%BE%D0%B9_%D0%BE%D0%B1%D0%BB%D0%B0%D1
%81%D1%82%D0%B8

2017년 사할린주 재정의 석유가스 부문의 비중 54%로 하락 / 출처: https://www.
sakhalin.info/finance/123413

사할린주 원유가스단지 / 출처: http://investinsakhalin.ru/ru/about/economy/neftegaz/

2018년 사할린주 재정 수입 - 801억 루블(전년대비 268억 루블 감소) / 출처:
http://sovsakh.ru/dohodyi-byudzheta-sahalinskoy-oblasti-na-2018-sokrash
henyi-na-26-8-mlrd-rubley-do-80-1-mlrd/

《러시아연방 선도개발구역》에 관한 연방법(2015년7월 13일 개정법) / 출처: http://
www.consultant.ru/document/cons_doc_LAW_172962/

2016년3월 17일자 《선도개발구역 "고르니 보즈두흐" 조성에 관한 러시아 정부
령 No. 200》/ 출처: https://rg.ru/2016/03/18/gornii-site-dok.html

2016년3월 17일자 《선도개발구역 "유주나야" 조성에 관한 러시아 정부령 No.
201》/ 출처: https://rg.ru/2016/03/18/uzhnaya-site-dok.html

러시아정부, 사할린에 두 곳의 선도개발구역 조성 승인: 《고르니 보즈두흐》,《유
주나야》 / 출처: http://astv.ru/news/politics/2016-03-17-pravitelstvo-rossii-
utverdilo-sozdanie-dvuh-tor-na-sahaline-%E2%80%9Cgorniy-vozduh%E2
%80%9D-i-%E2%80%9Cuzhnaya

사할린 소재《고르니 보즈두흐》선도개발구역의 2건의 대규모 시설물 공사 계획
대로 추진 / 출처: https://www.skr.su/news/270377

농업 / 출처: https://sakhalin.gov.ru/?id=166

올레그 코제먀코,《유주나야》 선두개발구역 조성 과정 점검 / 출처: https://www
.skr.su/news/266357

2017년8월 23일자《선도개발구역 "쿠릴" 조성에 관한 러시아 정부령 №. 992》/
출처: http://static.government.ru/media/files/xNkRl6dakoAbvVQi9iBxjpx
wGeKtAH0i.pdf

드미트리 메드베제프, 선도개발구역《쿠릴》 조성에 관한 정부령 서명 / 출처:
https://sakhalin.info/news/137588/

2015년7월 13일자《블라디보스토크 자유항에 관한 연방법》 / 출처: http://www
.consultant.ru/document/cons_doc_LAW_182596/

2년 간의 블라디보스토크 자유항 제도 성과에 대한 전문가들의 논의 / 출처:
http://tass.ru/novosti-partnerov/4408382

블라디보스토크 자유항 정보 / 출처: https://erdc.ru/about-pv/#anchor-statistics

블라디보스토크 자유항 - 코르사코프: 누구나 입주할 수 있다! / 출처: http://sakh-
korsakov.ru/p1295

우글레고르스크 구 - 블라디보스토크 자유항 편입 / 출처: https://astv.ru/news/
politics/2017-02-02-uglegorskiy-rayon-voydet-v-sostav-svobodnogo-porta
-vladivostok

신 시대 도래: 우글레고르스크 구 블라디보스토크 자유항의 일부가 되다 / 출처:
http://uglegorsk.news/nachalo-novoj-ehpohi-uglegorskij-rajon-stal-chasty
u-svobodnogo-porta-vladivostok/

제2차 한러 국제지역협력포럼 개최 / 출처: https://roscongress.org/news/na-vef-
2019-proshel-vtoroj-rossijsko-korejskij-forum-mezhregionalnogo-sotrudni
chestva/

2018년 한러 교역량 29% 증가 / 출처: https://tass.ru/ekonomika/6104653

2018년 연해주 대외경제활동 일람 / 출처: https://yandex.ru/search/?clid=2186617
&text=%D0%9E%D0%B1%D0%B7%D0%BE%D1%80%20%20%D0%
B2%D0%BD%D0%B5%D1%88%D0%BD%D0%B5%D1%8D%D0%B
A%D0%BE%D0%BD%D0%BE%D0%BC%D0%B8%D1%87%D0%B5

%D1%81%D0%BA%D0%BE%D0%B9%20%D0%B4%D0%B5%D1%8
F%D1%82%D0%B5%D0%BB%D1%8C%D0%BD%D0%BE%D1%81%
D1%82%D0%B8%20%20%D0%9F%D1%80%D0%B8%D0%BC%D0%
BE%D1%80%D1%81%D0%BA%D0%BE%D0%B3%D0%BE%20%D0
%BA%D1%80%D0%B0%D1%8F%20%D0%B7%D0%B0%202018%20
%D0%B3%D0%BE%D0%B4&lr=80&redircnt=1559709436.1

2018년 연해주 방문 관광객 기록적인 수치 / 출처: https://www.primorsky.ru/news/156246/

2018년 하바롭스크 변경주 대외경제활동자료 / 출처: http://www.khabexport.com/foreign-economy_2018/

한-사할린주 통상경제 및 투자 협력 정보 / 출처: http://mineconom.admsakhalin.ru/?page=685&div=

대외무역활동 / 출처: https://sakhalin.gov.ru/?id=152

2013년-2014년 상반기 극동개발부 활동 결과 보고 / 출처: http://docplayer.ru/31012279-Ob-itogah-deyatelnosti-ministerstva-rossiyskoy-federacii-po-razvitiyu-dalnego-vostoka-v-2013-godu-i-pervoy-polovine-2014-goda.html

# Сахалинская область и Республика Корея:
## межрегиональное экономическое сотрудничество

То Кен Сик*

В современных условиях приоритеты развития Дальнего Востока - это, по сути, приоритеты России, поэтому Правительство Российской Федерации принимает самые серьезные меры по развитию Дальнего Востока. Утверждены Стратегия и Государственная программа развития Дальнего Востока. Разработаны механизмы и инструменты развития, сформированы институты развития. Предпринятые меры должны обеспечить ускоренное социально-экономическое развитие Дальнего Востока. На Восточном экономическом форуме в сентябре 2018 г. президент России Владимир Путин в очередной раз объявил о масштабных планах социально-экономического развития Дальнего Востока России. Было поручено

* Сахалинский государственный университет

разработать национальную программу развития Дальнего Востока на период до 2025 года и на перспективу до 2035 года. Поставлена задача «создания в динамично растущем Азиатско-Тихоокеанском регионе мощного центра международного сотрудничества и интеграции, деловой и инвестиционной активности, образования, науки и культуры». Решение поставленной задачи невозможно без активного международного сотрудничества Дальнего Востока, в первую очередь, с странами АТР. Важную роль играет международное сотрудничество Сахалинской области и Республики Корея.

## 1. Новая экономическая политика Сахалинской области

Сахалинская область - богатый регион. По природно-ресурсному потенциалу Сахалинская область занимает 39 место в России. Базовыми составляющими ресурсного потенциала являются углеводородные, водно-биологические, лесные и рекреационные ресурсы. Запасы природно-сырьевых ресурсов превышают как современные, так и перспективные внутрирегиональные потребности и имеют большое значение, как для Дальневосточного региона России, так и для соседних стран Азиатско- Тихоокеанского региона[1].

Численность населения Сахалинской области на 1 января

2019 года составляется 489,7 тыс. чел.[2] По данным Всероссийской переписи населения 2010 года, в национальном составе населения области преобладают русские (86,5%), значительную долю составляют корейцы (26,4 тыс. - 5,3%,) и украинцы (2,6%)[3]. В экономике региона доминирующее положение занимает нефтегазовый сектор. Рост инвестиций с 2001 года и, собственно, современное развитие, обусловлены крупными капитальными вложениями в нефтегазовые проекты 《Сахалин-1》 и 《Сахалин-2》, осуществлением геолого-разведочных работ на других нефтегазовых проектах Сахалина, а также развитием смежных с нефтегазовым комплексом отраслей экономики. Высокий интерес инвесторов к потенциалу области предопределяют богатые запасы природных ресурсов и, в первую очередь, углеводородов. На долю нефтегазового сектора приходится более 50% общего оборота организаций области.

В условиях такой сильной зависимости от нефтегазового сектора, объемы нефтегазовых доходов бюджета снижаются: с 169 млрд. руб. (84% бюджета) в 2015 году[4] до 77,4 млрд.

руб. (65%) в 2018 году.[5] Ситуация усугубляется также тем, что произошло перераспределение в пользу федерального бюджета налога на прибыль по проекту "Сахалин-2": 75% налоговых поступлений будет поступать в федеральный бюджет и только 25% - в бюджет Сахалинской области. Все это приводит к сокращению собственных доходов Сахалинской области.

В связи с тем, что снижается вклад от нефтегазового сектора в регионе в 2016 году объявлена новая экономическая политика (НЭП), смысл которой заключается в максимально эффективном использовании ресурсного потенциала области для развития приоритетных (помимо нефтегазового сектора) отраслей , в поддержке малого и среднего бизнеса, создании условий для инвесторов. Ключевыми сферами экономики должны стать сельское хозяйство, рыбопромышленный комплекс и промышленность строительных материалов, развитие въездного туризма. Сахалинская область ориентируется на создание собственного сельского хозяйства, обеспечение внутреннего рынка продукцией местного производства для снижения зависимости региона от внешних поставок продуктов питания. Также должны получить развитие судостроение и судоремонт, транспортная инфраструктура и жилищное строительство.

Главными инструментами реализации НЭП являются:

4) https://www.sakhalin.info/finance/123413

5) http://investinsakhalin.ru/ru/about/economy/neftegaz/

территории опережающего развития; механизм Свободного порта Владивосток; система мер поддержки предпринимателей . Ключевую роль должны сыграть институты развития: 《Корпорация развития Сахалинской области》, 《Сахалинское ипотсчное агентство》, 《Сахалин лизинг флот》. Важная роль принадлежит 《Корпорации развития Сахалинской области》, которая создана Правительством Сахалинской области в 2015 году для финансовой поддержки значимых для региона инвестиционных проектов.

На территориях опережающего развития (ТОР) дей ствует особый правовой режим осуществления деятельности, в котором резиденты платят меньше налогов, меньше тратят времени на административные процедуры.[6] По состоянию на 01 июля 2019 года на Дальнем Востоке создано 19 ТОР. В 2016 году в Сахалинской области созданы ТОР 《Горный воздух》[7] и "Южная"[8], в 2017 - ТОР 《Курилы》.[9] Их специализация соответствует стратегическим

---

6) Федеральный закон 《О территориях опережающего социально-эко номического развития в Россий ской Федерации (с изменениями на 13 июля 2015 года) / Источник: http://www.consultant.ru/document /cons_doc_LAW_172962//

7) Постановление Правительства Россий ской Федерации от 17 март а 2016 г. No. 200 "О создании территории опережающего социально-экономического развития "Горный воздух"" / Источник: https:// rg.ru/2016/03/18/gornii-site-dok.html

8) Постановление Правительства Россий ской Федерации от 17 март а 2016 г. No. 201 "О создании территории опережающего социально-экономического развития "Южная"" / Источник: https://rg.ru/2016/03 /18/uzhnaya-site-dok.html

направлениям региона, связанным с необходимостью диверсификации экономики: туризм, сельское хозяйство, животноводство, рыбная отрасль.

Основная цель ТОР 《Горный воздух》 - это создание всесезонного центра спорта и туризма на уровне мировых стандартов. В рамках ТОР реализованы такие проекты, как строительство подвесных канатных дорог, лыжно-биатлонного комплекса, водноспортивного комплекса, крупней шего на Дальнем Востоке.[10] Самый масштабный из реализуемых проектов - строительство аэровокзального комплекса в аэропорту Южно-Сахалинска. Главная задача ТОР 《Южная》 - обеспечение жителей мясной, молочной, овощной продукцией и повышение уровня самообеспеченности региона по этим видам продукции. Построены тепличный комплекс для круглогодичного выращивания овощей, современный комплекс по выращиванию, хранению и переработке сельскохозяй ственной продукции и овощехранилище с современными системами климат-контроля и холодильными камерами.[11] С 2016 года реализуются проекты по расширению свиноводческого и

---

9) Постановление Правительства Россий ской Федерации от 23 авгу ста 2017 г. No. 992 "О создании территории опережающего социаль но-экономического развития "Курилы" / Источник: http://static.government.ru/media/files/xNkRl6dakoAbvVQi9iBxjpxwGeKtAH0i.pdf

10) Строительство двух крупных объектов ТОР 《Горный воздух》 на Сахалине идет по плану / Источник: https://www.skr.su/news/270377

11) Сельское хозяй ство / Источник: https://sakhalin.gov.ru/?id=166

строительству животноводческого комплексов. Построен агрогородок, который включает индивидуальные дома и молочно-товарную ферму.[12] Площадка ТОР располагается на острове Шикотан, на котором планируется построить комплекс по выпуску высококачественной мороженной и охлажденной рыбопродукции и консервов. В последующем ТОР 《Курилы》 станет уникальной площадкой для реализации инвестиционных проектов в рыбной отрасли, области чистой энергетики, добычи полезных ископаемых, экологического туризма и созданию туристско-рекреационных зон[13].

*Свободный порт Владивосток* — территория с особыми режимами таможенного, налогового, инвестиционного и смежного регулирования. Резиденты получают ряд преференций : налоговые льготы, упрощение таможенных и визовых процедур, максимальное снижение административных барьеров.[14] Федеральный закон о Свободном порте Владивосток вступил в силу в октябре 2015 года. Сначала особый режим распространялся на 15 муниципалитетов Приморского края, включая г. Владивосток.[15] В

---

12) Олег Кожемяко проверил ход строительства на ТОР 《Южная》 / Источник: https://www.skr.su/news/266357

13) Дмитрий Медведев подписал постановление о создании ТОР "Курилы" / Источник: https://sakhalin.info/news/137588/

14) Федеральный закон "О свободном порте Владивосток" от 13.07.2015 / Источник: http://www.consultant.ru/document/cons_doc_LAW_182596/

15) https://minvr.ru/activity/svobodnyy-port-vladivostok/

дальней шем, режим Свободного порта Владивосток был расширен и распространен на другие регионы Дальнего Востока. К территории Свободного порта Владивосток относятся все ключевые порты юга Дальнего Востока, аэропорт «Кневичи», международные транспортные коридоры «Приморье-1» и «Приморье-2». В 2016 году режим порто-франко был распространен на ключевые гавани Дальнего Востока в Хабаровском крае (Ванинский муниципальный рай он), Сахалинской области (Корсаковский городской округ), Камчатском крае (Петропавловск-Камчатский ), Чукотском автономном округе (Певек), Приморском крае (Лазовский муниципальный рай он). 1 июля 2017 года Президент России Владимир Путин подписал указ о включении в зону дей ствия Свободного порта территории Углегорского рай она Сахалинской области. В июле 2018 года режим Свободного порта Владивосток распространен на Советско-Гаванский муниципальный рай он в Хабаровском каре. Таким образом, на 1 августа 2018 года особый режим распространяется на 22 муниципальных образования в пяти регионах Дальнего Востока, 16 из которых - на территории Приморского края, по два - в Хабаровском крае и на Сахалине, одному на Чукотке, Камчатке.[16)17)]

В Корсаковском городском округе по ряду инвестиционных

---

16) http://tass.ru/novosti-partnerov/4408382

17) https://erdc.ru/about-spv/#anchor-statistics

проектов заключены соглашения об осуществлении деятельности в качестве резидента свободного порта Владивосток.[18] Запланированы проекты строительства в порту причальной стенки и нового морского вокзала, создания рыбного логистическо-перерабатывающего центра.[19] В Углегорском районе будут реализованы проекты в угольной отрасли по созданию угольного кластера, а также реконструкции порта.[20]

## 2. Экономическое сотрудничество Дальнего Востока и Республики Корея.

В 2018 году объём взаимной торговли России и Республики Корея увеличился на 29% по сравнению с 2017 годом, составив 24,8 млрд. долларов США[21]. Позитивная динамика товарооборота отмечена и между Дальним Востоком и Республикой Корея. На регионы Дальнего

18) Свободный порт Владивосток - Корсаков: Резидентом может с тать каждый ! / Источник: http://sakh-korsakov.ru/p1295

19) Углегорский рай он вой дет в состав свободного порта Владивост ок / Источник: https://astv.ru/news/politics/2017-02-02-uglegorskiy-rayon-voydet -v-sostav-svobodnogo-porta-vladivostok

20) Начало новой эпохи: Углегорский рай он стал частью свободного порта Владивосток / Источник: http://uglegorsk.news/nachalo-novoj-ehpohi -uglegorskij-rajon-stal-chastyu-svobodnogo-porta-vladivostok/

21) Товарооборот России и Южной Кореи в 2018 году вырос на 29% / Источник: https://tass.ru/ekonomika/6104653

Востока приходится более трети всего россий ско-южнокорей ского товарооборота. За 11 месяцев 2017 года он составил 6,8 млрд. долларов, что на 33% выше аналогичного показателя 2016 года. Растёт экспорт товаров из регионов Дальнего Востока в Республику Корея: 5,9 млрд. долларов за 11 месяцев 2017 года против 4,5 млрд. долларов за аналогичный период 2016 года. Доля товарооборота с Республикой Корея составляет 21,3% в общем объеме товарооборота Дальнего Востока с зарубежными странами.

Регионы Дальнего Востока поддерживают прямые связи с провинциями и городами Республики Корея, осуществляют торговое сотрудничество, реализуют совместные проекты в различных сферах деятельности. Наибольшую активность в экономическом сотрудничестве с Республикой Корея проявляют Приморский и Хабаровский края, Республика Саха (Якутия) и Сахалинская область.

Республика Корея является одним из ключевых торговых партнеров Приморского края. Торговый оборот Приморского края с Республикой Корея в 2018 году составил 1359,2 млн.долл. США (второе место после КНР), при этом экспорт составил 950,9 млн. долл. США, импорт - 408,2 млн. долл. США. Главные статьи экспорта: рыба и морепродукты, отходы и лом черных металлов. Основные статьи импорта: машины, оборудование и их части, пластмассы и изделия из пластмасс[22]). В Приморье работают более 50 предприятий с южнокорейским капиталом. Южнокорейские компании являются резидентами территорий опережающего социально-экономического развития и Свободного порта Владивосток. Происходит рост туристического потока в регион из Кореи: 2016 год - 50 тыс. чел., 2017 год - 100,3 тыс., 2018 год - свыше 220 тыс.[23]. В торговом сотрудничестве Хабаровского края Республика Корея занимает второе место после Китая. Товарооборот Хабаровского края с Республикой Корея в 2018 году составил 489,8 млн. долл. Доля Республики Корея в объеме краевого экспорта в 2018 году составила 16,3 % (419,6 млн. долл. США), а в объеме импорта - 13,1 % (70,2 млн. долл. США)[24]. Товарооборот Республики Саха (Якутия) с Республикой Корея в 2017 году составил 118,2 млн. долл. США, в том числе экспорт 116,8 млн. долл. США, импорт - 1,4 млн. долл. США.

22) Обзор внешнеэкономической деятельности Приморского края за 2018 год

23) Рекордное число иностранных туристов посетили Приморье в 2018 году / Источник:

24) Данные по внешнеэкономической деятельности края в 2018 году / Источник: http://www.khabexport.com/foreign-economy_2018/

## 3. Основные направления международного сотрудничества Сахалинской области и Республики Корея.

Реализация новой экономической политики в Сахалинской области невозможна без привлечения инвестиций, международного и межрегионального сотрудничества. Важное значение имеет экономическое сотрудничество Сахалинской области с Республикой Корея, которое осуществляется по нескольким направлениям.

Первое - внешняя торговля. Республика Корея является одним из основных торговых партнеров Сахалинской области. По итогам 2018 года Республика Корея заняла первое место во внешней торговле Сахалинской области (45,7% внешнеторгового оборота). В 2018 году внешнеторговый оборот Сахалинской области с Республикой Корея составил 7,3 млрд. долларов США и увеличился по сравнению с аналогичным показателем 2017 года на 43,8%. Динамика внешней торговли Сахалинской области с Республикой Корея представлена в табл.1.

## Динамика внешней торговли Сахалинской области с Республикой Корея

Таблица 1

| Показатели | 2013 г. | 2014 г. | 2015 г. | 2016 г. | 2017 г. | 2018 г. |
|---|---|---|---|---|---|---|
| Внешнеторговый оборот Сахалинской области – всего | 18207,9 | 18003,2 | 12683,2 | 10708,7 | 11965,8 | 15963,2 |
| Внешнеторговый оборот области с Республикой Корея | 6528,9 | 7278,6 | 4632,0 | 3825,7 | 5072,1 | 7296,3 |
| Удельный вес во внешнеторговом обороте области, % | 34,7 | 40,3 | 36,5 | 35,7 | 42,4 | 45,7 |
| Экспорт товаров | 6471,0 | 7159,9 | 4555,3 | 3523,4 | 4603,5 | 7258,6 |
| Импорт товаров | 57,9 | 118,7 | 76,7 | 302,3 | 468,6 | 37,7 |
| Сальдо внешней торговли | 6167,6 | 7041,2 | 4478,6 | 3221,1 | 4133,8 | 7220,9 |

Товарная структура экспорта имеет сырьевую направленность и представлена, прежде всего, топливно-энергетическими ресурсами (нефть, сжиженный природный газ, уголь), продовольственными товарами и сырьем для их производства (рыба, рыбо- и морепродукты). Доля продукции топливно- энергетического комплекса в общем объеме экспортных поставок в Республику Корея составляет около 90%. Корейский рынок является также важнейшим рынком сбыта для сахалинской рыбы, рыбо- и морепродуктов. Динамика импортных поступлений из Республики Корея имеет нестабильный характер и зависит от объемов ввоза на территорию области оборудования и материалов, задей ствованных на реализации шельфовых проектов. Структура импортных поступлений из Республики Корея на протяжении ряда лет практически не меняется. Основными товарными группами традиционно остаются машины, оборудование и транспортные средства, минеральные продукты, металлы и изделия из них, продукция химической промышленности[25)26)].

Второе направление - это инвестиционное сотрудничество. В нефинансовом секторе экономики Сахалинской области накоплено порядка 150 млн. долларов США корей ских инвестиций . По состоянию на 1 января 2018 года в области успешно работает 66 предприятий с корей скими инвестициями. Корей ские компании активно участвуют в международных нефтегазовых проектах на шельфе Сахалина. В рамках реализации проекта «Сахалин-1» большой объем работ выполняли компании «Hyundai», «Pall Korea» и другие. На верфях компании «Daewoo Shipbuilding and Marine Engineering» возведены верхние строения морской платформы «Беркут». В настоящее время ведется сотрудничество с компаниями «Korean Union Trading Co.ltd», «Esso Petroleum Korea Ltd.». В рамках проекта «Сахалин-2» получили контракты компании «Oceanus Co Ltd.», «Korea Heat Exchanger Ind Co., Ltd.», «Топ Марин Корея

---

25) Информация о торгово-экономическом и инвестиционном сотруд ничестве Сахалинской области с Республикой Корея / Источни к: http://mineconom.admsakhalin.ru/?page=685&div=

26) Внешнеэкономическая деятельность / Источник: https://sakhalin.gov. ru/?id=152

Рисерч Институт ОТ Стэндартс энд Сай енсКрисс》, 《Донг Янг РоупЭмЭфДжи Ко Лтд》, 《Tong-IL.Boiler & Industies Co., Ltd》, 《Shell Korea Ltd.》.

Компания 《Samsung C&T Corporation》 совместно с сахалинским бизнесом осуществляла реконструкцию Углегорского порта. С участием корей ского бизнеса на Сахалине также активно реализуются девелоперские проекты, построены современные жилые и деловые комплексы. В мае 2017 года Сахалинскую область посетила значительная группа корей ских туристов на круизном лай нере 《Коста Виктория》. Планируется продолжать сотрудничество в сфере круизного туризма. Активному развитию сотрудничества способствует наличие прямого транспортного авиасообщения. Авиакомпания 《Аврора》 сотрудничает с авиакомпаниями 《Korean Air》 и 《Air Incheon》, которые осуществляют грузовые рей сы по маршруту Сеул - Южно- Сахалинск - Сеул. 《SASCO International Shipping Co., Ltd,》 - компания, созданная ОАО 《Сахалинское морское пароходство》 и корей скими партнерами - осуществляет контей нерные перевозки по маршруту Пусан - Корсаков и Пусан - Находка.27)

Помимо экономического, развивается и гуманитарное сотрудничество. В сфере здравоохранения Сахалинская область в рамках заключенных соглашений взаимодей ствует

---

27) Информация о торгово-экономическом и инвестиционном сотруд ничестве Сахалинской области с Республикой Корея / Источни к: http://mineconom.admsakhalin.ru/?page=685&div=

с клиникой «Ханьянг», министерством здравоохранения и социального обеспечения г. Тэджон.

Сахалинский государственный университет активно взаимодействует с вузами гг. Сеула, Пусана, Чунчона, провинции Чеджу. Осуществляются обмены студентами, стажировки преподавателей, организуется проведение научных конференций, конкурсов и других мероприятий. 28 сентября 2016 года подписан Протокол о намерениях сотрудничества в сфере образования между Министерством образования Сахалинской области и Департаментом образования провинции Канвондо.

Представители Республики Корея принимают активное участие в международном кинофестивале «Край света», который проводится в Сахалинской области. Ежегодно проводятся Сахалинский международный фестиваль корейской культуры и искусства, различные мероприятия, посвященные празднованию освобождения Корейского полуострова от японского колониального господства, в которых также выступают артисты, музыканты, литераторы из Республики Корея. В июне 2016 года состоялся визит в Сахалинскую область съемочной группы телекомпании «EBS» канала «Культура» рубрики «Путешествие по миру» Республики Корея с целью создания видеосюжета о природных достопримечательностях Сахалинской области. В июле 2016 года состоялся визит в Макаровский городской округ делегации г. Чеджу Республики Корея с целью участия в россий ско-корей ском фестивале.

Активно развивается сотрудничество в сфере спорта. Заключён ряд соглашений между спортивными организациями Сахалинской области и Республики Корея по таким видам спорта, как кикбоксинг, тай ский бокс, смешанные боевые единоборства, тхэквондо. На регулярной основе осуществляется взаимодей ствие по кендо. В 2014 году Сахалинская область вошла в Азиатскую хоккей ную лигу, в которой участвуют и команды из Республики Корея. В 2016 году сборная Сахалинской области приняла участие в открытом международном чемпионате Республики Корея по каратэ-до.

Плодотворные отношения существуют между Ротари клубами Сахалинской области и Республики Корея, которые начались в 2005 году. Клубы городов Южно-Сахалинск, Корсаков, Холмск имеют клубы-побратимы в Республике Корея: городах Вонджу, ХонгЧен. В рамках сотрудничества реализуются совместные социальные проекты на территории Сахалина и Республики Корея.

В Сахалинской области созданы общественные организации сахалинских корей цев. С 1993 года работает Центр просвещения и культуры Республики Корея на Сахалине, который осуществляет поддержку в развитии образования и обучения жителей Сахалинской области корей скому языку и культуре Кореи. С 2006 года осуществляет деятельность Сахалинский корей ский культурный центр, который знакомит жителей области с историей и традициями Республики Корея. Уже на протяжении 70 лет в Сахалинской области еженедельно издается общественно-политическая газета на корей ском языке «Сэкорё Синмун». 15 лет выходит телевизионная программа на корей ском языке «Урималь Бансон». В апреле 2007 года на территории Сахалинской области открылась Южно-Сахалинская Канцелярия Генерального Консульства Республики Корея в г. Владивостоке.[28]

## 4. Развитие экономического сотрудничества между Сахалинской областью и Республикой Корея.

Таким образом, между Сахалинской областью и Республикой Корея существует тесное экономическое и гуманитарное сотрудничество. Вместе с тем, масштабы экономического сотрудничества могли бы быть намного значительнее.

С одной стороны, существуют определенные трудности в расширении экономического сотрудничества и повышения инвестиционной активности корей ского бизнеса на Дальнем

---

[28] Информация о торгово-экономическом и инвестиционном сотруд ничестве Сахалинской области с Республикой Корея / Источни к: http://mineconom.admsakhalin.ru/?page=685&div=

Востоке в целом, и в Сахалинской области, в частности: отсутствие необходимых объектов инженерной , транспортной , социальной инфраструктуры; дефицит информации об условиях инвестирования на россий ском Дальнем Востоке; инвесторы не знает к кому идти, к кому обращаться, нет единого, понятного и известного окна. Инвесторы не понимают политики России по работе с иностранными инвестициями на Дальнем Востоке; существенно подорван инвестиционный имидж Дальнего Востока.[29] Не способствует развитию сотрудничества и то обстоятельство, что Дальний Восток имеет ограниченный потребительский рынок — около 8 млн. человек. Это с учетом того, что с ноября 2018 года он расширился за счет вхождения в Дальневосточный федеральный округ Забай кальского края и Республики Бурятия. А это еще 2 057 306 человек (1 072 806 - Забай кальский край , 984 500 - Республика Бурятия).

Но с другой стороны, есть ряд факторов, которые должны способствовать развитию внешнеэкономической деятельности между Дальним Востоком и Республикой Корея.

Во-первых, регионы Дальнего Востока в той или иной степени обладают известными преимуществами: территориальная близость, прямое транспортное сообщение, взаимодополняемость

---

29) http://docplayer.ru/31012279-Ob-itogah-deyatelnosti-ministerstva-rossiyskoy-feder-acii-po-razvitiyu-dalnego-vostoka-v-2013-godu-i-pervoy-polovine-2014-goda.html

экономик, наличие многочисленной корейской диаспоры. Последнее касается, в первую очередь, Сахалинской области.

Во-вторых, развитию двустороннего сотрудничества способствуют:

- Позиции президентов России и Республики Кореи по значению сотрудничества между странами. Концепция «Восточного вектора» развития России, заявленная президентом В. Путиным в 2015 году сочетается с «Новой северной политикой» президента Республики Корея Мун Чжэ Ина, а также концепцией «девяти мостов» российско-корейского сотрудничества;
- Документы о сотрудничества между различными министерствами двух стран, подписанные в рамках визита Президента Республики Кореи в Россию (6 сентября 2017 года);
- Созданные комиссии и комитеты, такие, как Российско-Корейская совместная комиссия по экономическому и научно-техническому сотрудничеству (16-е заседание состоялось накануне 3-го ВЭФ в 2017 г.), Президентский Комитет Республики Корея по северному экономическому сотрудничеству (декабрь 2017 г.), офис Агентства Дальнего Востока по привлечению инвестиций и поддержки экспорта в Сеуле и др.;
- Состоявшийся в г. Пхохане в ноябре 2018 года российско-

корейский форум межрегионального сотрудничества «Россия и Корея вместе открывают будущее». В данном форуме приняли участие представители 9 субъектов Дальневосточного федерального округа и 17 регионов Республики Корея, всего около 150 человек. Представители региональных правительств, эксперты и бизнесмены обсуждали возможности развития двустороннего экономического сотрудничества. Принята Пхоханская декларация о сотрудничестве в торгово- экономической области, в сфере науки и образования, развития гуманитарных связей и культурных обменов, учрежден совместный секретариат для реализации целей декларации;

- Проведенный в г. Владивостоке в сентябре 2019 года Второй Российско-Корейский форум межрегионального сотрудничества «Путь новых возможностей», в котором приняли участие представители 7 провинций и городов Республики Корея и 11 субъектов Российской Федерации.


Развитию отношений между Сахалинской областью и Республикой Корея способствуют также подписание Плана совместных действий по развитию сотрудничества; соглашение между Правительством Сахалинской области и Особой муниципальной провинцией Чеджу Республики Корея о дружбе и экономическом сотрудничестве; презентация Сахалинской области в г. Сеуле; взаимные визиты делегаций Сахалинской области и Республики Корея с целью знакомства с социально-экономическим положением, перспективами возможного сотрудничества в различных сферах.

Для Сахалинской области приоритетные направления сотрудничества определяются стратегическими документами развития региона. В Сахалинской области действует Стратегия социально-экономического развития на период до 2025 года. В рамках реализации Стратегии приняты государственные программы Сахалинской области. В настоящее время разрабатывается новая стратегия развития региона. Это обусловлено тем, что в майском 2018 года Указе президента Российской Федерации поставлены национальные цели развития России на период до 2024 года, для достижения которых разработано 12 национальных программ.

Можно выделить ряд направлений расширения сотрудничества между Сахалинской областью и Республикой Корея.

1. Реализация проектов в приоритетных отраслях в соответствии с новой экономической политикой. Требуются инвесторы для таких проектов, как создание животноводческих и свиноводческих комплексов; строительство лососевых заводов; строительство комплекса по воспроизводству, товарному выращиванию

и переработке гидробионтов; строительство завода по ремонту маломерных судов и рыбообрабатывающего оборудования, обогатительной фабрики; разработка нового угольного месторождения; ведение сельского хозяйства с применением органических технологий. Существуют и другие проекты, которые могут стать предметом взаимовыгодного экономического сотрудничества.

2. Важный аспект сотрудничества связан с необходимостью повышения конкурентоспособности бизнеса Сахалинской области, как на внутреннем, так и международном рынках. Реализация проектов в рамках новой экономической политики имеет важное значение для социально-экономического развития региона: это дополнительные рабочие места, создание основных фондов, получение доходов участниками проектов и др. Это - первая «волна» положительных результатов инвестиционных проектов. Но не менее важный вопрос заключается в том, что будет после их завершения, состоится ли вторая «волна». Продукция предприятий региона должна быть востребована на потенциальных рынках сбыта: внутрирегиональных, российских, международных. Поэтому важно совместными усилиями повысить конкурентоспособность бизнеса Сахалинской области посредством изучения и распространения передовых практик ведения бизнеса, в

том числе, Республики Корея, внедрения прогрессивных технологий , повышения профессионализма кадров.

3. Надо отметить, что сегодня в сотрудничестве России и Республики Корея особое значение приобретают связи на уровне регионов. Сотрудничество наших стран не реализуется только усилиями центральных правительств, его необходимо перевести в новое русло и уделить внимание именно сотрудничеству региональных и муниципальных администраций . Об этом говорил на Россий ско-Корей ском форуме в Пхохане президент Республики Корея Мун Чжэ Ин. Исключительно важным является развитие сотрудничества между муниципальными образованиями Сахалинской области и Республики Корея. В рамках межтерриториального сотрудничества возможна реализация не столь крупных и масштабных проектов, но важных для развития муниципальных образований , а значит, и Сахалинской области, и Республики Корея в целом.

Значение развития такого сотрудничества обусловливается следующим. Существуют два противоположных подхода к развитию территорий : первый - это развитие крупного бизнеса, реализация крупных проектов на основе масштабных инвестиций ; второй - заключается в том, что в первую очередь надо развивать среду обитания и жизнь людей , а развитие экономики приложится. При этом индустриализация должна начинаться с малых, а не с масштабных проектов, с развития сельского хозяйства, малых перерабатывающих производств. Важно пробудить интересы и энергию насления и предпринимательского сообщества. И в реализации этого подхода свою роль может сыграть сотрудничество между муниципальными образованиями Сахалинской области и Республики Корея, которое может дать дополнительный импульс для развития регионов.

Надо отметить, что в настоящее время такое межмуниципальное сотрудничество развивается недостаточно. Официальные побратимские отношения установлены только между городами Ансан и Южно-Сахалинск. Конечно, развитие побратимских связей вопрос не простой, и требует напряженных, целенаправленных усилий с обеих сторон.

## 5. Роль ученых в развитии сотрудничества.

Как показывает практика, усилия только органов власти, даже руководителей самого высокого уровня не приводят к желаемым результатам в развитии международного сотрудничества. Необходимы напряженные усилия и других заинтересованных сторон, в том числе, ученых наших стран. Актуальным является научное сотрудничества.

Перспективными направлениями такого сотрудничества явдяются:

- совместные научные исследования проблемных вопросов и выработка научно-обоснованных рекомендаций по их решению. Результаты таких исследований должны най ти отражение в совместных научных публикациях, освещаться на научных конференциях и доводиться до соответствующих органов власти и бизнеса;
- проведение совместных бизнес-форумов с участием широкого круга заинтересованных сторон: ученых, предпринимателей , органов власти, общественности;
- проведение мероприятий , направленных на информирование потенциальных партнеров об условиях ведения бизнеса, направлениях сотрудничества;
- проведение полевых исследований учеными Дальнего Востока в Республике Корея и, соответственно, корей скими учеными на Дальнем Востоке;
- исследование передовых практик ведения бизнеса и их распространение.

В целом, сотрудничество Сахалинской области и Республики Корея демонстрирует устой чивую положительную динамику. И при этом существует огромный потенциал для дальней шего расширения и углубления сотрудничества по самым различным направлениям. Но этот потенциал не реализуется сам по себе. Требуются целенаправленные усилия органов власти, бизнеса, общественности, как Сахалинской области, так и Республики Корея. Особая роль в развития сотрудничества принадлежит ученым.

# Список использованных источников

Стратегия социально-экономического развития Сахалинской области на период до 2020 года / Администрация Сахалинской области

Характеристика населения / Источник: http://mineconom.admsakhalin.ru/?page=215

Население Сахалинской области / Источник: https://ru.wikipe dia.org/wiki/%D0%9D%D0%B0%D1%81%D0%B5%D0%BB%D0%B5 %D0%BD%D0%B8%D0%B5_%D0%A1%D0%B0%D1%85%D0%B0 %D0%BB%D0%B8%D0%BD%D1%81%D0%BA%D0%BE%D0%B9_ %D0%BE%D0%B1%D0%BB%D0%B0%D1%81%D1%82%D0%B8

Нефтегазовая часть сахалинского бюджета снизится до 54% в 2017 году / Источник: https://www.sakhalin.info/finance/123413

Нефтегазовый комплекс Сахалинской области / Источник: http://investinsakhalin.ru/ru/about/economy/neftegaz/

Доходы бюджета Сахалинской области на 2018 сокращены на 26,8 млрд. рублей до 80,1 млрд. / Источник: http:// sovsakh.ru/dohodyi-byudzheta-sahalinskoy-oblasti-na-2018-sokrashhen yi-na-26-8-mlrd-rubley-do-80-1-mlrd/

Федеральный закон «О территориях опережающего социальн о-экономического развития в Россий ской Федерации (с изменениями на 13 июля 2015 года) / Источник: http://www.consultant.ru/document/cons_doc_LAW_172962/

Постановление Правительства Россий ской Федерации от 17 м

арта 2016 г. No. 200 "О создании территории опережающего социально-экономического развития "Горный воздух"" / Источник: https://rg.ru/2016/03/18/gornii-site-dok.html

Постановление Правительства Россий ской Федерации от 17 марта 2016 г. No. 201 "О создании территории опережающ его социально-экономического развития "Южная"" / Ист очник: https://rg.ru/2016/03/18/uzhnaya-site-dok.html

Правительство России утвердило создание двух ТОР на Саха лине: "Горный воздух" и "Южная" / Источник: http://astv.ru/news/politics/2016-03-17-pravitelstvo-rossii-utverdilo-sozdanie-dvuh-tor-na-sahaline-%E2%80%9Cgorniy-vozduh%E2%80%9D-i-%E2%80%9Cuzhnaya

Строительство двух крупных объектов ТОР 《Горный возду х》 на Сахалине идет по плану / Источник: https://www.skr.su/news/270377

Сельское хозяй ство / Источник: https://sakhalin.gov.ru/?id=166

Олег Кожемяко проверил ход строительства на ТОР 《Южная》 / Источник: https://www.skr.su/news/266357

Постановление Правительства Россий ской Федерации от 23 августа 2017 г. No. 992 "О создании территории опережаю щего социально-экономического развития "Курилы" / И сточник: http://static.government.ru/media/files/xNkRl6dakoAbvVQi9iBxjpxwGeKtAH0i.pdf

Дмитрий Медведев подписал постановление о создании ТО Р "Курилы" / Источник: https://sakhalin.info/news/137588/

Федеральный закон "О свободном порте Владивосток" от 13.07.2015 / Источник: http://www.consultant.ru/document/cons_

doc_LAW_182596/

Эксперты обсудили результаты двухлетней работы Свобод ного порта Владивосток / Источник: http://tass.ru/novosti -partnerov/4408382

О СПВ / Источник: https://erdc.ru/about-spv/#anchor-statistics

Свободный порт Владивосток - Корсаков: Резидентом может стать каждый ! / Источник: http://sakh-korsakov.ru/p1295

Углегорский рай он вой дет в состав свободного порта Влад ивосток / Источник: https://astv.ru/news/politics/2017-02-02-uglegorskiy-rayon-voydet-v-sostav-svobodnogo-porta-vladivostok

Начало новой эпохи: Углегорский рай он стал частью свобод ного порта Владивосток / Источник: http://uglegorsk. news/nachalo-novoj-ehpohi-uglegorskij-rajon-stal-chastyu-svobodnogo-porta-vladivostok/

На ВЭФ-2019 прошел Второй россий ско-корей ский форум ме жрегионального сотрудничества / Источник: https:// roscongress.org/news/na-vef-2019-proshel-vtoroj-rossijsko-korejskij-for um-mezhregionalnogo-sotrudnichestva/

Товарооборот России и Южной Кореи в 2018 году вырос на 29% / Источник: https://tass.ru/ekonomika/6104653

Обзор внешнеэкономической деятельности Приморского края за 2018 год / Источник: https://yandex.ru/search/?clid=218 6617&text=%D0%9E%D0%B1%D0%B7%D0%BE%D1%80%20%20 %D0%B2%D0%BD%D0%B5%D1%88%D0%BD%D0%B5%D1%8D %D0%BA%D0%BE%D0%BD%D0%BE%D0%BC%D0%B8%D1%87 %D0%B5%D1%81%D0%BA%D0%BE%D0%B9%20%D0%B4%D0 %B5%D1%8F%D1%82%D0%B5%D0%BB%D1%8C%D0%BD%D0

%BE%D1%81%D1%82%D0%B8%20%20%D0%9F%D1%80%D0%B
8%D0%BC%D0%BE%D1%80%D1%81%D0%BA%D0%BE%D0%B
3%D0%BE%20%D0%BA%D1%80%D0%B0%D1%8F%20%D0%B7
%D0%B0%202018%20%D0%B3%D0%BE%D0%B4&lr=80&redircnt
=1559709436.1

Рекордное число иностранных туристов посетили Приморье в 2018 году / Источник: https://www.primorsky.ru/news/156246/

Данные по внешнеэкономической деятельности края в 2018 году / Источник: http://www.khabexport.com/foreign-economy_2018/

Информация о торгово-экономическом и инвестиционном сотру дничестве Сахалинской области с Республикой Корея / Источник: http://mineconom.admsakhalin.ru/?page=685&div=

Внешнеэкономическая деятельность / Источник: https://sakhalin. gov.ru/?id=152

Об итогах деятельности Министерства Россий ской Федерац ии по развитию Дальнего Востока в 2013 году и перво й половине 2014 года / Источник: http://docplayer.ru/31012279-Ob-itogah-deyatelnosti-ministerstva-rossiyskoy-federacii-po-razvitiyu-d alnego-vostoka-v-2013-godu-i-pervoy-polovine-2014-goda.html

# 한국과 사할린 간 농업 협력 방향

## Areas of Cooperation of Sakhalin Region and Republic of Korea in the Agriculture Sphere

빅토리아 루브니나(Viktoria Lubnina)*

사할린주의 국제관계 및 대외무역에 아태지역은 중요한 역할을 맡고 있다. 타국과 비즈니스 관계를 발전시키는 동시에, 사할린주는 원료 공급처 뿐만 아니라 국제 시장에서 동등한 파트너로 자처하고 있다. 이러한 포지셔닝은 학술 및 기술 분야 발전 가능성, 자연자원, 고급 인력, 규모가 큰 자체 시장에 따른 것이다. 사할린주가 아태지역, 특히 한국과 교류하게 된 것은 지리적 인접성과 오랜 기간 경제 분야에서 협력한 경험 덕분이다.

1999년부터 한-사할린주 경제협력은 대외무역, 기술 협력, 대규모 프로젝트 한국 자본 유치, 국제협력 및 경제통합 프로젝트 고안 등으로 분야를 확장해 나갔다(1999년 4월 경상북도 사절단과 사할린주 대표단 회담이 있었다)[1]. 2000년부터 한국과 사할린주는 사할린주와 한국을 오가며 자주 회담을 가지거나 협력 전담 실무팀을 만드는 등 활발하게 국제협력을 지속하고 있다.

오늘날 한-사할린주 국제협력 주요 방향은 경제통상 분야의 협력이다. 이 외에도 교육, 보건, 관광, 스포츠, 문화 분야에서 협력하고 있

---

* 사할린국립대학교 대학원생

<표 1> 한-사할린주 대외무역 동향

(단위: 백만달러)

| 지표 | 2014 | 2015 | 2016 | 2017 | 2018 |
|---|---|---|---|---|---|
| 사할린주의 대외무역 총량 | 18,207.9 | 18,003.2 | 12,683.2 | 10,708.7 | 11,965.8 |
| 對 한 대외무역량 | 6,528.9 | 7,278.6 | 4,632.0 | 3,825.7 | 5,072.1 |
| 사할린주 대외무역량 비중(%) | 34.7 | 40.3 | 36.5 | 35.7 | 42.4 |
| 상품 수출액 | 6,471.0 | 7,159.9 | 4,555.3 | 3,523.4 | 4,603.5 |
| 상품 수입액 | 57.9 | 118.7 | 76.7 | 302.3 | 468.6 |
| 대외무역수지 | 6,167.6 | 7,041.2 | 4,478.6 | 3,221.1 | 4,133.8 |

다[2]. 한국은 사할린주의 주요 경제통상 파트너국이다〈표 1〉.

2018년 한국은 사할린주와의 대외무역에서 73억 달러를 기록하여, 사할린주의 대외무역 파트너들 중 1위를 차지했다. 2018년 한국과 사할린주 간의 대외무역량은 73억달러로 전년 동기대비 43.8% 증가했다. 이는 수출 가격 상승에 따른 것이다. 사할린주와 한국 간 대외무역 중 수출과 수입 비중은 각각 99.5%와 0.5%였다(2017년에는 그 비중이 각각 90.8%, 9.2%였다).

수출품은 주로 원료 중심의 원유, LNG, 석탄 등 연료-에너지 자원과 식량자원, 어류 및 수산자원 등이 주를 이룬다.

한국에서 들어오는 수입 규모는 일정하지 않다. 수입 규모는 대륙붕 프로젝트에 쓰이는 기기나 자재 규모에 달려 있다. 2018년 수입 규모는 3779만 달러로 사할린 주 전체 수입의 5.5%에 달했다. 2017년 동기 대비 4억 3100만 달러(12.5배) 감소한 수치다. 이는 유라시아 경제연합 대외경제활동 상품분류코드 84번《기계, 설비, 기구 및 부속 부품》분야 수입이 감소한 결과이다.

주요 수입품은 철제품이 37.9%, 양화장치가 3.7%, 석유 및 석유제품이 3.5%를 차지한다[1].

러시아통계청 자료에 따르면 2018년 1월 1일 현재 사할린주에 등록된 한국 자본 참여 기업의 수는 5개 지사, 대표부 등을 포함하여 총 66개이다. 또한 한국에서 투자한 약 20개 기업이 금융 및 경제 활동 (Financial and economic activities)을 수행하고 있다[1].

연방통계청이 2014년 이후의 국가별 외국인 투자액에 관한 기록을 보관하고 있지 않기 때문에 한국의 對 사할린 투자 규모에 관한 자료는 없지만, 2014년까지 한국은 주로 건설, 교통, 도매업, 지질탐사 등에 투자했다.

한러 양국 간 농업 부문 투자 협력은 이제 시작 단계에 있다. 아울러 한국의 농업은 첨단 기술 산업이다. 한국은 비교적 단기간에 혁신적인 접근방법에 근거한 효율적인 농업발전 모델을 구축했다[3]. 현재 사할린주가 안고 있는 농업 문제를 고려할 때, 한국과의 농업 협력을 확대하는 것은 매우 시급하다[4].

사할린주의 영토면적은 총 87,100평방 킬로미터이다. 사할린주는 러시아 내에서 유일하게 87개 섬으로 이루어진 주이다. 사할린주는 사할린 섬 북부, 서해안, 서사할린 산맥, 동해안, 동사할린 산맥, 사할린 섬 팀포로나이스카야 저지대, 사할린 섬 남부, 북쿠릴 열도, 중쿠릴 열도, 남쿠릴 열도 등 8개의 기후대가 통과한다. 그 중 절반만이 영농에 유리하다[5]. 사할린주의 모든 영토는 극북지대에 속한다. 그럼에도 불구하고 사할린주에서는 농업이 활발하게 발전하고 있는데, 이는 정부의 다양한 농업 지원 대책 덕분이다.

사할린주 농업은 농업 기업(영리단체: 주식회사, 유한책임회사, 농기업 등), 국영기업, 농업협동조합 및 개인사업자, 개인농업(텃밭 운용), 협동 원예, 협동 채소재배 등의 형태로 이루어지고 있다. 대형 농공기업은 사할린 섬, 쿠릴 열도에 있으며 대부분은 텃밭을 가꾸거나 협동 원예 혹은 채소재배를 한다[6].

러시아 주요 농업 지역과 멀리 떨어져 있는 특성상 농업 생산은 사할린에서 식료품을 얻는 주된 방법이다. 사할린주 농업은 감자, 노지 및 하우스 야채 재배, 육류, 우유, 계란, 건식 및 습식사료 등의 생산을 전문으로 한다[7].

2014-2018년 사할린주 농업 생산 지표는 〈표 2〉에 소개돼 있다.

〈표 2〉 2014-2018년 사할린주 농업생산 지표 [8]

| 지표 | 연도 | | | | |
|---|---|---|---|---|---|
| | 2014 | 2015 | 2016 | 2017 | 2018 |
| 농산물 생산지수 (비교가격, %) | 104 | 100.6 | 97.1 | 111.0 | 100.3 |
| 농업 총생산 (시가, 백만 루블) | 8,430.2 | 8,921.3 | 11,122.4 | 12,666.0 | 11,900.6 |
| 지역 총생산 (현재 기준가, 백만 루블) | 799,165.4 | 837,495.2 | 748,695.8 | 771,224.2 | - |
| 지역 총생산 중 농업 총생산 비중(%) | 1.07 | 1.29 | 1.39 | 1.36 | - |

농업 총생산 비중은 지역 총생산에서 평균 1.28%을 차지하는 부차적 산업이다. 2015년부터 농업 총생산은 성장세가 둔화하여 2014-2015년에 26.78%의 성장률을 보인 데 반해, 5년간의 성장률은 30.36%에 불과하다. 실제 생산량 증가(감소)로 생산 과정에서 발생한 가격 변동을 반영한 농산물 생산지수를 보면 2015년과 2018년에 전체적으로 성장세가 낮음을 알 수 있다.

사할린주의 주요 농산품 〈표 3〉과 주요 축산품 〈표 4〉 지표는 다음 표에서 확인할 수 있다.

<표 3> 2014-2018년 농산품 생산량 (단위: 천 톤) [8]

| 지표 | 연도 | | | | |
|---|---|---|---|---|---|
| | 2014 | 2015 | 2016 | 2017 | 2018 |
| 감자 | 67.4 | 62.8 | 72.5 | 71.9 | 66.6 |
| 채소 | 36.8 | 31.6 | 36.8 | 39.4 | 38.4 |

농업 생산량 감소를 상기 표에서도 확인할 수 있다. 2018년 농경지 면적이 감소하여 농기업과 개인농업에서 감자 생산량이 줄어들었다. 채소는 2018년까지 증가세를 보인다. 선도개발구역《유주나야》에 입주한 농기업이 투자 프로젝트를 진행하며 채소 생산량을 늘렸기 때문이다. 반면에 농업협동조합과 개인농업에서는 농경지 면적이 감소하여 생산량이 줄어들었다.

<표 4> 2014-2018년 축산품 생산량(단위: 천 톤, 백만 개) [8]

| 지표 | 연도 | | | | |
|---|---|---|---|---|---|
| | 2014 | 2015 | 2016 | 2017 | 2018 |
| 육류 (도살 시 체중 기준) | 2.9 | 3.1 | 4.0 | 5.6 | 8.0 |
| 우유 | 27.7 | 27.8 | 28.5 | 30.8 | 34.1 |
| 달걀 | 114.7 | 125.4 | 132.0 | 130.7 | 151.9 |

2018년 육류 생산량은 2016년 동기 대비 2배 증가했다. 우유 생산량도 2018년 생산량이 2016년 대비 23.1% 늘어나 꾸준한 증가세를 보였고, 달걀 생산량도 같은 기간 32.4% 증가했다. 이는 농업 생산자를 지원하는 국가 정책이 성공을 거두었고, 선도개발구역《유주나야》의 투자 프로젝트가 실현되었기 때문이다.

<표 5>에서는 2014-2018년 경작물 수확량이 1ha당 100kg 단위로 나타나 있고, <표 6>에서는 같은 기간 가축 및 가금류 생산성 지표가 표

시되어 있다.

〈표 5〉 2014-2018년 경작물 수확량 (1ha당 100kg) [8]

| 경작물 | 연도 | | | | |
|---|---|---|---|---|---|
| | 2014 | 2015 | 2016 | 2017 | 2018 |
| 감자 | 153 | 154 | 175 | 177 | 180 |
| 노지 재배 채소 | 213 | 200 | 232 | 242 | 252 |
| 사료용 채소 | 200 | 145 | 111 | 216 | 127 |

〈표 6〉 2014-2018년 가축 및 가금류 생산성 지표 [8]

| 지표 | 연도 | | | | |
|---|---|---|---|---|---|
| | 2014 | 2015 | 2016 | 2017 | 2018 |
| 소 한 마리당 산유량(kg) | 4,847 | 5,035 | 5,165 | 5,564 | 6,047 |
| 산란계의 연간 평균 산란량(개) | 327 | 327 | 321 | 318 | 285 |

해당 기간 동안 소 한 마리당 산유량은 2014년 대비 2018년 24.76% 증가한 반면, 연간 평균 산란량은 같은 기간 12.84% 감소했다.

생산품은 전부 사할린주 내에서 소비된다. 그러나 [그림 1]에서 볼 수 있듯이 자체 생산량으로는 지역민 수요(의료 기준에 의거[9])를 온전히 맞출 수 없다.

현재 한국은 이미 농업기술을 자체 개발하여 수출하고 있다. 사할린주의 농업 발전을 위한 혁신적인 모델 구축은 식량안보와 자급보장을 위한 중요한 요소이다[4].

사할린 주 선도개발구역은《유주나야》,《고르니 보즈두흐》,《쿠릴》등 세 곳이다. 선도개발구역은 관광, 스포츠, 농업, 어공단지 등 전략적으로 지역경제를 발전시키는 데 그 목적이 있다.

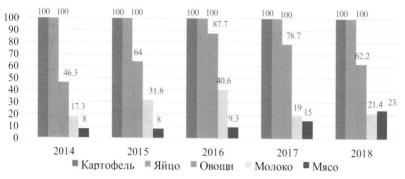

[그림 1] 사할린주 의료 기준에 따른 지역민 수요 충족도(%)

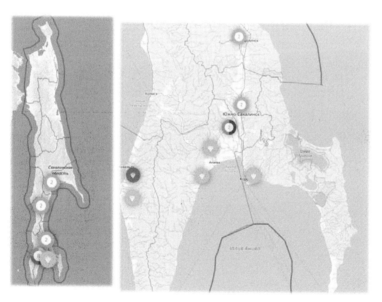

[그림 2] 선도개발구역 《유주나야》 내 투자 프로젝트가 진행 중인 지역 [10]

《유주나야》에는 농기업이 집중되어 있으며 투자 프로젝트는 농업 및 식료품 산업 발전을 위한 것이다. 2019년 12월 1일자 선도개발구역 《유주나야》 관련 기본 지표가 〈표 7〉에 나와 있다[11].

〈표 7〉 2019년 12월 1일자 선도개발구역 《유주나야》 관련 기본 지표

| 지표 | 값 |
|---|---|
| 입주기업 수 | 8 |
| 투자 신고액(백만 루블) | 20,292.87 |
| 실제 투자액(백만 루블) | 7,901.03 |
| 예상 신규 일자리 수 | 974 |
| 실제 창출된 일자리 수 | 462 |
| 운영 기간(년) | 70 |
| 최소 투자액(천 루블) | 500 |

선도개발구역 입주기업은 절세 혜택을 받는다. 10년간 보험율을 7.6%로 감면 받으며(비입주기업 30%), 소득세는 납부하지 않는다(비입주기업 20%). 비입주기업은 0.3~1.5% 납부하는 토지세와 2.2%에 달하는 재산세도 내지 않는다. 또한 투자자용 《창구》, 인프라 시설, 검사 기간 단축, 관세자유지역 등 행정적 지원도 고려하고 있다〈표 8〉.

〈표 8〉 한국과 사할린주 선도개발구역 《유주나야》 기업 경영 조건 비교[12]

| 지표 | 한국 | 선도개발구역 《유주나야》 |
|---|---|---|
| 소득세(소득 대비 %) | 10 | 5 미만 |
| 지불 급여세(임금 기금 대비 %) | 8.8 | 7.6 |
| 건축 허가 소요 일수 | 29 | 10 |
| 전기 설비 소요 일수 | 28 | 28 |
| 토지 공급(일) | 28 | 2 |
| 전기세(kWh 당 달러) | 0.09 | 0.06 |
| 1000m³ 당 가스비(달러) | 300 | 66.7 |
| 평균 월급(천 달러) | 2.325 | 1.23 |

사할린주 농업 생산량을 빠르게 증가시키고 현지 생산품 자급자족 비율을 높이려는 목적으로 농업 분야 투자 프로젝트가 진행 중이다. 현재 진행 중인 주요 프로젝트는 〈표 9〉에 소개되어 있다 [7].

〈표 9〉 사할린주 현재 진행 중인 농업 분야 투자 프로젝트

| 프로젝트명 | 실행 장소 | 프로젝트 상세 |
|---|---|---|
| 1. 양돈단지 (주식회사 《메르시 아그로 사할린/Merci Agro Sakhalin》) | 아니바 시 타라나이 마을 | 프로젝트 기간: 2016-2019년<br>일자리 73개 창출(건축I 단계에서는 12,000마리 수용하여 일자리 144개 창출 기대했음).<br>자금 출처:<br>- 주식회사 《사할린주 발전조합》 20억 7000만 루블 투자<br>- 자체 자본: 2억 3천만 루블<br>양돈단지 건설 완료, 인프라 건설 중. 12,000마리 수용 가능한 양돈단지로 프로젝트 실행 시 매년 6,500톤까지 생산 가능. |

| | | |
|---|---|---|
| 2. 축산단지 (유한책임회사 《그린 아그로 - 사할린/Green Agro Sakhalin) | 아니바 시 트로이츠코에 마을 (I단계), 유즈노사할린스크 시 베레즈나키 마을 (II단계) | 프로젝트 규모: 117억 8300만 루블<br>프로젝트 기간: 2016-2020년<br>471개 일자리 창출<br>프로젝트 실현 시 생산 가능한 양:<br>- 우유 3만톤<br>- 발효유제품 2만 2천 톤<br>- 가축육류 720톤 |

| | | I단계: 아니바 시 트로이츠코에 마을에 소 1,900마리 수용가능한 축산단지와 일일 생산량 120톤인 유가공 공장 설립<br>1차: 1,900마리 수용 가능한 축산단지 (프로젝트 기간: 2016-2019년, 141개 신규 일자리 창출, 우유 만 5천 톤 및 가축육류 360톤 생산)<br>2차: 일일 생산량 120톤인 유가공 공장(프로젝트 기간: 2018-2019년, 250개 신규 일자리 창출, 2만 2천톤 발효유 생산)<br>II단계: 유즈노사할린스크 시 베레즈냐키 마을 소 1,900마리 수용 가능한 축산단지 조성.<br>프로젝트 기간: 2018-2020년, 80개 신규 일자리 창출, 만 5천 톤 우유 및 360톤 가축육류 생산 |

| 3. 브로일러 생산시설 건설, 재건축 및 현대화/식물성 원료 수용, 저장 및 가공 단지(주식회사 《가금공장 "오스트로브나야"》) | 유즈노사할린스크 시 | 2015년 수권자본금으로 33억 루블을 지원받았고, 그중 3억 1500만 루블 수령.<br>2018년 5월부터 계약사 작업 착수 (완공일: 2019년 9월)<br>육류 만 톤 생산, 75개의 신규 일자리 창출. 연간 4만톤까지 생산 가능한 사료공장, 육가공 공장 건설 예정. |

270

| 4. 낙농장 (주식회사 《국영집단농장 "코르사코프스키"》) | 코르사코프 시 라지돌노예 마을 | 프로젝트 규모: 36억 4500만 루블<br>프로젝트 기간: 2016-2018년<br>60개의 신규 일자리 창출<br>러-벨라루스 정부간 경제통상 및 문화 교류 협정의 일환으로 《가축 1,000마리 수용 가능한 낙농장》 프로젝트 실시. 낙농장 시설 가동 허가 완료. 헝가리 및 네덜란드에서 암송아지 399마리 수매.<br>50채의 단층건물(내부 공간이 세 개의 방으로 분리되어 있음), 거주시설을 포함한 농업단지 건설 완료. |

<br>

| 5. 가축육류 생산 (주식회사 《국영집단농장 "유즈노 사할린스키"》) | 유즈노사할린스크 시 클류치 마을 티모프스코예 시 팔레보 마을 | 사할린주 육류 생산량 증가를 목적으로 대형 육우 사육 및 도축 시설 건축. 유즈노사할린스크시 클류치 마을과 티모프스코예 시 팔레보 마을에 1,600마리 수용. 투자 금액은 9억 5660만 루블. |

생산에 있어 가장 중요한 요소는 개수(상기 표기된 방식과 동일)나 가격으로 표시되는 성과이다. 농산품 및 1, 2차 가공식품 판매 수익과 판매 원가는 〈표 10〉에 나타나 있다.

〈표 10〉 2014-2018년 사할린주 농기업 기업활동 성과 [13]

| 지표 | 연도 | | | | |
|---|---|---|---|---|---|
| | 2014 | 2015 | 2016 | 2017 | 2018 |
| 농산품 및 1, 2차 가공식품 판매 수익 (천 루블) | 2,332,842 | 2,746,706 | 3,859,272 | 3,578,347 | 4,632,379 |
| 농산품 및 1, 2차 가공식품 판매 원가 (천 루블) | 2,729,470 | 3,263,821 | 4,614,035 | 4,422,545 | 5,561,932 |
| 수익 1루블 당 비용(루블) | 1.17 | 1.19 | 1.20 | 1.24 | 1.20 |

표 10을 보면 사할린주 농기업은 효율적으로 운영되고 있지 않음을 알 수 있다. 2014년 농기업은 1루블 17코페이카를 들여 1루블을 수익을 창출했고, 2017년까지 이러한 불균형 상태는 심화되었다. 2018년에는 1루블 24코페이카의 비용으로 1루블의 이익을 얻게 되면서 효율이 증가했다. 그러나 사할린주 농산물 생산 및 판매 비용은 여전히 수익보다 높다. 농공단지 전체가 흑자를 보기 위해서는 기업 활동 이외에 추가 소득이 필요하다.

사할린주 농업 관련 주요 문제는 다음과 같다:

- 토양의 비옥도가 떨어지고 토지가 황폐화하고 있으며, 산성반응으로 인해 농민들의 수확 손실률이 30%에 이른다[14].
- 수입농산물과의 높은 경쟁과 고비용 등으로 인해 농가 소득 증가 속도에 비해 농산물 생산 비용의 증가 속도가 더 빠르다.
- 낮은 농기계 보급률, 기타 고정 자산의 노후에 따른 농업자본의 축소로 농민들의 수확량 손실률은 최고 20 %에 이르는데, 이는 러시아 전 지역에 걸쳐 나타나는 현상이다.
- 자연 및 기후 조건에 농업이 크게 좌우된다.

농업의 효율성을 제고하기 위한 방안 중 하나는 농업 클러스터를 조성하는 것이다.

농업 클러스터 건축안은 사할린주 농업 생산자가 집중된 농업지구에 맞게 토지를 분할하는 것이다. 지질 및 기후 요인을 고려하면 농경에 가장 적합한 지역은 사할린섬 남부이다. 바로 이 지역에 선도개발구역 《유주나야》를 기초로 한 투자 프로젝트가 진행 중이다.

클러스터의 핵심을 이루는 것은 사할린주 농업 생산자, 가공 기업 및 마케팅 조직, 선도개발구역 《유주나야》 입주기업(그림3)이다.

클러스터 발전센터에서 농업 클러스터 운영 및 관리를 맡게 될 것이다. 해당 센터에는 사할린주 농산품 생산, 가공, 판매에 관여하는 기업 대표가 포함된다.

농업 클러스터 활동을 보장하기 위해 자원센터를 건설할 예정이다. 해당 센터에는 설비 및 생산원료/비료 지원센터가 포함될 것이다.

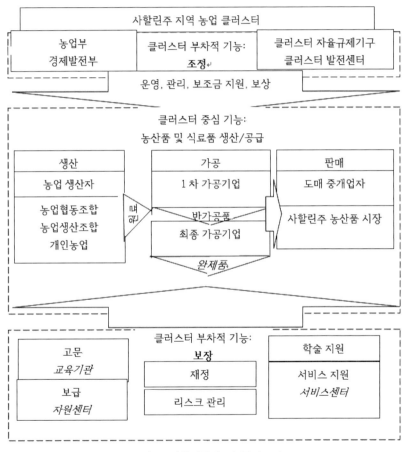

[그림 3] 사할린주 농업 클러스터

사할린주 농업 생산 효율을 높이기 위해서는 다음 과제를 달성해야 한다.

- 사할린주 농업 효율성 제고를 위해서 한국국립농업연구소와 사할린교육기관들 간 농업기술연구센터를 설립.
- 한국 기업의 선도개발구역 《유두나야》 투자 프로젝트 참여.
- 한국 설비로 테크노 파크를 개장하여 사할린주 농공단지 자원센터 확장.
- 사할린주에 농기업과 농부에게 서비스를 제공하는 한러 합작기업을 설립하여 농공단지 서비스센터 역할을 하게 함[4].

한국의 투자 가능성에 대한 정보를 얻을 수 있는 농공단지 공동투자 포털을 설립하게 되면, 사할린주 농공업 분야의 투자협력 발전 및 농업생산자들의 효율성 증대에 크게 기여할 수 있을 것이다.

한국과 사할린주가 공동 프로젝트를 이행할 경우 사할린주 농업 발전에 기여할 것이며, 이는 결국 양측 모두에게 도움이 될 것이다.

# 참고문헌

사할린과 한국 - 협력의 경계: http://www.sopka.net/?pg=1&id=1852&owner =8&page= 3475 (검색일: 17.01.2020).

한-사할린주의 경제통상 및 국제협력 정보: http://mineconom.admsakhalin.ru/ files/?5132 (검색일: 11.12.2019).

아흐마둘리나 T. V., 한국 농업발전의 혁신적인 측면 / 공동학술연구 및 혁신- No. 3-3 (47). – 2015. – pp.121-126.

아흐마둘리나T. V., 그리슈코바 A. A. 한러 농업협력발전 // Molodoy uchenyy. – 2015. – No.14. – pp.219-222. – URL: https://moluch.ru/archive/94/21025/ (검색일: 26.05.2019).

사할린주 자연-기후대: https://sakhalin.gov.ru/index.php?id=18 (검색일: 19.01. 2020).

사할린주의 농공단지: https://agronationale.ru/articles/apk_po_regionam_rossii/979-sahalinskaya_oblast (검색일: 12.11.2019).

농업. 사할린주 정부 사이트: https://sakhalin.gov.ru/index.php?id=166 (검색일: 05.12.2019).

2014-2018년 사할린주 농업 분야 사회 및 경제 발전 데이터 / 사할린주 농업부 보고서: http://agro.sakhalin.gov.ru/selskoe-khozjaistvo/socialno-ehkono micheskoe-razvitie-otrasli/ (검색일: 10.11.2019).

2016년 8월 19일 자 러시아 연방 보건부 부령 614호에 의거 승인된《현대 건강한 식습관에 부합하는 식재료 기준 권고사항》

사할린주 투자지도 / 투자 포털사이트: http://map.investinsakhalin.ru/# (검색일: 22.01.2020).

사할린주 선도개발구역: http://investinsakhalin.ru/ru/ploshchadki/toser/ (검색일: 22.01.2020).

사할린주 선도개발구역《유주나야》/ 극동개발조합: https://minvr.ru/upload/iblock/

9d1/Yuzhnaya_.pdf (검색일: 22.01.2020).

2014-2018년 사할린주 농공단지 운영활동 분야별 지표 보고서 (사할린주 농업부 농공단지 6호)

2013년 8월 6일 자 사할린주 정부령 427호에 의거 승인된 국가 프로그램《2014-2020년 사할린주 농업발전과 농산물, 원료 및 식량 시장 규제》

# Направления международного сотрудничества Республики Корея и Сахалинской области по созданию регионального агропромышленного кластера

Лубнина В. Е.*

В международных и внешнеэкономических связях Сахалинской области странам Азиатско-Тихоокеанского региона отведена важная роль. Стремясь к развитию деловых контактов с зарубежными партнерами, островной регион позиционирует себя не только как поставщика сырьевых ресурсов, а как равноправного партнера на международном рынке. Данная позиция обусловлена научно-техническим потенциалом, наличием природных ресурсов, высококвалифицированных специалистов, и емким внутренним рынком региона. Сотрудничество Сахалинской области со странами Азиатско-Тихоокеанского региона, а именно с Республикой Корея, вызвано географической близостью и налаженными за долгое время сотрудничества

* Сахалниский государственный университет

экономическими связями.

С 1999 г. сотрудничество Сахалинской области с Республикой Корея ориентировано на углубление экономических связей не только в области внешней торговли, но и через технологическую кооперацию, привлечение корейских инвестиций в крупномасштабные проекты, проработку проектов международного сотрудничества и экономической интеграции (апрель 1999 г. встреча делегация провинции Кенсанбукдо с руководством Сахалинской области) [1]. С 2000 г. по сегодняшний день наблюдается активное международное сотрудничество Сахалинской области и Республики Корея, подтверждающееся частыми переговорами, как на территории Сахалинской области, так и в Республики Корея, созданием руководством Сахалинской области рабочих групп по вопросам сотрудничества.

Сегодня основным направлением международного сотрудничества между Сахалинской областью и Республикой Корея является торгово-экономическое сотрудничество, помимо данного направления также активно развивается международное сотрудничество в сфере образования, здравоохранения, туризма, спорта, культуры [2].

Республика Корея является одним из главных торгово-экономических партнеров Сахалинской области (таблица 1).

Динамика внешней торговли Сахалинской области с Республи кой Корея, млн. долл. США

Таблица 1

| Показатели | 2014г. | 2015г. | 2016г. | 2017г. | 2018г. |
|---|---|---|---|---|---|
| Внешнеторговый оборот Сахалинской области - всего | 18,207.9 | 18,003.2 | 12,683.2 | 10,708.7 | 15 963,2 |
| Внешнеторговый оборот области с Республикой Корея | 7,278.6 | 4,632.0 | 3,825.7 | 5,072.1 | 7 296,3 |
| Удельный вес во внешнеторговом обороте области, % | 34.7 | 40.3 | 36.5 | 35.7 | 45,7 |
| Экспорт товаров | 7,159.9 | 4,555.3 | 3,523.4 | 4,603.5 | 7258,6 |
| Импорт товаров | 118.7 | 76.7 | 302.3 | 468.6 | 37,7 |
| Сальдо внешней торговли | 7,041.2 | 4,478.6 | 3,221.1 | 4,133.8 | 7220,9 |

По итогам 2018 года Республика Корея с показателем 7,3 млрд. долларов США заняла первое место во внешней торговле островного региона. В 2018 году внешнеторговый оборот Сахалинской области с Республикой Корея составил 7,3 млрд. долларов США и увеличился по сравнению с аналогичным показателем 2017 года на 43,8%, что обусловлено увеличением стоимостных объемов экспорта. Доли экспорта и импорта во внешнеторговом обороте Сахалинской области с Республикой Корея составили 99,5% и 0,5% соответственно (2017 год: доля экспорта - 90,8%, доля импорта - 9,2%).

Товарная структура экспорта имеет сырьевую направленность и представлена, прежде всего, топливно-энергетическими ресурсами (нефть, сжиженный природный газ, уголь), продовольственными товарами и сырьем для их производства (рыба, рыбо- и морепродукты).

Динамика импортных поступлений из Республики Корея имеет нестабильный характер и зависит от объемов ввоза на территорию области оборудования и материалов, задействованных на реализации шельфовых проектов. Объем импортных поступлений за 2018 год составил 37,7 млн. долларов США или 5,5% областного импорта. Уменьшение импорта на 431 млн. долларов США (в 12,5 раза) по сравнению с 2017 годом. Это обусловлено снижением импортных поступлений по коду ТН ВЭД ЕАЭС (Товарная номенклатура внешнеэкономической деятельности Евразийского экономического союза): 84 «Машины, оборудование и механизмы; их части».

Главные статьи импорта: металлоконструкции из черных металлов - 37,9%; машины подъемные - 3,7%; нефть и нефтепродукты кроме сырых - 3,5% [1].

По состоянию на 1 января 2018 года в Статистическом регистре хозяйствующих субъектов Росстата по Сахалинской области состояло 66 организаций с корейскими инвестициями, в том числе 5 из них без прав юридического лица (филиалы, представительства, обособленные подразделения). Финансово-хозяйственную деятельность осуществляет около 20 предприятий с корейскими инвестициями [1].

Отсутствуют данные по объему инвестирования Республики Корея в экономику Сахалинской области в виду того, что Федеральная служба государственной статистики не ведет учет иностранных инвестиций по странам - инвесторам с 2014 г. До 2014 г. основные инвестиции Республики Корея приходились в такие виды деятельности, как строительство, транспорт, оптовая торговля, геологоразведка недр.

Инвестиционное сотрудничество в сфере сельского хозяйства между Россией и Республикой Кореей находится на начальной стадии своего развития. Вместе с тем сельское хозяйство Республики Корея представляет собой высокотехнологичную отрасль. Республика Корея за относительно короткий период времени выстроила эффективную модель сельского хозяйства, основанную на инновационном подходе [3]. В аспекте существующих проблем сельскохозяйственной отрасли Сахалинской области, расширение россий ско-корей ского сотрудничества в аграрной сфере представляется достаточно актуальным [4].

Общая площадь территории Сахалинской области составляет 87,1 тыс. кв. км. Сахалинская область - единственный в стране островной регион, расположенный на 87 островах. В Сахалинской области 8 климатических рай онов: северная часть о. Сахалин, западное побережье и Западно-Сахалинские горы о. Сахалин, восточное побережье и Восточно-Сахалинские горы о. Сахалин, Тымь- Поронайская низменность о. Сахалин, южная часть о. Сахалин, северные Курильские острова, средние Курильские острова, южные Курильские острова. Только половина из них благоприятна для сельскохозяйственного производства [5]. Вся территория Сахалинской области приравнена к районам Крайнего Севера. Но, несмотря на данный факт, в Сахалинской области активно развивается сельскохозяйственная отрасль, чему способствует реализация различных государственных программ поддержки отрасли и использование различных инструментов поддержки отрасли.

В сфере сельского хозяйства Сахалинской области заняты сельскохозяйственные организации (коммерческие организации (акционерные общества, общества с ограниченной ответственностью и сельскохозяйственные производственные кооперативы) и государственное унитарное предприятие), крестьянские (фермерские) хозяйства и индивидуальные предприниматели, хозяйства населения (личные подсобные хозяйства (приусадебное землепользование), коллективное садоводство, коллективное огородничество). Крупные сельскохозяйственные предприятия расположены на о. Сахалин, на островах же Курильской гряды, в основном находятся личные подсобные хозяйства, а также коллективное садоводство и огородничество [6].

В связи с отдаленностью области от основных

сельскохозяй ственных рай онов России, производство сельского хозяй ства является важней шим источником продуктов питания для жителей области. Сельское хозяй ство Сахалинской области специализируется на производстве картофеля, овощей открытого и защищенного грунтов, мяса, молока, яиц, грубых и сочных кормов [7].

Основные показатели, характеризующие эффективность сельского хозяй ства Сахалинской области за 2014-2018 гг. отражены в таблице 2.

Показатели производства продукции сельского хозяйства Са халинской области 2014–2018 г г. [8]

*Таблица 2*

| Показатель | годы | | | | |
|---|---|---|---|---|---|
| | 2014 | 2015 | 2016 | 2017 | 2018 |
| Индекс производства продукции сельского хозяй ства в хозяй ствах всех категорий в сопоставимых ценах, % | 101,3 | 100,5 | 102,8 | 107,9 | 106,3 |
| Валовое производство продукции сельского хозяй ства в фактических ценах, млн. руб. | 8550,8 | 10840,3 | 10388,1 | 10525,6 | 11146,7 |
| Валовой региональный продукт в текущих основных ценах, млн. руб. | 799,165.4 | 837,495.2 | 748,695.8 | 771,224.2 | - |
| Доля валового производства продукции сельского хозяй ства в валовом продукте области, % | 1.07 | 1.29 | 1.39 | 1.36 | - |

На долю сельского хозяйства приходится в среднем всего лишь 1,28 % валового регионального продукта Сахалинской области, и оно носит вспомогательный характер. С 2015 г. наблюдается замедление прироста валового производства продукции сельского хозяйства, за весь период исследования прирост составил 30,36 %, при этом только за один год с 2014 по 2015 прирост был на уровне 26,78 %. Индекс производства продукции сельского хозяйства, отражающий изменение создаваемой в процессе производства стоимости в результате фактического роста (снижения) выпуска сельскохозяйственной продукции показывает в 2015 и 2018 г. снижение общей динамики роста.

Рассмотрим показатели производства основных сельскохозяйственных культур (таблица 3) и производство основных продуктов животноводства в Сахалинской области (таблица 4).

Производство основных сельскохозяйственных культур за 2014–2018 гг., тыс. тонн [8]

*Таблица 3*

| Показатель | годы | | | | |
|---|---|---|---|---|---|
| | 2014 | 2015 | 2016 | 2017 | 2018 |
| Картофель | 67.4 | 62.8 | 72.5 | 71.9 | 66.6 |
| Овощи | 36.8 | 31.6 | 36.8 | 39.4 | 38.4 |

Производство основных продуктов животноводства за 2014–2018 гг. [8]

*Таблица 4*

| Показатель | годы | | | | |
|---|---|---|---|---|---|
| | 2014 | 2015 | 2016 | 2017 | 2018 |
| Мяса (в убой ном весе), тыс. тонн | 2.9 | 3.1 | 4.0 | 5.6 | 8.0 |
| Молока, тыс. тонн | 27.7 | 27.8 | 28.5 | 30.8 | 34.1 |
| Яиц, млн. штук | 114.7 | 125.4 | 132.0 | 130.7 | 151.9 |

Можно отметить снижение производства по сельскохозяй ственной культуре: картофель, данное снижение в 2018 г. произошло по причине сокращения производства у сельскохозяй ственных организаций и в хозяй ствах населения, в виду сокращения площадей посева. Относительно сельскохозяй ственной культуры: овощи можно отметить общую тенденцию роста производства до 2018 г. (это связано с расширением производства овощей сельскохозяй ственными организациями, в основном за счет реализации инвестиционных проектов, входящих в ТОР «Южная»), в котором произошло его снижение, за счет сокращения производства и снижения посевных площадей у крестьянских (фермерских) хозяй ств и в хозяй ствах населения.

Наблюдается наращивание производства мяса (в убой ном весе) к 2018 г. объем производства увеличился в 2 раза относительно 2016 г. Наблюдается увеличение производства молока (планомерный рост объемов производства) прирост в 2018 г. составил 23,1 % относительно 2014 г. и количества произведенных яиц, прирост в 2018 г. составил 32,4 % относительно 2014 г. соответственно. Полученные результаты производства основных продуктов животноводства связаны с успешной государственной политикой в области поддержки сельскохозяйственных производителей и с реализацией инвестиционных проектов в рамках ТОР «Южная».

В таблице 5 представлена урожайность сельскохозяйственных культур в хозяйствах всех категорий центнеров с 1 га убранной площади за 2014-2018 гг., а в таблице 6 показатели продуктивности скота и птицы в сельскохозяйственных организациях, за тот же период.

Урожайность сельскохозяйственных культур за 2014–2018 гг., в хозяйствах всех категорий центнеров с 1 га убранной площади [8]

*Таблица 5*

| Сельскохозяйствен ные культуры | годы | | | | |
|---|---|---|---|---|---|
| | 2014 | 2015 | 2016 | 2017 | 2018 |
| Картофель | 153 | 154 | 175 | 177 | 180 |
| Овощи открытого грунта | 213 | 200 | 232 | 242 | 252 |
| Кормовые корнеплоды | 200 | 145 | 111 | 216 | 127 |

Продуктивность скота и птицы за 2014–2018 гг., в сельскохозяйст венных организациях [8]

*Таблица 6*

| Показатель | годы | | | | |
|---|---|---|---|---|---|
| | 2014 | 2015 | 2016 | 2017 | 2018 |
| Надой молока на одну корову, килограммов | 4,847 | 5,035 | 5,165 | 5,564 | 6,047 |
| Среднегодовая яй ценоскость кур-несушек, штук | 327 | 327 | 321 | 318 | 285 |

За анализируемый период наблюдается планомерный рост урожай ности сельскохозяй ственных культур, надоя молока на одну корову (общий темп роста в 2018 г. относительно 2014 г. составил 24,76 %), относительно среднегодовой яй ценоскости кур-несушек имеется тенденция спада продуктивности, общее снижение составило 12,84 % в том же периоде.

Производимая продукция практически в полном объеме идет на внутрирегиональное потребление, при этом можно отметить, что современное состояние сельского хозяй ства области позволяет за счет собственного производства удовлетворить потребности населения (по медицинским нормам [9]) не в полной мере, что отражено на рисунке 1.

В настоящее время Республика Корея уже сама стала продуцентом и экспортером аграрных технологий . Реализация инновационной модели развития сельского хозяй ства Сахалинской области является важным фактором для обеспечения продовольственной независимости и

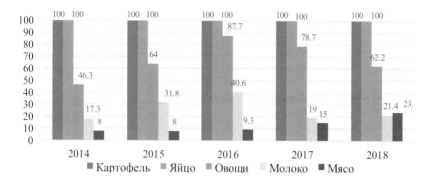

[Рисунок 1] Удовлетворение потребностей населения Сахалинской области в продуктах питания по медицинским номам (в процентах)

безопасности как региона, так и станы в целом [4].

В Сахалинской области действуют три территории опережающего развития (ТОР) - «Южная», «Горный воздух» и «Курилы». Специализация ТОР соответствует стратегическим направлениям развития экономики региона: туризм, спорт, сельское хозяйство и рыбопромышленный комплекс.

ТОР «Южная» создана в Сахалинской области постановлением Правительства РФ от 17 марта 2016 года. ТОР «Южная» сосредоточена в южной части острова Сахалин, на территории муниципальных образований: «Анивский городской округ» (с. Троицкое, с. Таранай), «Томаринский городской округ», городской округ «Город Южно-Сахалинск» (рисунок 2).

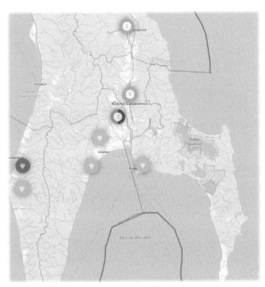

[Рисунок 2] Территориальное расположение реализуемых инвестиционных проектов в рамках ТОР «Южная» [10]

В ТОР «Южная» сосредоточены сельскохозяй ственные предприятия, инвестиционные проекты направлены на развитие сельского хозяй ства и пищевой промышленности, характеристика ТОР «Южная» по состоянию на 01.12.2019 г. представлена в таблице 7 [11].

Для всех резидентов ТОР предоставляется внушительный пакет льгот. Для резидентов предоставляется сниженный в расчете на десять лет размер страховых взносов 7,6 % (в ср авнении для нерезидентов он составляет 30 %), нулевой н алог на прибыль (в сравнении для нерезидентов он состав ляет 20 %), нулевой налог на землю (в сравнении для нер езидентов он составляет 0,3 до 1,5 %) и нулевой

Основные показатели, характеризующие ТОР «Южная» по состоянию на 01.12.2019 г.

*Таблица 7*

| Показатель | Значение показателя |
|---|---|
| Количество резидентов | 8 |
| Величина заявленных инвестиций , млн. руб. | 20,292.87 |
| Величина вложенных инвестиций , млн. руб. | 7,901.03 |
| Рабочие места, заявленные | 974 |
| Рабочие места, созданные | 462 |
| Период действия, лет | 70 |
| Минимальный объем капиталовложений , тыс. руб. | > 500 |

налог на имущество (в сравнении для нерезидентов он составляет 2,2 %). Также предусмотрена административная поддержка: «Одно окно» для инвестора; готовая инфраструктура; сокращенные сроки проведения проверки; режим свободной таможенной зоны (таблица 8).

В целях ускоренного развития сельскохозяйственного производства и повышения самообеспеченности региона продукцией местных товаропроизводителей в Сахалинской области реализуются инвестиционные проекты по развитию сельскохозяйственной отрасли, в настоящий момент ключевыми являются проекты, представленные в таблице 9 [7].

Соотнесение условий хозяйствования в Республики Корея и в Сахалинской области в рамках ТОР «Южная» [12]

*Таблица 8*

| Показатель | Республика Корея | ТОР «Южная» Сахалинская область |
|---|---|---|
| Налог на прибыль (% от прибыли) | 10 | не > 5 |
| Налог на заработную плату (% от ФОТ) | 8.8 | 7.6 |
| Получение разрешений на строительство (дней ) | 29 | 10 |
| Подключение к системе электроснабжения (дней ) | 28 | 28 |
| Предоставление земельных участков (дней ) | 28 | 2 |
| Стоимость электроэнергии КВт/ч (в долларах США) | 0.09 | 0.06 |
| Стоимость газа за 1000 м³ (в долларах США) | 300 | 66.7 |
| Средняя заработная плата тыс./мес. (в долларах США) | 2.325 | 1.23 |

Реализуемые инвестиционные проекты по развитию сельскохозяйственной отрасли Сахалинской области

*Таблица 9*

| Название проекта | Место реализации | Описание проекта |
|---|---|---|
| 1. Свиноводческий комплекс (АО «Мерси Агро Сахалин») | с. Таранай , Анивского рай она | Сроки реализации проекта - 2016-2019 годы. Создание рабочих мест - 73 (с учетом I этапа строительства на 12000 голов - 144). Источники финансирования: - участие АО «Корпорация развития Сахалинской области» в капитале в размере 2 070,0 млн. рублей ; - собственные средства - 230,0 млн. рублей . Завершено строительство зданий свиноводческого комплекса, проводится |

| | | инфраструктура. |
| | | В результате реализации проекта при выходе на проектную мощность с учетом свинокомплекса на 12000 голов, производство составит до 6500 тонн свинины в живом весе в год. |

| 2. Животноводчески й комплекс (ООО «Г рин Агро-Сахалин») | с.Троицкое, Анивского рай она (I этап)<br><br>с. Березняки МО ГО г. Южно-Сахалинск (II этап) | Стоимость проекта - 11783 млн. рублей , сроки реализации проекта 2016-2020 годы, создание рабочих мест - 471.<br>После выхода на проектную мощность производство составит: - молока - 30 тыс. тонн;<br>- кисломолочной продукции - 22 тыс. тонн;<br>- мясо КРС - 720 тонн.<br>I этап - Животноводческий комплекс на 1900 голов дой ного стада и завода по переработке молока, мощностью 120 тонн в сутки в с.Троицкое, Анивского рай она.<br>1 очередь. Животноводческий комплекс на 1900 голов дой ного стада (срок реализации 2016-2019 годы, создание 141 новое рабочее место, мощность производства - 15 тыс. тонн молока и 360 тонн мяса КРС).<br>2 очередь. Строительство завода по переработке молока мощностью 120 тонн в сутки.<br>Срок реализации 2018-2019 годы, создание 250 новых рабочих мест, объем производства - 22 тыс. тонн кисломолочной продукции.<br>II этап - Животноводческий комплекс на 1900 голов дой ного стада в с. Березняки (МО ГО «Город Южно- Сахалинск»). |

|  | | Срок реализации 2018-2020 годы, создание 80 новых рабочих мест, мощность - 15 тыс. тонн молока и 360 тонн мяса. |

| 3. Строительство, реконструкция и модернизация бройлерного производства, создание комплекса по приемке, хранению и переработке растительного сырья (АО «Птицефабрика «Островная») | МО ГО г. Южно-Сахалинск | В 2015 году финансирование осуществлено в форме взноса в УК в сумме 3300,0 млн. рублей , освоено 315 млн. рублей . Подрядная организация с мая 2018 приступила к работам на мясной и ячной площадках (ориентировочный срок завершения работ сентябрь 2019 года). При выходе на полную мощность производство продукции составит 10 тыс. тонн мяса, будет создано 75 новых рабочих мест. В рамках проекта предусмотрено создание кормоцеха производительностью до 40 тысяч тонн готового корма в год, а также цеха по переработке мяса |

| | | |
|---|---|---|
| 4. Молочно-товарная ферма (АО «Совхоз Корсаковский ») | с. Раздольное Корсаковского городского округа | Стоимость проекта - 3645 млн. рубле й , сроки реализации проекта - 2016-2018 годы, создание новых рабочих мест - 60.<br>АО «Совхоз Корсаковский », в рамках ме жправительственного Соглашения о то ргово-экономическом, научно-техническ ом и культурном сотрудничестве с Рес публикой Беларусь завершил реализац ию инвестиционного проекта «Молочно- товарная фермы на 1000 голов основного стада»: получено разрешение на ввод об ъекта в эксплуатацию и завезено 399 го лов нетелей из Венгрии и Голландии. Завершено строительство Агрогородка на 50 одноэтажных 3-х комнатных домо в с земельным участком и хозяй ствен ными построй ками. |
| |  | |
| 5. Мясное производс тво (АО «Совхоз Юж но-Сахалинский ») | с. Ключи МО ГО г. Южн о-Сахалинск<br><br>с. Палево МО « Тымовский г ородской окру г» | В целях наращивания производства мяс а на территории Сахалинской области АО «Совхоз Южно-Сахалинский » реализ ует проект по разведению, последующе му откорму и убою крупного рогатого с кота специализированных мясных поро д. Мощность проекта - 1600 голов маточ ного стада в с. Ключи МО г. Южно-Саха линск и 2000 голов откормочного погол овья в с. Палево МО «Тымовский город ской округ». Общий объем инвестици й - 956,6 млн. рублей . |

Важней шим фактором производства, является результативность, которая прослеживается как в натуральном выражении (представленном выше), так и стоимостном. Соотнесение выручки от реализации сельскохозяй ственной продукции собственного производства, а также продукции ее первичной и последующей (промышленной ) переработки и себестоимости ее продажи (таблица 10).

Результативность Деятельности сельскохозяйственных орга
низаций Сахалинской области за 2014–2018 гг. [13]

*Таблица 10*

| Показатель | годы | | | | |
|---|---|---|---|---|---|
| | 2014 | 2015 | 2016 | 2017 | 2018 |
| Выручка от реализации сельскохозяйственной продукции собственного производства, а также продукции ее первичной и последующей (промышленной) переработки, тыс. руб. | 2,332,842 | 2,746,706 | 3,859,272 | 3,578,347 | 4,632,379 |
| Себестоимость продаж реализованной сельскохозяйственной продукции собственного производства, а также продукции ее первичной и последующей (промышленной) переработки, тыс. руб | 2,729,470 | 3,263,821 | 4,614,035 | 4,422,545 | 5,561,932 |
| Сумма затрат, приходящаяся на 1 руб. выручки, руб. | 1.17 | 1.19 | 1.20 | 1.24 | 1.20 |

По данным таблицы 10 можно сделать вывод, что деятельность сельскохозяйственных организаций Сахалинской области недостаточно эффективна, так как с 1 руб. 17 коп. в 2014 г. предприятия получают 1 руб. выручки, до 2017 г. данный дисбаланс растет и уже с 1 руб. 24 коп. получают 1 руб. выручки, в 2018 г. наблюдается положительная динамика, при этом все равно затраты на производство и реализацию сельскохозяйственной продукции собственного производства предприятий

Сахалинской области опережают полученную выручку. Поддержание положительного финансового результата всего агропромышленного комплекса достигается по средствам получения дополнительного дохода организациями, не относящимися к основному виду деятельности, тем самым получается положительный финансовый результат.

Таким образом, основными проблемами развития сельскохозяйственной отрасли Сахалинской области остаются:

- снижение уровня плодородия почв и деградация земель, из-за кислой реакции почвенной среды сельскохозяйственные товаропроизводители недополучают до 30% урожая [14];

- опережение темпов роста расходов на производство сельскохозяйственной продукции над темпами роста доходов от ее реализации из-за высокого уровня издержек и высокой конкуренции, с ввозимой продукцией;

- декапитализация сельскохозяйственной отрасли, выражающаяся в снижения парка сельскохозяйственной техники и высокого износа прочих основных фондов, по причине низкой обеспеченности сельскохозяйственной техникой хозяйства теряют до 20 % урожая, что является общероссийской тенденцией;

- высокая зависимость сельскохозяйственного производства от природно-климатических факторов.

Одним из направлений повышения эффективности сельскохозяйственной отрасли является применение кластерного похода в сельскохозяйственной сфере.

Выстроенная модель агропромышленного кластера предполагает его территориальное разделение по основным сельскохозяйственным районам Сахалинской области с учетом сосредоточения сельскохозяйственных производителей. В Сахалинской области ввиду территориально- климатического положения, наиболее приоритетной областью для сельскохозяйственного производства является южная территория о. Сахалин. Как было отмечено выше, именно на этой территории реализуются инвестиционные проекты в рамках ТОР «Южная».

Основу (ядро) кластера могут составлять производители сельскохозяйственной продукции Сахалинской области, предприятия, осуществляющие переработку и сбытовые организации, резиденты ТОР «Южная» (рисунок 3).

Координацию и управление региональным агропромышленным кластером предположительно будут осуществлять Центр кластерного развития, саморегулируемая организация кластера, в которую будут входить представители организаций, задействованных в производстве, переработке и реализации сельскохозяйственной продукции Сахалинской области.

Для обеспечения деятельности агропромышленного

кластера будут созданы ресурсные центры, включающие в себя ресурсный центр оборудования и производственного сырья и удобрений .

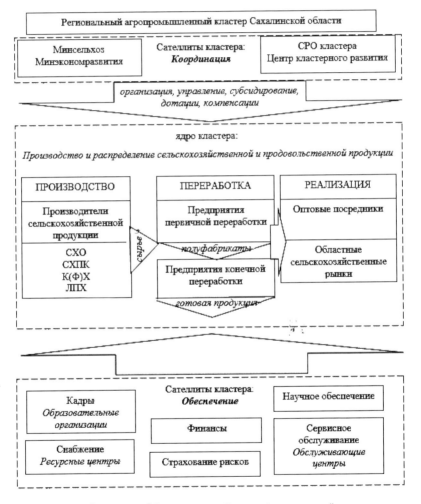

[Рисунок 3] Региональный агропромышленный кластер Сахалинской области

Достижению цели повышения эффективности сельскохозяйственной отрасли Сахалинской области могло бы способствовать:

- создание российско-корейского центра научных исследований в сфере агротехнологий, включенное в Научное обеспечение деятельности агропромышленного кластера Сахалинской области, на базе Южнокорейской национальной академии аграрных исследований и сахалинских образовательных организаций;
- участие корейских компаний в инвестиционных проектах в рамках ТОР «Южная»;
- расширение ресурсного центра оборудования агропромышленного кластера Сахалинской области, посредствам создания технопарка оборудования производства Республики Корея;
- создание российско-корейских предприятий в сфере оказания сервисных услуг сельскохозяйственным организациям и фермерам на территории Сахалинской области, что вошло бы в агропромышленный кластер как сервисный обслуживающий центр [4].

Создание совместного инвестиционного портала агропромышленного комплекса Сахалинской области, на котором потенциальные инвесторы могли бы получить информацию об инвестиционных возможностях Республики Корея, несомненно, также бы поспособствовало развитию инвестиционного сотрудничества в агропромышленной сфере и повышению эффективности сельскохозяйственных производителей Сахалинской области.

Осуществление совместных проектов Сахалинской области и Республики Корея может стать толчком к развитию сельскохозяйственной отрасли Сахалинской области и быть плодотворным для обоих сторон.

# Список используемой литературы:

Сахалин и Корея - грани сотрудничества. [Электронный ресурс] // URL: http://www.sopka.net/?pg=1&id=1852&owner=8&page =3475 (Дата обращения 17.01.2020).

Информация о торгово-экономическом и международном сотрудничестве Сахалинской области с Республикой Корея [Электронный ресурс] // URL: http://mineconom. admsakhalin.ru/files/?5132 (Дата обращения 11.12.2019).

Ахмадулина Т. В. Инновационный аспект развития сельского хозяй ства Республики Корея // Современные научные исследования и инновации. — No. 3-3 (47). — 2015. — С. 121-126.

Ахмадулина Т. В., Гришкова А. А. Развитие сотрудничества России и Республики Корея в области сельского хозяй ства // Молодой ученый . — 2015. — No. 14. — С. 219-222. — URL https://moluch.ru/archive/94/21025/ (дата обращения: 26.05.2019).

Природно-климатические зоны Сахалинской области [Электронный ресурс] // URL:https://sakhalin.gov.ru/index. php?id =18 (Дата обращения 19.01.2020).

АПК Сахалинской области [Электронный ресурс]. // URL: https://agronationale.ru/articles/apk_po_regionam_rossii/979 -sahalinskaya_oblast (Дата обращения 12.11.2019).

Сельское хозяй ство. Сай т правительства Сахалинской области [Электронный ресурс]. // URL: https://sakhalin.gov. ru/

index.php?id=166 (Дата обращения 05.12.2019).

Информация об итогах социально-экономического развития отрасли сельского хозяй ства Сахалинской области по итогам 2014-2018 гг. / Отчеты Министерства сельского хозяй ства Сахалинской области [Электронный ресурс]. // URL: http://agro.sakhalin.gov.ru/selskoe-khozjaistvo/ socialno-ehkonomicheskoe-razvitie-otrasli/ (Дата обращения 10. 11.2019).

Рекомендаций по рациональным нормам потребления пищевых продуктов, отвечающих современным требованиям здорового питания, утвержденные Приказом Министерства здравоохранения РФ №. 614 от 19.08.2016 г.

Инвестиционная карта Сахалинской области / Инвестиционный портал [Электронный ресурс]. // URL: http:// map.investinsakhalin.ru/# (Дата обращения 22.01.2020).

Территории опережающего развития Сахалинской области [Электронный ресурс]. // URL: http://investinsakhalin.ru/ru/ ploshchadki/toser/ (Дата обращения 22.01.2020).

ТОР «Южная» Сахалинской области / Корпорация развития Дальнего Востока [Электронный ресурс]. // URL: https:// minvr.ru/upload/iblock/9d1/Yuzhnaya_.pdf (Дата обращения 22.01.2020).

Отчет об отраслевых показателях деятельности организаций агропромышленного комплекса Сахалинской области за 2014-2018 гг. по форме №. 6-АПК подготовленный

Министерством сельского хозяйства Сахалинской области.

Государственная программа Сахалинской области «Развитие в Сахалинской области сельского хозяйства и регулирование рынков сельскохозяйственной продукции, сырья и продовольствия на 2014 - 2020 годы» утвержденная постановлением Правительства Сахалинской области от 6 августа 2013 г. № 427, консультант плюс.

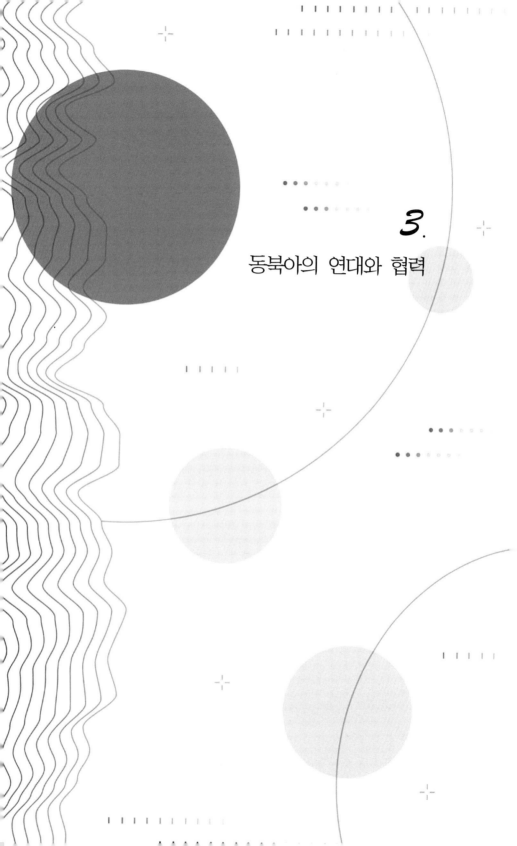

# 3.

## 동북아의 연대와 협력

# 동북아시아의 사회적 연대와 인식공동체*

박해남**

## 1. 들어가며

한국, 러시아, 북한, 일본, 중국 등의 영토를 포괄하는 동북아시아
는 20세기 역사 속 다양한 갈등을 체험한 바 있다. 제국주의, 전쟁, 냉
전의 시대를 거치면서 이 지역을 구성하는 국민국가들은 반목을 지속
해 왔기 때문이다.

이 지역의 질서는 1990년을 전후해 크게 요동치게 된다. 1980년대
말의 탈냉전과 한국과 러시아, 중국 사이의 국교 수립은 동북아시아의
교류와 협력에 있어 새로운 전기를 마련했던 것이다.[1] 그 후 30년 사

---

\* 이 글은 박해남, 「동북아시아의 사회적 연대와 인식공동체」,『경제와사회』, 2002
년 봄호(통권 제125호)에 게재된 논문을 수정·보완한 것이다.

\*\* 원광대 한중관계연구원 동북아시아인문사회연구소 HK+연구교수

1) 이 글이 다루는 지역에 대하여는 크게 세 가지 표현이 활용되고 있다. 담론과
학술의 영역에서는 '동북아시아' 내지 '아시아'가 빈번하게 쓰이는 지역 범주다.
하지만, 실천의 차원에서는 한국, 중국, 일본, 북한, 러시아, 대만 등을 범위로 하
고 실제로는 한중일이 주를 이루는 '동북아시아'가 더 많이 활용되고 있는 것으
로 판단된다. 정부 차원에서 이를 활용하는 사례로는 참여정부의 '동북아시대위
원회', 문재인 정부의 '동북아플러스 책임공동체' 등이 대표적이다. 지방정부들
은 지역협력을 위한 범주로 '환동해'와 '환황해'라는 표현을 빈번히 활용하고 있
으며, 시민사회와 지식인들의 학술교류의 범위 역시 한국, 중국, 일본, 대만 등이
주를 이루는 경우가 많다. 이러한 점을 고려하여 이 글은 '동북아시아'를 지역
범주로 쓰고자 한다.

이 적지 않은 성과들이 있었다. 일례로 경제 영역에서는 동북아시아 각 지역 사이에 단순한 무역량 증가를 넘어 원료부터 최종조립에 이르는 생산 과정에서의 분업구조가 확대되어 왔다. 이로 인해 만들어진 동북아시아 생산네트워크는 글로벌 경제 속에서 점점 더 큰 비중을 차지해 가고 있다(이일영, 2015; 정환우, 2017). 1997년 아세안+3정상회의 제도화와 2005년 동북아시아정상회의의 제도화를 포함해 동북아시아의 지역 내 교류와 협력을 촉진하기 위한 정부 간 회합 역시 발달해 왔다(박승우, 2011: 92).

하지만 30년이라는 시간 동안 반목과 갈등으로부터 좀처럼 탈출하지 못하고 있는 것도 사실이다. 특히 2010년대 이후 갈등과 반목은 앞선 10년보다 더욱 심화되었다. 미국과 중국이 현재 보여주고 있는 움직임은 동북아시아 지역이 새로운 전 지구적 패권경쟁의 무대가 될 수 있음을 암시하고 있다. 과거 일본의 식민지배 및 전쟁 수행으로 발생한 피해에 관한 배상과 보상을 둘러싼 한국과 일본 사이의 갈등은 양 정부 사이의 무역분쟁으로 비화되었고, 나아가 양국 시민들 사이의 일상적 교류마저 대폭 축소시키고 있는 것이 현실이다.[2]

이이러한 갈등을 넘어서지 못하는 이유에 대해 일차적으로는 국민국가들에게 책임을 물어야 할 것이다. 하지만 그에 못지않게 필요한 작업이 있다. 시민사회 내에서 영향력을 지니고 국민국가가 지니는 한계를 넘어설 수 있는 가능성을 제시할 수 있는 이론에 대한 성찰이 그것이다. 이론이 늘 현실에 개입하고 변화를 주는 것은 아니다. 하지만 이론이 일정한 기간 상당한 영향력을 유지해 왔음에도 현실과의 간극이 여전하다면 이에 대해서는 검토가 필요하다는 생각이다.

---

[2] 한일갈등에 관한 최근 문헌들로는 양기호(2019), 남기정(2019), 박철희(2019) 등을, 미·중간 패권경쟁에 관한 최근 문헌들로는 정규식(2019), 이승주(2019), 고정식(2019) 등을 참조.

여러 갈래로 나누어 전개된 동북아시아 담론 가운데 가장 영향력이 있던 것은 20세기 동북아시아가 겪은 제국주의와 냉전, 분단 등을 넘어 대안적 지역질서를 만들려는 기획으로서의 '대안적 동북아시아론'이었다. 소위 '창비'그룹의 논자들에 의해 주도된 이 담론은 특히 한국에서 인문사회과학계만 아니라 시민사회, 나아가 정부에까지 폭넓은 영향을 미쳐,[3] '담론권력'이라 불릴 정도였다(장인성, 2005: 4; 박상수, 2010: 73). 이들의 논의가 시작된 것은 1990년대 초반인데, 30년에 가까운 시간이 흐른 지금도 담론과 현실 사이에는 여전한 거리가 있어 보인다. 이와 같이 이론과 현실의 간극이 드러난 상황에서 이론에 대한 재점검은 필요한 작업이라 판단된다.

이러한 판단에 기초해 이 글은 대안적 동북아시아론이 지니는 한계는 무엇이었는지, 오늘날의 상황에서 검토해 볼 수 있는 대안은 무엇인지를 검토하는 것을 목표로 하고자 한다. 구체적으로 말해, 이 글은 다음과 같은 것들을 검토의 대상으로 삼고자 한다. 첫째, 동북아시아 담론이 1990년대 초부터 2000년대 초반에 걸쳐 어떻게 전개되었는지를 되돌아보고, 이론과 현실의 간극을 염두에 두면서 그 한계를 재검토하고자 한다. 이에 대한 기본적인 접근법은 지식사회학적 접근법이다. 대안적 동북아시아론에 대해서는 지식 발생의 사회적 조건과 맥락을 중시하는 지식사회학적 분석은 2000년대 초반에 이미 한 차례 이루어진 바 있다(박명규, 2005). 그 후 일어난 현실 변화를 실마리로 이론의 한계를 파악해 보고자 하는 것이다. 둘째, 전 지구적 자본주의의 폐해가 드러나고 국민국가와 내셔널리즘의 강고한 영향력이 지속되고 있는 오늘날의 상황을 염두에 두면서, 대안적 동북아시아론의 목

---

3) 일례로 노무현 정부는 2004년 정치경제 "E안보" E문화 등 다양한 영역에서의 총체적 접근과 협력을 목표로 '동북아시대위원회'를 만든 바 있다. 그리고 시민사회에서는 동북아시아 민중연대론과 노동자연대론 등의 연대 주체 및 방법론에 대한 논의가 제출된 바 있다(박명규, 2005: 85; 이창근, 2007).

표와 실천 방법이 어떻게 변화해야 하는 가에 관한 대안의 상을 그려 보고자 한다.

## 2. 동북아시아 담론의 전개와 한계

### 1) 동북아시아 담론의 전개와 대안적 동북아시아론

1980년대 말과 1990년대 초 동북아시아는 다양한 변동을 경험하게 된다. 일본에 이어 한국의 경제성장이 대내외적으로 알려지기 시작했고, 중국 역시 개혁개방 이후 본격적인 경제성장 무드가 형성되었으며, 한국과 러시아, 한국과 중국 사이에는 외교관계가 수립되며 이 지역의 오래된 냉전 구도에 변화가 찾아 왔다. 지성사적으로 보자면 마르크스주의의 지적 영향이 쇠퇴하고, 동북아시아의 경제적 발전에 관한 주목이 이루어졌으며, 서구의 탈식민주의 등 '포스트'담론이 적극적으로 수용되었다(박명규, 2005: 74~76). 이에 더해 유라시아 대륙 건너편에서는 유럽의 국가들이 본격적인 통합에 나선다는 소식이 들려왔다. 이러한 상황은 새로운 지역적 협력, 나아가 지역 공동체에 관한 기대감을 자아내기에 충분한 것이었다. 이를 배경으로 동북아시아의 정치인들은 지역 내 교류와 협력을 촉진하기 위한 경제공동체 구상을 제출하고, 지식인들은 대안적인 공동체를 만들어야 한다는 주장을 제출했다.[4]

----

4) 일본의 경우 1990년대 후반부터 지방정부가 주도한 '환일본해'와 '동북아시아' 경제협력론, 2000년대 초반부터 와다 하루키(和田春樹)와 강상중이 제기한 '동북아시아공동의 집' 논의, 모리시마 미치오(森嶋通夫)의 '동북아시아 공동체 제안'이나 하라 요노스케(原洋之介)의 '신동아론', 일본 총리였던 하토야마 유키오(鳩山由紀夫)가 집권 당시 제안했던 '동북아시아 공동체구상' 등을 들 수 있다. 일본

한국의 학계와 시민사회에 제출된 동북아시아 담론은 다음과 같이 나누어볼 수 있다. (1) 서구 중심주의에 대한 비판적 동기에 기초해 동북아시아의 문화적 정체성을 규명하려는 시도(동북아시아 문화론), (2) 동북아시아 지역의 경제적 성취에 대한 자부심에 기초해 동북아시아의 문화적 요소를 발전의 토대로 해석해 보고자 하는 시도(유교자본주의론), 그리고 (3) 제국주의 및 냉전에 의해 갈등해 온 동북아시아 지역에 대안적 질서를 만들고자 하는 논의(대안적 동북아시아론), (4) 증가하는 동북아시아의 역내 무역을 더욱 활성화시키고, 이 지역의 안보리스크를 최소화하기 위한 지역협력론(경제 및 안보협력론), 이상 네 가지다.[5]

이 글은 (3)의 논의를 소개하고 그 한계를 검토하는 것을 목표로 하지만, 논의의

지형 정리를 위해 먼저 (1)과 (2) 논의 역시 간략히 소개하고자 한다.[6] (1) 동북아시아 문화론과 (2) 유교자본주의론을 주도한 논자들은 주로 서구적인 것 혹은 서양 문명과 다른 '동양적인 것' 혹은 '아시아

---

의 동북아시아 담론에 관해서는 박삼헌(2014)과 박이진(2016) 등을 참조.

5) 기존의 연구들 역시 동북아시아 담론을 네 개의 범주로 나누는 경우가 많다. 대표적으로 장인성(2005)은 동북아시아 문명론/동북아시아공동체론/동북아시아 연대론/성찰적 동북아시아론으로 나누었고, 박승우(2011)는 경제공동체론/정치안보적 동북아시아 담론/동북아시아 아이덴티티 담론/대안체제 담론으로 나누었으며, 허정(2010)은 유교자본주의론/변혁이론으로서의 동북아시아론/문명적 대안론/동북아시아 공동체론으로 나누고 있다. 윤여일(2016)은 동북아시아 문화정체성론/동북아시아 대안체제론/동북아시아 발전모델론/동북아시아 지역주의론으로 나눈다. 김희교(2000)와 임우경(2007) 역시 네 개의 범주로 동북아시아 공동체론을 분류하고 있다.

6) (4) 경제 및 안보협력론은 앞의 세 논의가 비교적 명확한 현실에 대한 문제제기와 주장을 보여주는 것과 달리 현실추수적이고 주장하는 바의 스펙트럼이 매우 넓은 편이라 판단된다. 이에 대한 상세한 소개는 (3) 대안적 동북아시아론에 초점을 맞추고자 하는 이 글의 목적과 상충할 수 있으므로 생략하고자 한다.

적인 것'이 존재한다고 가정하며, 그 실체를 종교나 문화 등의 영역에서 찾고자 한다. 이들은 '제3세계'라는 그간의 자기 정의를 벗어나 경제적 성장이나 정치적 민주화를 배경으로 제3세계에서 벗어났지만 서구와는 다른 독자적인 자리에 한국을 위치시킬 수 있다는 판단을 한 것이다.

동북아시아 문화론은 동북아시아의 문화적 정체성을 탐구해 그 정체성을 밝히고자 하는 논의로, 조동일과 정재서가 대표적인 논자다.[7] 조동일(1996)은 여러 세계의 문학이 대등하게 다루어지게끔 하고자 하는 동기에 기초해, 서양 이론에 기초한 문학연구 대신 한국 소설을 발판으로 동북아시아 소설 일반의 원리를 해명하고 이를 제3세계 문학과 세계소설 일반과 대조하는 작업을 기획했다. 그리고 일련의 작업 끝에 한자, 유교, 책봉을 동북아시아 문명을 구성하는 요소로 정의했다(조동일, 2010). 정재서(1996)는 한편으로 서구 중심주의와 오리엔탈리즘을 비판하고 다른 한편으로 동양 내부에 형성된 중심(중국)과 주변의 구도를 해체할 필요를 제기한다. 이를 위해 그는 동북아시아의 신화를 연구하고 유교가 아닌 도교를 동북아시아의 기층문화의 자원으로 평가한다(정재서, 2000).

유교자본주의론은 유교가 아시아를 대표하는 가치이자 문화라고 보면서 이를 통해 1970년대 이후 동북아시아 경제의 '발전'을 설명하고자 하는 논의로, 유석춘과 함재봉 등이 대표적인 논자다(국민호, 1997; 유석춘, 1997a, 1997b). 이들은 1960년대 이후 일본을 필두로 동북아시아 국가들이 차례로 경제성장을 이루자 이를 유교윤리와 관련지어 설명하는 이들의 논의를 이어받은 이들이었다(Kahn, 1979; 뚜웨이밍, 1995; 찐야오지 1995). 유교자본주의론을 주장하는 논자들은 가

---

7) 이러한 논의에 대한 비판으로는 유용태(2001), 전형준(1997), 김광억(1998) 등을 참조.

족을 중시하고 서열을 존중하는 유교 특유의 가치체계가 동북아시아의 경제발전과 친화성이 있다고 설명한다. 이를 테면 한국의 높은 교육열이나 발전국가 시절 당시 정부가 주도하는 경제개발과 관련이 있다는 것이다(유석춘, 1997a). 하지만 이들의 논의는 1990년대 말 아시아경제위기와 함께 영향력을 상실해 갔다(김석근, 2006).[8]

동북아시아가 제국주의와 냉전이라는 갈등을 만들어낸 자본주의 세계체제의 대안을 창출하는 공간이 될 수 있으리라는 기대로부터 출발한 대안적 동북아시아론은 동북아시아 담론의 선구자격인 동시에 가장 큰 영향력을 미친 담론이었다. 이 논의를 주도한 것은 계간지 《창작과비평》의 지식인들이었다. 이들은 1990년대 지역에 주어진 다양한 갈등과 분쟁을 극복하고 서구적 근대와 자본주의 체제에 대한 대안을 마련하기 위해 동북아시아를 새로운 인식공간으로 호출한다. 그리고 약 10년에 걸쳐 다양한 토론을 수용하며 논의를 발전시켰다.

최원식은 한국 동북아시아 담론의 시작을 알린 논자로 여겨진다. 그는 1990년대 초반 동북아시아의 탈냉전이라는 상황에 주목하며 새로운 시각과 연대의 필요성을 제기한다. 세계적인 제국주의 체제와 냉전체제라고 하는 20세기 문제들의 결절점이었던 이 공간에서, 사회주의와 자본주의를 넘어 지역적 연대와 민중적 시각에 기초해 새로운 모델을 정립함으로써 서구적 근대에 대한 대안을 마련할 필요가 있다는 것이 그의 주장이었다(최원식, 1993).

'민족문학론' 시절부터 '창비'에서 가장 중요한 역할을 했던 백낙청(1996)도 이에 호응했다. 그는 민중의 연대에 기초해 분단체제를 극복하고 새로운 복합국가 모형과 다국적 민족공동체의 모형을 만든다

---

8) 이를 이어받아 한동안 전개된 논의로는 아시아적 가치(Asian Value)론이 있다. 이 역시 유교자본주의론과 유사하게 가족중심주의와 공동체주의 등이 아시아적 가치의 핵심을 이룬다고 본다. 아시아적 가치론에 관해서는 김성건(2003, 2011)을 참조.

면, 이는 자본주의 문명을 대신할 대안적 문명의 단초가 될 것이라는 기대를 드러냈다. 최원식은 동북아시아의 세계사적 중요성을 강조하면서도 그 핵심에 한반도의 분단체제라는 과제를 제시했는데, 이는 백낙청의 분단체제론과 조응하는 것이었다.

논의를 더욱 정교화한 것은 백영서였다. 그 역시 전 지구적 자본의 획일화 논리에 저항하는 거점으로서의 동북아시아에 대한 기대를 표현한다. 그리고 이러한 과제를 실천해 나가기 위한 방법론을 구체화한다. 그는 동북아시아를 '지적 실험'으로 보고자 한다. 동북아시아를 고정된 실체로 간주하기보다는 유동하는 것으로 보고 실천의 과정을 중시한 것이다. 이를 기초로 국민국가로부터의 연속과 단절이라는 과제를 수행할 수 있는 다양한 거버넌스의 형태(복합국가)를 사고하고, 국민국가와 세계 자본주의 체제의 중간 매개항인 동시에 전 지구적 자본주의의 변혁에 개입하는 거점을 만들며, 부국강병을 추구하는 국민국가에 흡입당한 20세기형 문명을 넘어서는 변화를 추구해야 한다는 것이 백영서의 주장이었다(백영서, 2000).

'지적 실험'에서 더 나아가 그는 '주변의 시각'에서 동북아시아를 볼 것을 제안한다. 이는 동북아시아를 문화적 구성물로 보는 고야스 노부쿠니(子安宣国), 천광싱(陳光興), 쑨거(孫歌) 등의 논의를 염두에 두고, 지역의 실체화도 문화적 구성물로 보는 시각도 아닌 제3의 시각으로 기획된 것이었다. '역사적 실체'로 동북아시아를 보면서, 동북아시아 내부의 중심과 주변, 그리고 세계와 동북아시아 사이의 중심과 주변의 구도를 상정하고 주변의 시각에서 역사를 바라볼 것을 주문하는 것이다. 그리고 최원식의 말을 빌려 '주변이지만 세계체제를 흔들 수 있는 가능성을 지닌 역동적 지역'으로 동북아시아를 자리매김하고자 한다(백영서, 2004).

동북아시아의 대안적 질서를 만들고자 하는 창비그룹의 담론을 정리하자면 다음과 같다. 이들에게 동북아시아란 역사적으로 서구 자본주의에 의한 다양한 갈등이 중첩된 공간으로, 역사적 실체라고 할 수 있다. 따라서 역사적으로 형성된 갈등의 핵심인 분단체제의 해소부터 시작해 민중연대 내지 시민사회 연대에 기초한 지역연대와 복합국가 등을 거쳐 자본주의에 대한 대안적 질서를 창출하는 것이 이 지역에 부여된 과제다. 이를 위해 필요한 지적 자산은 유교의 재구성(최원식) 혹은 주변적 시각(백영서)이라고 볼 수 있다.

## 2) 대안적 동북아시아론의 한계

동북아시아의 갈등적 현실을 직시하면서 이를 극복한 대안적 공간으로 동북아시아를 만들고자 하는 논의들은 지역의 현실에 어떠한 영향을 미쳤는가? 앞에서도 말한 바와 같이 이론과 현실 사이의 거리는 여전했다. 여기에는 다음과 같은 몇 가지 지점들이 주요하게 작용했다.

첫째, 지식사회학적 관점에서 볼 때, 대안적 동북아시아론이 처음 제출된 1990년대 이후 사태의 전개는 연구자들의 예상이나 기대와는 다르게 전개되었다. 지역 질서의 변동에 관한 예상들이 대표적이었다. 1990년대 초 대안적 동북아시아 논의가 전개될 당시 논자들은 동북아시아의 탈냉전이 지속될 것이라 기대했고, 중국에 이어 북한의 개방이 가능하리라 내다보았으며, 미국의 지역 내 영향력은 약화되고, 동북아시아는 다중심체제에 접어들 것이라 생각했었다.

하지만 현실은 2000년대 후반을 지나면 사뭇 다른 양상으로 전개되었다. 탈냉전은 이루어졌을지 몰라도 탈분단의 전망은 점차 어두워져 갔다. 북한은 2008년 이후 다시금 빗장을 닫았다. 중국의 국가는 여전히 국가주의적인 내셔널리즘에 기초해 시민사회를 통제하고자 하고 있다(백지운, 2012: 4). 시장 이외의 영역에 대한 개방의 전망이 어두

워진 것이다. 미국의 영향력이 약해지고 중국과 일본이 다중심체제를 이루리라는 예상과 달리, 일본의 쇠퇴와 중국의 부상이 이루어지는 가운데 동북아시아는 미·중간 글로벌 패권 경쟁의 장이 되었다. 동북아시아의 구성원들은 경제성장의 둔화와 사회적 불안정 속에서 국가의 역할을 계속해서 주문하고 있으며, 이를 정당화하기 위해 내셔널리즘을 활용하는 경향을 보이고 있다. 이에 따라, 포스트 국민국가 시대에 국민국가의 역할을 이어받으리라 예상했던 복합적 정치공동체에 대한 전망과 현실 사이의 거리는 좀처럼 좁혀지지 않고 있다.

둘째, 이러한 변화 속에서 이론 자체가 지니는 내적인 난점들이 노정되었다. 크게 두 가지를 지적할 수 있는데, 우선 드러난 난점은 국민국가 중심성으로부터 나오는 것이었다. '창비'를 포함해 동북아시아 담론은 일반적으로 기본 구성 단위로 국민국가를 선택하는 경우가 대부분이다(김명인, 2012: 472). 창비그룹이 동북아시아의 핵심 문제를 한반도의 분단으로 보는 것 역시 국민국가적 시각과 깊이 결부된 것으로 볼 수 있다. 그래서 '한국중심적 사고'라는 지적을 여러 번 받은 것이 사실이다(이동연, 2007: 109; 장인성, 2005: 14).

국민국가중심성은 시각의 제한이라는 문제로 이어졌다. 국민국가를 단위로 사고하는 동북아시아 공동체론은 제국주의나 냉전에 의한 가해나 피해의 문제, 분단 문제 등에 대해서는 강점을 보일 수 있다. 하지만, 논의 초기인 1990년대부터 계급, 젠더, 지역 등 다양한 정체성을 발언하기가 매우 어렵다는 비판을 면할 수 없었다(김은실, 2000; 조한혜정, 1998: 162~164). 백영서의 '주변에서 동북아시아 보기'라고 하는 과제는 다양한 정체성을 포괄하려는 시도처럼 보이지만, 그가 말하는 '주변'은 지역의 대국들 사이의 소국들이자 세계체제론에서의 중심-주변 관계를 지역 차원에서 재구성한 것이었다(백영서, 2000: 71, 2004: 19).

이어서 드러난 난점은 대안의 상이 선명하게 그려지지 않았다는 점이다. 창비그룹의 논자들은 자본주의도 사회주의도 아닌 제3의 대안을 말하면서, 초기에는 동북아시아의 전통으로부터 대안의 열쇠를 찾고자 한 바 있다. 백낙청(1995: 23~24)은 근대의 극복을 위해선 '문명적 자산'이 필요하다고 보았고, 최원식(1993: 222)은 유학을 그러한 문명적 자산으로 내세운 바 있다. 동북아시아의 지배이데올로기로 활용되기는 했지만, 새로운 문명의 자산이 될 가능성 역시 존재한다는 것이다(최원식, 1993: 222). 백영서(2004: 32~36)는 주변적 시각을 토대로 할 때 서구 자본주의에 의해 만들어진 중심과 주변의 구도를 넘어서는 대안이 도출될 수 있다고 보았다. 하지만, 유교나 동양 같이 넓은 범주 중에서 구체적으로 무엇을 대안으로 할 것인가에 대해서는 답이 나오지 않았다. 백영서는 2011년의 시점에서 동북아시아의 문명적 자산 가운데 발굴된 것은 '소국(小國)주의' 정도라고 말한다(백영서, 2011: 34). 대안의 상을 보여줄 수 있는 구체적 상을 만들지 못했단 이야기로 해석할 수 있다.

대안의 상을 구체화시키지 않은 채 동북아시아를 호출하다 보면 의도치 않게 '아시아적인 것' 혹은 '동양적인 것'을 그 자체로 대안인 것처럼 보는 우를 범할 수도 있다. 역오리엔탈리즘(reversed orientalism)의 형태로 동양적인 것을 우월한 것으로 상정할 수도 있다는 이야기다(박승우, 2008: 37~41). 이는 오용될 경우 자칫 서구의 지배 속에서 형성된 20세기 동북아시아라는 공간에 대한 비판이 19세기 이전 동북아시아에 대한 이상화 내지 중국의 패권에 대한 순응으로 이어 질 수도 있다. 조공체제(니시지마, 2008)나 책봉체제(하마시타, 2018)로 대표되는19세기 이전의 체제가 20세기의 제국주의나 냉전체제 같은 극단적 폭력이 없는 상대적 평화의 시기였다고 할지라도 그것은 어디까지 요한 갈퉁(Johan Galtung)이 말한 소극적 평화에 해당할 뿐이다

(Galtung, 1985: 145~146).

셋째, 위와 같은 이론적 난점은 실천의 난점으로 이어진다. 20세기 자본주의를 넘어서는 대안문명의 건설, 복합국가 형성, 분단체제의 해소, 지역적 민중연대와 시민연대 등을 장·단기적 프로토콜로 제시하고 있지만, 이에 대해서는 보다 구체적인 실천 방안이 마련되었어야 했다. 이미 1990년대 말의 시점에서 백원담은 최원식의 아이디어에 대해 아래로부터의 연대 맥락의 경로를 구체화하지 못했다는 평가를 내린 바 있다(백원담, 1999: 337). 이러한 비판은 2000년대 이후로도 이어져 무실천, 관념론, 형식주의라는 비판이 계속 이어졌다(장인성, 2005: 14; 이동연, 2007: 118; 김명인, 2012: 475).

창비그룹의 활동에 실천이 없었다고는 할 수 없다. 창비그룹은 강상중(姜尙中), 와다 하루키(和田春樹) 등 동북아시아의 여러 지식인들에게 《창작과비평》의 지면을 할애해 왔고,[9] '동북아시아의 비판적 지성' 시리즈를 통해 동북아시아를 대표하는 지식인들인 쑨거(孫歌), 왕후이(汪暉), 천광싱(陳光興), 사카이 나오키(酒井直樹), 야마무로 신이치(山室信一) 등의 동북아시아론을 한데 모았으며, 동북아시아 비판적 잡지들 ─ 중국의 《뚜슈(讀書)》, 《민젠(民間)》, 일본의 《세카이(世界)》, 《겐다이시소오(現代思想)》, 《IMPACTION》, 《젠야(前夜)》, 《케시카제(ケ-シ風)》, 대만의 《인터아시아문화연구(Inter-Asia Cultural Studies)》, 《대만사회연구(臺灣社會研究季刊)》, 한국의 《황해문화》, 《시민과세계》, 《여/성이론》 ─ 이 모이는 자리를 계속 만들어왔다.[10]

하지만 이러한 실천은 사상대화에 국한되었다고 말할 수 있을 것이다. 1990년대 이후 제기된 '창비'의 동북아시아 담론이 현실이 되기

---

9) 강상중(2003), 와다(2005), 백영서·쑨거(2013) 등을 참조.
10) 창작과 비평 홈페이지 '역사' 참조 https://www.changbi.com/company-info/company-history (검색일 2020. 1. 3)

위해서는 어떤 방식으로 민중연대를 실천할 것인지, 누가 주체가 될 것인지, 민중연대 내지 시민연대를 어떤 방식으로 분단체제의 해소와 복합국가의 형성으로 이어갈 것인지 등에 대한 구체적인 아이디어가 필요했다. 백영서(2011) 등이 창비그룹의 동북아시아론에 가해진 비판에 대해 성실하게 응답하고는 있지만, 사상을 실천으로 옮기기 위한 프로세스에서 눈에 띄는 진전은 없었다고 판단된다.

이와 같은 담론과 실천 사이의 거리는 창비그룹만이 아니라 동북아시아 담론 일반에 해당하는 것이기도 한 사항이기도 하다. 실제로 동북아시아의 교류는 지식인이나 시민사회 리더들 사이에 '포럼'의 형태로 교류하는 경우가 다수를 차지했다. 동북아시아 공동역사교과서 미래를 여는 역사 의 발간 등 성과가 없지는 않았지만, 지적 교류 가운데 영향력을 주고받은 흔적이 드러난다거나, 나아가 지적 패러다임의 전환이 드러나거나 하지는 않고 있다. 국제적 교류의 특성상 많은 재원이 필요하기에, 민간영역에서 지속적인 교류의 플랫폼을 만들기란 어려울 수도 있겠다. 하지만 중점연구소나 인문한국(HK)의 형태로 한국연구재단의 중장기 지원을 받은 수십 개의 동북아시아 내지 동북아시아 관련 연구소들의 존재를 고려한다면, 물적 기반의 탓으로만 돌리기는 어려울 것 같다.[11]

창비그룹의 논의를 포함한 동북아시아 담론은 2000년대 중반 이후 일종의 쇠퇴기를 맞는다. 윤여일(2016: 94~95)에 따르면 동북아시아 담론의 전성기와 함께했던 문예지들은 2000년대 중반 이후 쇠퇴의 길로 접어들었고, 같은 시기 《전통과현대》나 《당대비평》처럼 담론의 부흥에 역할을 담당했던 잡지 몇몇은 폐간의 운명을 피하지 못했다. 그러면서 동북아시아 담론 역시 답보상태가 되었다고 설명한다.

---

11) 이동연(2007)에 따르면 2006년 중반의 시점에 연구재단의 지원을 받는 55개 중점연구소 중 10여개가 '동북아시아'와 연관된 명칭을 쓰고 있었다.

하지만 대안적 동북아시아론의 한계 노정에 대해서는 현실의 변화가 매우 중요하게 적용했다고 판단된다. 국민국가를 중심에 두었던 것과 대안과 실천 구상이 모호했던 점은 대안적 동북아시아론이 1990년대 중반부터 2000년대 중반까지 전개되었던 국민국가들의 개방 속에서 성립했기 때문이었다. 1990년대 말의 한일 사이의 관계개선, 1997년의 아세안+3정상회의 제도화, 김대중 정부부터 시작된 남북 사이의 관계 개선, 2005년 동북아시아정상회의의 제도화 등 1990년대 후반부터 약 10년간 동북아시아의 국민국가들은 적극적으로 개방과 협력의 기조를 취했던 바 있다. 이처럼 동북아시아의 국민국가들이 스스로 개방과 협력의 길로 나아가는 상황에서, 국민국가를 문제시하고 다른 주체를 상정하거나 국민국가들이 보여주는 흐름과 별도의 실천 프로세스를 제시하는 일에 소극적이라도 큰 문제는 없었던 상황이었다. 하지만 2000년대 후반 이후 국민국가들이 개방에서 폐쇄로, 협력에서 경쟁으로 돌아서면서 현실은 대안적 동북아시아론의 주체, 목표, 실천 등의 불분명함이라는 난점을 보다 선명히 부각시켰다.

## 3. 동북아시아의 사회적 연대와 인식공동체

앞서 본 것처럼 대안적 동북아시아론은 동북아시아의 대안적 질서를 목표로 하는 민중연대 내지 시민연대를 꿈꿨지만, 그 실제 내용은 한반도 분단문제를 중심에 둔 사상(가) 연대였다고 볼 수 있을 것이다. 그리고 2010년을 전후한 정세변동 속에서 국민국가 중심성, 대안의 비구체성, 실천 구상의 모호성 등의 난점을 노정했다. 그렇다면 대안적 동북아시아론의 난점을 넘어설 수 있는 대안적 지역협력의 상을 어떻게 그려볼 수 있을 것인가? 이를 위해서는 2010년을 넘어서며 변화하는 현실을 고려하면서 대안적 협력의 목표와 실천의 방편을 구상할 필요가 있어 보인다.

변화하는 현실과 관련해 시야에 넣어야 할 중요한 사태 중 하나는 2000년대 후반과 2010년대 초반 사이의 글로벌리즘 쇠퇴와 내셔널리즘의 재부상이라고 할 수 있다. 2008년의 전 세계적 경제위기는 글로벌 자본주의에 대한 회의를 불러일으켰다. 이어서 유럽에서는 그리스를 필두로 유럽연합으로부터의 탈퇴 논의가 등장하고 유럽연합에 대한 회의론(Euroscepticism)이 활성화되었으며, 각국 시민들은 자신의 삶의 불안을 앞에 두고 '국가의 귀환(return of the state)', 즉 국가의 역할 강화를 주문했다. 나아가 국민의 보호에 대한 요구를 내셔널리즘에 기초함으로써 국가 사이에 벽을 세울 것을 요구하는 이들이 늘어갔다(Overbeekm, van Appeldorn and de Fraaff, 2014: 6~10; Bârgăoanu, Loredana, and Negrea-Busuioc, 2014).

동북아시아의 경우 맥락은 다르지만 내셔널리즘의 강한 영향력이라고 하는 상황은 공유하고 있다. 동북아시아의 국가들은 발전국가(Developmental State)라 불리는 적극적인 국가행위와 더불어 20세기 후반기 동안 경제성장과 국제사회 내 지위 상승을 경험한 바 있다.[12] 그리고 후발 자본주의 국가임에도 불구하고 계급이나 젠더 간 사회적 격차, 실업의 증가, 이동과 이민노동의 증가, 노동 유연화와 불안정성의 증가, 사회적 배제 등 새로운 사회문제(new social question)를 서구와 유사하게 경험하고 있다(Rosanvallon, 1995; Therbon, 2019; Breman et al., 2019).[13] 이런 상황에서 동북아시아의 구성원들은 경제성장에서

---

12) 한국 발전국가에 대해서는 Amsden(1992)과 Woo-Cumings(1999)를, 일본에 대하여는 Johnson(1982), 대만에 대해서는 윤상우, 중국에 대하여는 서상민, 高原 · 前田(2014) 등을 참조.

13) 19세기 서구의 자본주의 이행과 산업화 과정에서 발생한 다수 노동자와 민중 계급의 빈곤문제 및 질병과 범죄 등의 도시 문제를 사회문제(social question)라

부터 사회보장까지 다양한 국가의 역할 강화를 주문하고 있으며, 정치적 발언권과 사회적 시민권의 기반으로 내셔널리즘을 활용하는 경향도 나타나고 있다.

글로벌자본주의가 만들어낸 문제를 포함해 다양한 사회문제들이 새로이 부상한 현재, 이 문제를 염두에 두면서 대안적인 지역협력의 상을 제시할 필요가 있다는 것이 이 글의 판단이다. 이 글은 대안적 협력의 목표로 사회적 연대를, 그 실천 방편으로 인식공동체(Epistemic Community)를 제시하고자 한다.

### 1) 사회적 연대

동북아시아 담론이 활발하게 전개되던 2000년대 초의 시점에서 동북아시아 담론이 지닌 한계를 어떻게 넘어설 수 있을지에 관한 아이디어를 제출한 논저가 있다. 박명규의 저작들이 그것인데, 그는 동북아시아 공동체론이 경제, 사회, 정치 영역의 연구들과도 연결되어야 한다고 보며, 또한 국가폭력·대량학살·소수 민족·탈식민·페미니즘 등 다양한 지구적 문제들과 동떨어져서는 안 된다고 본다.

신자유주의 속에서 발생하는 문제를 포함해 구성원들이 맞닥뜨리고 있는 다양한 현실적 문제에 대한 해결책을 제시할 수 있는 데까지 나아가야 한다는 것이다(박명규, 2005: 96, 100). 나아가, 그는 '복합적 정치공동체' 개념을 통해 대안적인 협력의 상을 제시했다. 복합적 정치공동체란 "경계의 고정성보다는 유연성이, 권력의 집중성보다는 분산성이, 그리고 국민적 통합보다는 연대의 다층성이 더욱 강조"되는 공동체라고 설명한다(박명규, 2000: 16~17). 이를 통해 그는 국민국가

---

하는데, 이는 1830년대 프랑스에서 시작되어 1840년대 독일로 확산되었다(다나카, 2014: 75; Kaufmann, 2003: 14, 24).

중심성을 넘어서고 구체적 대안 및 실천과 동북아시아 담론이 만날 수 있는 통로를 제안한 것이었다.

이러한 아이디어를 조금 더 구체화하기 위해 이 글은 '사회적 연대'라는 개념을 활용하고자 한다. 이 개념에 대해 우리는 다음과 같은 기대를 걸어볼 수 있을 것이다.

첫째, 사회라는 개념을 통해 우리는 대안의 구체성을 기대해 볼 수 있다. 사회라는 개념은 네이션 개념과 비교할 때 동일성보다는 차이에 주목할 수 있기 때문이다. 네이션(nation)이라는 정체성은 구성원 공통의 특징, 소질, 자격 등과 깊이 결부되어 있다. 근대 대의제 국가의 출발점으로 여겨지는 프랑스 혁명은 두 개의 근대적 공동체를 발명했다. 하나는 네이션(nation)이고 다른 하나는 사회(société)였다. 네이션은 주로 공통성에 초점을 맞춘다. 프랑스의 경우 루소적 사회계약론에 기반해 정치공동체를 구성하고 지속시키려는 공통된 의지(volonté)가 네이션을 이루는 핵심이었으며, 독일의 경우 공통의 문화와 혈통이 핵심이었다(박명규, 2009: 60~65). 어느 쪽이든 차이보다는 동일성(identity)이 더욱 중요한

요소로 작용하는 것이 네이션이라는 개념이다.

반면에 사회란 차이의 공간이다. 아렌트(Hannah Arendt) 같은 이들은 '사회적인 것'에 대해 개인들의 차이를 소거하고 균질화시킨다고 평가한 바 있지만(아렌트, 2004), 일찍이 헤겔(Hegel)이 발견한 바 있듯이 사회는 불균등의 공간이다. 특히 마르크스주의 전통에서 사회공간은 불평등의 구조화로 특징지어지는 공간이며(Chernilo, 2004: 43), 부르디외(Pierre Bourdieu) 역시 사회를 자본(capital)의 총량에 따라 서로 다른 지위를 지니는 이들의 공간으로 본다(Bourdieu, 1994: 28). 20세기 독일 사회학 전통은 근대사회가 서로 다른 기능적 논리, 의사소통의 코드, 합리성의 규준들로 형성된 생활영역의 분화(Ausdifferenzierung)

로 특징지어진다고 본다(Lessenich, 2008: 24). 프랑스혁명 이후 '사회적인 것'은 불평등의 문제를 포함해 다양한 사회문제에 대처하는 과정에서 등장한 개념이었다(Procacci, 1993: 24~27). 현재도 '사회' 또는 '사회적인 것'이라는 개념에는 구성원 사이의 상호작용, 연대, 구조적 불평등, 차이와 분화 등 다양한 차이 및 규범들을 함축하고 있다(Freitag, 2002; 앨리엇 & 터너, 2015). 그래서 사회라는 개념은 계급, 젠더, 인종 등 다양한 차이, 격차, 불평등 문제와 밀접히 관련되며, 차이들 및 차별과 관련한 정의(justice)의 문제를 내재하고 있다(Freitag, 2002: 176).

따라서 '냉전'이나 '분단'같은 개념과 자주 접속되어 온 동북아시아 공간에 '사회'라는 개념을 더함으로써 우리는 동북아시아 공간 내에 구조화된 체제와 오늘날의 사회문제가 어떻게 연결되어 있는지를 고찰할 수 있을 것이다. 지역 내 구성원들이 맞닥뜨린 다양한 사회적 과제(social question)들을 발견하고, 분단과 냉전체제하에서 형성된 시스템이 이들 과제들과 어떻게 연결되는지를 확인하며, 탈분단·탈냉전과 사회문제의 해결을 접속시키고 대안의 상을 보다 구체화할 수 있을 것이다.14)

---

14) 대안적 동북아시아론의 한계가 드러난 이후 이를 넘어서려는 시도는 다수 존재해 왔다. 성공회대 동아시아연구소를 대표해 백원담(2010)은 식민에서 냉전으로 이어지거나 전환하는 과정에서 아시아 각국의 국민문화가 형성되고 이 가운데 냉전이 일상과 문화에 침투했음을 발견하며, 이러한 역사적 경험을 공유하는 가운데 전환의 계기를 함께 하는 것을 하나의 해법으로 내놓았다. 정근식(2014, 2016) 역시 동아시아 냉전·분단 체제를 문제시하는데, 이를 접근하는 방식으로 민족국가들의 경계에 놓인 오키나와, 금문도, 서해 5도 등을 중요 연구대상으로 삼는다. 그리고 이들의 공통경험에 기초한 평화와 연대를 해법으로 내놓고 있다. 정영신(2012) 역시 제주의 군사기지화가 동아시아 냉전체제의 변동 속에서 이루어진 것임을 실마리로 삼아 제주와 오키나와 등 시민사회의 연대라는 실천을 해법으로 내놓고 있다. 마지막으로 김명희(2016) 또한 동아시아 냉전과 탈냉전 속에서 국민국가들의 경계를 넘나들었던 코리언 디아스포라의

둘째, '사회'라는 개념을 경유함으로써 우리는 동북아시아 공간에서 국민국가 중심성의 탈피를 기대해 볼 수 있다. 20세기 동북아시아의 핵심 사상은 내셔널리즘이라고 볼 수 있다(박명규, 2004: 168). 19세기 말 '서세동점'의 상황에서 위기에 직면한 동북아시아의 지식인들이 근대국가의 건설을 시급한 과업으로 설정한 이래, 내셔널리즘은 이 지역의 지식계에 핵심적인 이데올로기로 기능해 왔다. 특히 지역 내 제국-반식민-식민지의 형성은 지역 내 내셔널리즘의 중요성을 더해주었다. 제국 체제의 해체 이후에도 내셔널리즘은 여전히 핵심 이데올로기로 기능했다. (서구와의 비교 속에서 형성된) 위기의식과 빠른 경제성장을 통해 위기를 넘어 서구를 따라잡고 국제사회 내 지위를 재구성하는 것을 목표로 한 발전국가 특유의 이데올로기는 내셔널리즘과 불가분의 관계에 있었다(Black and Peacock, 2004: 2272~2273). 국가와 대립적 관계에 있는 진보적 지식인들 역시 그 내용은 매우 다를지라도 내셔널리즘을 매우 중요한 사상적 기초로 삼기는 마찬가지였다(오제연, 2007; 小熊, 2002). 신자유주의와 지구화 국면에서 일어나는 다양한 사회문제들 속에서 동북아시아 지역의 대중들이 보여주는 중요한 반응 중 하나는 배외주의적 태도로 문제의 원인을 외부화하면서

경험을 공공기억을 전환하고 이를 바탕으로 한 기억의 연대를 해법으로 내놓았다. 동북아시아 냉전의 모순이 경계에 자리한 공간에 집중되는 것은 사실이지만, 냉전은 모든 지리적 공간에 다양한 영향을 미쳤다. 예를 들어 뉴욕과 같은 도시는 냉전의 최전선이라고 할 수 없음에도, 도시계획에 냉전의 그림자는 짙게 드리워 있다(Zipp, 2010). 백원담의 말처럼 냉전은 다수의 사람들의 일상에 침투해 들어갔기 때문이다. 앞서 본 바와 같이 새로운 사회문제에 당면한 현재, 냉전체제는 경계를 넘어 다양한 문제해결의 전망과 연결될 때 더욱 큰 설득력을 지닐 수 있다 판단된다. 분단체제 역시, 분단과 냉전이 지닌 많은 문제들의 해결과 당면한 사회문제의 해결이 접속될 때 분단체제로부터의 탈피가 왜 필요한지에 대한 설득력을 높일 수 있다 판단된다. 특히 냉전하에서 성립한 발전국가체제에 의해 연대의 경험이 비교적 일천한 것이 동북아시아임을 고려한다면 다양한 사회문제의 해결과 탈냉전이 접속될 필요가 있다고 판단된다.

내셔널리즘을 더욱 고조시키는 경향이다.

'사회' 또는 '사회적인 것(the social)' 개념은 포스트국민국가 시대에도 여전히 중요한 인식의 범주로 활용되고 있다. 사회학 영역에서는 국민국가를 넘어선 범위를 서술할 때에 여전히 '사회' 개념이 활용된다. 앨브로우(Albrow, 2005)의 글로벌사회(global society), 벡(Beck, 2010)의 글로벌위험사회(Weltrisikogesellschaft), 카스텔(Castells, 2003)의 네트워크사회(network society) 등의 개념은 국민국가를 넘어선 흐름들을 분석하면서 '사회' 개념을 활용하고 있다. 1970년대 이후 사회의 범위를 국민국가와 일치시켜 왔던 '방법론적 내셔널리즘'에 대한 비판이 있었고(Giddens, 1973: 265), '네이션'과 유착해 온 사회 개념의 유용성에 대한 회의 역시 존재하는 것은 사실이다(Beck, 2000: 20~21). 그럼에도 이를 대체할만한 개념은 등장하지 않았고, 사회개념은 여전히 활용되고 있다(Wagner, 2004: 144~145). 포스트 국민국가의 시대에도 활용될 수 있는 여지가 있기 때문이라 생각된다.

오늘날의 사회문제는 국민국가의 틀을 넘어서 있는 경우가 많다. 과거 도시를 무대로 했던 전염병은 오늘날 국경을 쉽사리 넘나들고 있으며, 환경문제 역시 진작에 국경을 넘었다. 노동과 삶 역시 국경을 넘어서기 일쑤다. 새로운 사회문제는 국적에 기초해 사회적 시민권을 보장함으로써 통제할 수 있었던 기존의 사회 문제 접근법으로는 해결되기 어렵다. 네이션과 내셔널리즘을 넘어서는 새로운 범주가 필요하다. 글로벌 자본주의와 자본의 높은 이동성은 새로운 사회문제를 만들어내고 있지만, 내셔널리즘보다는 새로운 인터내셔널리즘이 필요하다는 판단이다. 19세기 사회문제를 맞닥뜨린 노동자들이 그러했듯이 말이다. 이러한 상황에서 사회라는 개념은 여전히 유용하며, 강고한 내셔널리즘에 의해 계속해서 벽이 생성되고 있는 동북아시아의 공간에 새로운 인식적 범주가 될 수 있다.

셋째, '사회'는 구체적인 실천의 프로세스를 상정하기에도 상대적으로 용이한 개념이다. 사회라는 개념은 차이에 기초한 연대, 상호주관적인 소통, 그리고 공통의 규범을 상정한다. 동북아시아에서 구성원 간의 결속과 연대의 상정은 주로 '네이션' 개념에 기초했다고 볼 수 있다. 하지만, 사회 역시 연대의 공간이다. 대표적인 것이 고전사회학자 뒤르켐(Emile Durkheim)의 연대론이다. 뒤르켐에게 사회란 서로 다른 기능(직업)을 가진 이들이 유기적으로 결합하는 공간이다. 근대 사회에서 개인들은 서로 다른 역할을 담당하지만, 서로 다른 역할을 담당하기 때문에 상호 간에 긴밀한 의존 관계를 형성하게 된다는 것이 그의 아이디어였다(다나카, 2006: 202). 폴라니(Karl Polany)에게는 시장과 다른 상호성과 재분배의 공간이 사회였다(폴라니, 2009). 또한 미드(G. H. Mead)가 보여주듯이 자아와 타자 사이의 상호주관적 소통을 통해 형성되는 공간이기도 하다. 다시 뒤르켐으로 돌아가자면, 이러한 소통과 연대는 '집합의식(la conscience collective)', 즉 사회에 공유되어 있는 신념과 가치를 만들어낼 수 있다. 하버마스(Habermas)는 이러한 사회의 특징이 일국적 차원을 넘어서 이미 존재한다고 말한 바 있다. 특히 1990년대 이후 세계시민적 가치와 규범은 등장하고 있으며, 이와 관련해 국제적 차원에서의 사회적 연대와 상호 소통의 가능성을 주장한 바 있다(Habermas, 1998). 일찍이 국제정치학계에서 제출된 '국제사회(international society)' 역시 공통의 규범·제도 및 상호이해에 초점을 맞춘다(장인성, 2008: 362). 이러한 사회 개념의 규범성은 일견 슬로건화될 우려가 있는 것도 사실이지만, 동북아시아의 대안으로 향하는 여정에서 각 단계마다 필요한 규범들을 공급해 줄 수 있는 가능성 역시 존재한다. 예컨대, 동북아시아의 대안적 문명을 최종 목표로 하면서도 대항적 영역의 구축을 단계적 목표로 삼을 수 있고, 동북아시아의 연대를 최종 목표로 하면서도 이를 위해 상호 소통을 프로세스의 규범으로 삼을 수도 있다. 이러한 점을 고려하면, '사회' 개념을 경유해 실천의 프로세스가 좀 더 선명해질 수 있다고 판단된다.

이상의 논의는 사회적 연대라는 개념이 기존 대안적 동북아시아론이 지녔던 난점을 보완할 수 있다는 말인 동시에, 이 개념을 통해 지역적 협력의 목표와 단계적 수행과제를 보다 구체화시킬 수 있다는 말이기도 하다. 사회적 연대란 한편으로는 '서구'와 '자본주의'를 기축으로 만들어진 현행 동북아시아의 기존 질서를 바꾸어나갈 목표를 지칭하는 개념이다. 다른 한편으로는, 그와 같은 목표를 달성하기 위해 내부의 다양한 차별과 불평등으로부터 형성된 과제들에 대한 인식, 서로 다른 차이를 지닌 구성원들의 상호 소통이라는 프로세스, 시장원리가 아닌 연대원리에 기초한 대항영역의 구축 등 단계적으로 수행해 나가야 할 과제들을 지칭하는 개념이 되기도 한다.[15]

---

15) 지역(region) 수준에서 이루어질 '사회적 연대'에 대한 구상은 국내의 사회학자들이 제시했던 대안적 지역주의와도 연동될 수 있다. 일군의 사회학자들은 2000년대 이후 지속되고 있는 신자유주의와 삶의 유동화, 다양한 정체성의 부상과 정체성의 정치 등을 관찰하면서, 이러한 새로운 흐름과 결부된 지역협력의 상을 제시한 바 있다. 예를 들어, 앞서 소개한 박명규는 복합적 정치공동체가 경계간의 불일치와 중첩을 인정하고, 정부의 권력이 다양한 세력들에게 이양되고 공유되며, 여성"E노동"E인권 등 국민국가로부터 상대적으로 자율적인 영역들의 다층적인 국제연대를 가능케 하는 새로운 단위라고 말한다(박명규, 2000: 17). 조희연·박은홍(2007)은 사회적 아시아(Social Asia)라는 개념을 제안한 바 있다. 이는 아시아 민중들의 사회적 요구를 실현하기 위해 아래로부터의 연대에 기초해 구성되며, 공공성, 인간반보, 사회적 돌봄, 생태 등의 가치에 기초한 초국경적 차원의 사회적 규율질서 — 인권레짐 및 민주주의레짐 — 의 형성을 의미한다. 차이를 강조하는 가운데 상호 소통과 연대를 강조한다는 점에서 사회적 연대는 복합적 정치공동체의 논의와 연동된다. 또한 공통의 규범 형성이라는 차원에서 '사회적 아시아' 논의와도 연동될 수 있다.

## 2) 인식공동체란 무엇인가?

그렇다면 지역 수준에서의 사회적 연대를 어떠한 방식으로 실천해 나갈 것인가? 이 글은 동북아시아의 사회적 연대를 위한 첫 번째 단계로, 동북아시아 구성원들이 당면한 문제들을 인식하고 이를 해결하고자 상호 소통을 수행하고, 공통의 규범을 마련하는 과정을 일컫는 '인식공동체'를 방법론으로 제시하고자 한다. 이는 앞서 언급했던 동북아시아 내부의 다양한 차별과 불평등으로부터 형성된 과제들에 대한 인식, 서로 다른 차이를 지닌 구성원들의 상호 소통이라는 프로세스, 시장원리가 아닌 연대원리에 기초한 대항영역의 구축이라는 과정에서 실천해 볼 수 있는 하나의 플랫폼이라고 할 수 있다.

인식공동체(Epistemic Communities)라는 개념은 국제정치에서 초국가적 정책형성 과정을 분석하기 위해 국제정치학자 존 러기(John Ruggie)가 미셸 푸코(Michel Foucault)의 에피스테메(épistémè) 개념을 차용해 만들었으며(Ruggie, 1975: 67~70), 1990년대 초 피터 하스(Peter M. Hass) 등에 의해 정교화되고 널리 확산되었다. 하스(Hass, 1992: 3)는 인식공동체를 '특정 영역에 대해 전문적 능력을 인정받고, 또 그 분야의 정책과 관련되는 지식에 관해 권위 있는 의견을 개진할 수 있는 전문가들의 네트워크'라고 정의하고 있다. 여기서 말하는 전문가란 국가관료나 연구자만 아니라 시민사회의 리더들도 포괄한다. 그리고 이들의 활동은 국가 정책만 아니라 시민사회의 여론에도 영향을 미친다. 인식공동체는 국가와 시민사회를 매개하는 자리에 위치한다고 볼 수 있다.

물론 지식인의 네트워크라고 해서 다 '인식공동체'라고 할 수 없다. 하스(Hass, 1992: 3)는 인식공동체가 다음과 같은 네 가지 요소를 공유한다고 말한다.

1. 특정한 가치판단에 근거한 사회적 행위를 실천하기 위한 원칙적 이해의 공유.
2. 정책현황과 특정한 정책대안 사이의 인과성에 대한 이해 및 그와 관련된 전문적 견해의 공유.
3. 제시된 정책대안의 타당성을 상호주관적 관점에서 검증하기 위한 개념이나 기준의 공유.
4. 인간적 복지의 향상에 기여한다는 대의적 신념으로부터 도출되는 정책적 의지의 공유.

요컨대, 원칙적 이해의 공유, 인과성에 관한 이해의 공유, 타당성에 관한 공유, 대의적 신념과 정책적 의지의 공유 등이 지식인들의 네트워크를 하나의 '인식공동체'로 만들어준다는 것이다. 특정 문제를 해결하기 위해 전문가 혹은 지식인들이 네트워크를 만들고, 이들 사이에 일련의 이념과 방법론이 공유될 때 그 네트워크는 '인식공동체'가 되는 것이다.

그렇다고 해서 인식공동체가 전문가들 사이의 의견 일치에만 주목하는 것은 아니다. 앞서 본 네 가지 요소 중에서 1번과 4번이 말해주는 것은 인식공동체에 있어 규범적 요소는 불가결한 부분이라는 것이다. 인식공동체는 단순히 전문가들이 모여 인과관계를 밝히고 정책적 제언을 수행하는 것이 아니라, 공통의 규범에 대한 합의와 전문적 지식을 모두 갖춘 행위자들이 새로운 지식을 확산시키거나 침투시키며, 이것이 국제적인 정책 결정에까지 영향을 미치는 동시에 관련 지식인들 사이의 사고패턴에 일관성이 존재하는 과정까지를 포괄한다(미우라, 2010: 289; Adler and Haas, 1992: 370).

이러한 인식공동체는 특히 불확실성이 높은 상황에서 큰 영향을 미칠 수 있다. 벡의 '위험사회(Risikogesellschaft)' 같은 개념을 통해 드러나는 초국경적인 환경재난이나 핵물질 문제 등이 대표적이다. 이들과 같이 복잡한 사안들의 경우에는 인과론적 관점에서 분석해 설명하고 이에 기초한 지식과 정보를 전달하는 것만으로도 정책의 형성에 영향을 미칠 수 있다. 이러한 상황에서는 지식과 정보가 새로운 행동의 패턴을 만들어내는 중요한 통로가 되기 때문이다. 실제로, 1990년대 초 인식공동체가 주목을 받게 된 것은 이전 시기 환경문제 등에 관한 국제적 지식 네트워크의 영향력이었다. 1990년대가 되면 이들의 문제제기가 국가 간 협약으로 발전했기 때문이다(Sebnius, 1992). 그 외에도 일국적 차원을 넘어서는 문제가 되어 있으며 전문성을 지닌 지식인 집단의 역할이 중요한 핵무기 감축 분야에서도 인식공동체의 사례가 발견된다(Adler, 1992).

지식인 네트워크에 기초한 인식공동체는 일국적 정치보다는 국제 정치에 있어 큰 힘을 발휘할 수 있다. 일국적 정치보다는 국제적 정책 결정 과정에 있어 문제에 대한 지식이나 인과성에 대한 이해의 영향이 더 크기 때문이다(Goldstein, 1993). 또한, 국가들 사이의 공통의 합의, 개별 협상 등을 통한 정책 형성이 어려운 상황에서는 전문가들의 지식에 기초한 인식론적 합의가 대안적인 정책 형성의 통로가 될 수 있다(윤홍근, 2008). 인식공동체의 출발점은 정보의 교환, 공동의 연구 등을 통해 지식인들이 초국가적으로 자신들의 의견을 교환하는 것이다. 이를 통해 지식인들 사이에 의견의 합의는 아닐지라도 쟁점에 관한 일련의 범위와 기준이 설정될 때 인식공동체가 형성되었다고 할 수 있다(설규상, 2008). 그렇기에 인식공동체는 개별국가들이 정책을 형성함에 있어 일국적인 관점이나 고려를 넘어 국제적인 지식과 관점에 기초할 수 있도록 해줄 수 있다.

민중연대나 시민연대를 대신해 인식공동체를 말하는 이유는 다음과 같다. 동북아시아라는 공간은 국민국가의 영향력이 여전히 매우 강하다. 민중연대나 시민연대는 국민국가에 의해 제한될 수 있는 소지가 강하다. 특히 검열이 강화되고 시민적 발언의 자유가 제한되어 가는 중국의 최근 흐름을 보자면 당분간 민중연대나 시민연대가 쉽지 않을 것이라는 예측은 무리라 할 수 없을 것이다. 국민국가의 수도에서 활동하며 네이션의 시각에 익숙한 지식인들을 모아 포럼을 개최하는 방식은 입장의 차이나 관점의 차이를 좁히기에는 다소 부적절해 보인다. 또한 국민국가들 사이의 서로 다른 지식의 축적량에 기초해 특정 국가가 다시 헤게모니를 행사할 우려 역시 존재한다. 소통의 지속성과 개방성이 담보되고, 동북아시아 국가 내 평등한 소통이 이루어지기 위해서는 지속성과 안정성을 지닌 국제적 지식네트워크를 구축함으로써 국민국가들 '사이'의 영역을 적극적으로 만들 필요가 있어 보인다.16)

자연과학과 결부된 환경이나 핵물질 문제와 달리 사회과학과 결부된 영역들에서는 지식인 네트워크가 시민연대나 민중연대에 비해 미칠 수 있는 영향력이 제한적이라는 의견이 있을 수 있다. 하지만, 지식인의 네트워크와 인식공동체가 새로운 지적인 규준을 마련하고, 나아가 국민국가의 정책들에 영향을 미친 사례는 여럿 있다. 대표적으로 국제적인 사회개혁가(social reformer) 네트워크인 국제노동자법적보호위원회(International Association for Labour Legislation)로 시작해 제1차 세계대전 이후 초국적 기구가 된 ILO(International Labour Organization)

---

16) 동북아시아의 인식공동체에 관한 사례들에 대해서는 배영자(2008)와 미우라 (2010)를 참조. 대안적 동북아시아론과 관련해서는 성공회대학교 동아시아연구소가 하나의 사례가 될 수 있다. 앞서 소개한 바와 같이 당 연구소는 냉전 속에서 아시아 각국의 문화와 일상이 형성되었음을 발견하고 역사적 경험을 공유하는 가운데 전환의 계기를 공동으로 모색할 것을 해법으로 내놓았다. 나아가 이를 위한 실천으로 '아제적(inter Asia)' 연구를 주장했다. 이를 위해 22개 대학 컨소시엄을 조직하고 공동의 성과를 출간하며 대학생들을 위한 Summer School을 개설했다(백원담, 2010: 145~146). 네트워크 참여자 사이에 문제에 대한 해결책이 공유되었는지는 불분명하지만, 연구 어젠다와 실천 방식은 인식공동체의 그것이라고 볼 수 있다.

는 사회과학영역에서 형성된 인식공동체의 사례로 여겨진다(Van Daele, 2005; Kott, 2008).

## 3) 인식공동체의 사례

지식네트워크 중요성은 역설적으로 냉전기 미국 중심의 지식 네트워크를 통해 증명된다. 냉전기 미국과 동맹국가들은 '동맹안보 인식공동체'를 구성한 것으로 평가된다. 랜드 연구소, 후버 연구소, 헤리티지 재단 같은 미국 내 연구소들은 1970년대 이후 국제적인 정책지식 네트워크를 적극적으로 형성했고, 이에 기초해 자신들의 지식을 동맹국에 수출하는 방식으로 비대칭적인 지식 네트워크를 형성했다(박인휘, 2008). 동북아시아 지역의 경우, 1960년대 초부터 미국은 아시아재단, 록펠러 재단, 포드 재단 등을 통해 한국과 일본, 대만 등에 미국식 사회과학을 이식하기 위한 치밀한 노력을 전개한 바 있다(Eom, 2018; 김인수, 2018). 1950년대에는 미네소타프로젝트로 대표되는 미국적 지식 (Americanized knowledge)

양성 프로젝트를 수행한 바 있다(정일준, 2005; 임성모, 2015). 동북아시아 각국 사회가 당면한 문제를 미국식 사회과학의 눈으로 해석하고 해결책을 제시하도록 장려해 미국 중심의 아시아 사회과학 지식네트워크를 만든 바 있다.

이제는 냉전기 당시 비대칭적으로 순환했던 지식에 기초한 인식공동체를 넘어 수평적으로 순환하는 지식의 네트워크를 만들고 그 위에서 인식공동체를 형성해야 한다고 말할 수 있을 것이다. 그렇다면 일방향적으로 순환하지 않는 지식의 네트워크는 가능한가? 미국과 더불어 전 세계적 헤게모니 국가로 부상하고 있는 중국, 20세기 초부터 동북아시아의 근대 지식의 순환에 상당한 영향을 미쳐왔던 일본의 존재를 고려할 때, 상호순환적인 지식의 네트워크는 가능한가? '기억과 연대를 위한 유럽 네트워크(Europäisches Netzwerk Erinnerung und Solidarität/ EuropeanNetwork Remembrance and Solidarity, 이하 'ENRS') 사례는 강대국에 의한 지식 전파가 아닌, 중진국이 주도하면서도 비교적 국민국가의 입김으로부터 자유로운 지식네트워크의 가능성을 보여준다.[17]

ENRS는 2005년도에 중동부유럽 국가들의 참여로 만들어진 초국적 지식 네트워크로 20세기 과거사에 대한 기억을 주제로 한 인식공동체 형성을 목표로 한 것으로 여겨지고 있다(Büttner and Delius, 2015). 독일, 폴란드, 헝가리, 슬로바키아의 참여로 시작한 ENRS는 2014년도에 루마니아가 가입해 다섯 개의 회원국으로 구성되어 있다. 오스트리아와 체코는 2005년부터 옵서버 자격으로 참여했고, 여기에 라트비아와 알바니아가 2013년과 2015년에 합류했다. ENRS는 20세기의 과거사를 전쟁, 전체주의적 독재, 시민들의 고통의 세기로 본다. 그리고 전쟁과

---

17) 지식의 초국적 네트워크를 논할 때면 이미 본 바와 같이 미국의 싱크탱크나 동북아시아에 대한 미국 지식의 영향력 외에도 신자유주의적 지식의 확산과 관계된 워싱턴 컨센서스(Washington Consensus) 같은 것들이 주로 언급된다. 이러한 시각에 반대하는 연구들이 초점을 맞추는 것은 각 국가들이 각각의 내적 전통과 토론에 기초해 서로 다른 제도화(institutionalization)를 이루었는지에 주목하는 것이었다(Campbell and Pedersen, 2014; Rueschemeyer and Skocpol, 1996; 안데르센, 2007; 쎌렌, 2011). 이들 연구의 흐름에 비해 덜 알려져 있지만, 20세기 초반 서구 국가들 사이의 비교적 평등한 네트워크 선상에서 이루어진 교류가 복지레짐이나 도시행정 레짐의 발달에 어떻게 기여했는지를 탐구한 연구들 역시 존재한다. 예를 들어 파리 프랑크푸르트, 밀라노, 취리히, 바르셀로나 하버드 대학, 부에노스아이레스, 부다페스트 등에 존재하던 사회박물관(Musée social)은 도시정책의 국제적 확산이나 사회정책의 국제적 확산에 적지 않은 영향력을 미친 것으로 여겨지고 있다(Rodgers, 1998;Horne, 2002; Scroop andHeath, 2014; Topalov, 1999). 도시계획 및 도시정책 역시 국제적인 지식 네트워크를 기반으로 한 발전의 역사를 갖고 있으며(Saunier, 2008), 여성의 영역에서도 국제적 지식 네트워크는 발견된다(Schüler, 2004).

독재 속에서 시민들이 포로가 되고 강제 이주를 당하고 내셔널리즘과 인종주의 등 이데올로기적 억압에 피해를 당했던 역사에 주목하고자 한다. 이에 대한 공동의 분석, 자료화, 자료의 보급을 목표로 연구, 전시, 교육 프로그램을 수행하고, 참여 국가들 사이의 우호 강화 및 '유럽적 기억(European Memory)'을 발전시키는 것을 목표로 한다(Regente, 2017).

ENRS의 설립에 영향을 준 것은 1990년대 일련의 사태였다. 1990년대 유고 내전과 코소보에서 발생한 대량학살, 인종청소, 강제이주 등은 제2차 세계대전 당시 일어났던 일들을 유럽인들에게 상기시켰다. 문제는 독일의 '강제이주자들(Vertriebenen)'이 자신들의 피해자성을 표출하는 계기가 되었다는 점이다. 약 1000만 명에 가까운 회원을 지니고 독일 내에서 보수적 정치단체로 영향력을 행사해 온 동유럽 출신 이주 독일인 단체인 '강제이주자연합(Bund der Vertriebenen)'은,[18] 1999년 '강제이주센터(Zentrum gegen Vertreibungen)'의 설립 계획을 발표했다. 자신들의 강제이주와 피난 역사에 대한 자료수집, 연구, 전시 등의 활동을 시작하겠다는 것이었다.

이는 폴란드, 체코 등 주변국가에 대한 위협으로 비쳤다. 1970년대

---

18) 독일 제2제국의 주축이었던 프로이센의 본거지는 쾨니히스베르크를 수도로 하는 동프로이센이었고, 한자동맹시절부터 단치히, 탈린, 리가 등 동유럽의 항구 도시에는 많은 독일인이 거주하고 있었다. 또한 프리드리히 시절의 전쟁과 영토 확장 가운데 프로이센왕국은 동프로이센만 아니라 서프로이센, 포메른, 포젠, 슐레지엔 등 현재 폴란드 영토의 다수를 차지하게 되었다. 이에 따라 독일인들의 거주지역은 동유럽 여기저기로 확장되었다. 하지만 제2차 세계대전을 전후해 독일인들의 거주구역은 줄어들게 된다. 1939년 스탈린과 히틀러 사이의 독소불가침 조약으로 리가와 탈린, 타르투 등의 발트해 도시에 거주하던 독일인들은 독일영토 내로 이주를 시작했다. 1943년 이후 소련군이 서쪽으로 진격하면서 현 폴란드 영토 내의 독일인들이 피난을 시작했고, 1945년 이후 독일의 국경이 오데어강으로 정해지면서 폴란드 영토 및 동유럽 내의 독일인들이 상당수 독일 영토 내로 이주했다.

동방정책(Ostpolitik)을 추진하던 서독 총리 빌리 브란트(Willy Brandt)는 오데어(Oder)강 동쪽 영토를 포기한다고 선언했고, 1990년 독일 통일 당시 정부는 독일 과거 영토에 대한 영구적인 포기를 선언한 바 있다. 하지만 앞에서 언급한 활동들은 정부의 약속과 달리 EU의 일원이 된 동유럽 국가들 내 영토와 자산을 되찾으려는 움직임으로 비쳤던 것이다. 독일의 진보진영에게는 독일의 가해자성을 망각하고 피해자성을 부각시키려는 움직임으로 비쳤다.

그러한 논쟁 가운데에서 대안으로 떠오른 것은 이와 관련한 '기억의 유럽화(Europeanization of Memory)'였다. 2002년 2월, 사민당(SPD)의 마르쿠스 메켈(Markus Meckel)은 폴란드의 브로츠와프(브레슬라우)에 전쟁, 홀로코스트, 강제이주 등을 연구, 전시, 교육하는 '유럽 강제이주센터' 설립안을 제안했는데, 사민-녹색 연립정부는 이를 정부의 제안으로 공식화했다. 2003년 9월 독일과 폴란드 대통령은 '그단스크 선언(Danziger Erklärung)'을 통해 기구의 설립에 합의했다. 2004년 폴란드 문화부 장관 발데마르 동브롭스키(Waldemar Dabrowski)는 비셰그라드 그룹(Visegrád, 폴란드, 체코, 슬로바키아, 헝가리)의 참여와 네트워크 형태를 제안해 합의를 이끌어냈고, 최종적으로 비셰그라드 국가들에 독일과 오스트리아를 참가시키는 방향으로 결론이 났다. 이 과정에서 폴란드는 주도적 역할을

수행하기 시작했다. 공식 출범은 2005년 2월이었다(Troebst, 2008: 2~5).

2008년도부터 본격적인 활동을 시작한 ENRS는 운영위원회, 자문위원회, 학술위원회로 구성되어 있으며, 바르샤바에 본부를 두고 행정과 연구에 관한 실무를 담당하고 있다. 중요의사결정 기관인 운영위원회는 다섯 개 회원국에서 (정부와 파트너 관계에 있는) 학자 한 명을 파견해 구성되며, 네트워크의 활동방향에 대한 자문을 수행하는 자문

위원회는 다섯 개 회원국과 네 개 옵서버 국가에서 학자 내지 정치인 한 명을 파견해 구성되며, 네트워크의 학술활동에 대한 제안과검토를 담당하는 학술위원회는 회원 국가(+조지아)에서 한두 명의 학자를 파견해 구성된다. 실무진은 27명으로 구성되어 있으며, 20명 이상이 폴란드에서 공부한이들이다(ENRS, 2019).

조직의 구성에서 보듯이 ENRS는 기본적으로 학술연구와 학술교류, 전시, 교육 등을 주요 활동으로 한다. 이에 있어 관점과 기억의 차이에 대한 존중을 매우 중요한 원칙으로 삼고 있으며, 그 위에서 '국제적 기억공동체(international community of memory)'의 형성을 목표로 한다(Büttner and Delius, 2015: 397). 기억의 계보학, 지역 문화와 정체성, 홀로코스트 기억, 국가사회주의 피해 기억, 레지스탕스, 독재치하 사회와 가족, 전체주의와 독재의 영향 등의 일곱 개 분야가 주요 활동 영역이며, 주요 프로젝트로는 2012년부터 시작된 "유럽 회상(European Remembrance) 심포지엄", 2011년부터 시작된 "기억의 계보학(Genealogies of memory) 심포지엄", 연구와 전시 프로젝트인 "세계대전 이후의 새로운 유럽(After the Great War. A New Europe 1918~1923)", 국경지역에 대한 다학문적 연구프로젝트인 "In Between", 홀로코스트 기억의 교육 프로젝트인 "Sound in Silence", 홀로코스트 시기 유대인 구조 연구 프로젝트인 "Between Life and Death. Stories of Rescue during the Holocaust", 탈냉전에 관한 중요한 전기였던 1989년에 관한 "1989. Changes and challenges" 프로젝트 등이 있으며, 1월 27일 '홀로코스트 기억의 날', 8월 23일 '전체주의 희생자 기억의 날' 역시 중요한 행사 중 하나다(Jaworowska et al., 2018; 2019).

다양한 관점의 존중이라는 모토로 인해 ENRS는 첨예한 문제는 피하고 있다(Büttner and Delius, 2015: 398). 또한 발간되는 자료들은 다소 밋밋하다는 인상을 준다. 그럼에도 불구하고, 강대국 주도보다는 중견국(폴란드)의 적극적 역할이 두드러지는 인식공동체 플랫폼이라는 점, 기억과 역사의 범주를 내셔널한 것에서 지역적(regional)인 것으로 재구성하려는 노력, 다양한 관점을 모으고 공통의 기억을 형성하려는 노력, 무엇보다도 국가 간의 다양한 차이들(학술장의 규모, 역사, 국력 등)을 넘을 수 있는 조직 운영 등은 새로운 지역주의와 공통의 규범 형성을 위한 상호주관적 대화의 한 형태로 참조할 만한 사례라 판단된다.

## 4. 결론을 대신하여

이 글은 창비그룹을 중심으로 한 기존의 대안적 동북아시아론을 한반도 분단 문제 해결을 중심에 둔 사상(가)연대라고 본다. 그리고 이는 글로벌 자본주의의 모순 심화와 '국가의 회귀(return of the state)', 사회주의권 국가들의 개방 중단이라는 2010년 언저리의 현실 변화 속에서 국민국가 중심성, 대안의 비구체성, 실천 프로세스의 모호성 등의 난점을 드러냈다고 본다. 그래서 현실의 변화를 염두에 두면서 사회적 연대라는 개념을 통해 동북아시아 지역주의와 새로운 사회문제 대한 해결을 접속시키고, 내셔널리즘으로부터 거리를 두며, 상호소통의 프로세스에 기초하는 새로운 대안적 협력의 상을 제시하고자 했다. 그리고 이를 위한 방법론으로 국민국가로부터 상대적으로 자유로운 상호 소통이 가능한 인식공동체를 실천의 방편으로 제시했다. 이 글의 주장을 보충하는 것으로 결론을 갈음하고자 한다.

이 글이 그리고 있는 동북아시아 공동체는 그 정체성 형성에 있어 동북아시아의 교류사나 공통의 사상적 자원보다는 공동으로 직면한 과제들이 중요한 자원을 이루게 된다고 볼 수 있다. 이 경우, 교류사나 사상적 자원 외에도 동북아시아가 식민과 전쟁으로 경험했던 트라우마적 과거사(Traumatic Past)나 지역 정치·사회 체제가 만들어내는 고유의 문제들 역시 정체성의 자원이 된다. 교류사나 사상사만 아니라 지역(regional)적 사회문제의 역사, 즉 사회사를 경유한 정체성의 형성을 강조하고자 하는 것이다.

그 가능성은 유럽의 사례를 통해 드러난다. 유럽정체성 한편으로는 그리스·로마에서 출발해 기독교로 이어지는 문화적 전통이나 중세이후 지속적으로 제출된 유럽의 정치적 통합 아이디어 등 역사적"E사상적 자원으로부터 형성된 것으로 여겨진다. 하지만, 그에 못지않게 20세기 양차대전과 홀로코스트의 역사, 냉전기 국가폭력, 생활터전의 군사기지화 등 해결되어야 할 과거사나, 유럽적 사회모델 (European Social Model), '사회적 유럽(Social Europe)' 같은 공동의 사회정치 레짐 역시 유럽 정체성 형성의 자원으로 여겨진다.[19)]

유산이 아닌 과제를 중심으로 한 정체성 형성의 사례는 동북아시아에도 적용이 가능하다. 동북아시아의 20세기는 자본주의 세계체제 하에서 제국주의와 냉전의 역사를 겪었고, 전쟁과 학살, 국가폭력 등 다양한 인권 침해의 과거사를 갖고 있다. 이는 당연히 지역 공동의 해결 과제라 할 수 있을 것이다. 뿐만 아니라 서구에 대한 모방과 빠른 추격을 목표로 하여 만들어진 국가 및 사회시스템은 도시로의 인구집중을 부추겼고, 그로 인한 주거 문제나 지역간 불균형 등 다양한 사회적 불평등의 문제들을 남기고 있다. 소설『82년생 김지영』에 대한 동

---

19) 1990년대 이후 홀로코스트 기억의 변화에 있어 두드러지는 것은 이를 '유럽의 기억(European Memory)'으로 보편화시키고 이를 유럽 인권규범과 연결시켜 '유럽적 정체성'을 위한 자원으로 만드는 것이다. 이에 관해서는 Müller(2010), Pakier,Małgorzata, and Bo Strath(2010) 등을 참조. 유럽정체성의 다양한 자원에 관해서는 신종훈(2014)과 민유기(2007) 등을 참조. 유럽 사회모델에 관해서는 김시홍(2007)과 구춘권(2008) 참조.

북아시아의 뜨거운 반응은 젠더문제를 둘러싸고 공유하는 지점이 있음을 말해준다. 20세기 제국주의와 냉전 속에서 만들어진 사회시스템이 드러낸 문제들 앞에서 동북아시아 도시들과 사회들은 공동의 해결과제를 안고 있으며, 이를 중심으로 한 동북아시아 정체성의 형성은 가능한 프로젝트라 판단된다.

20세기 세계체제 하에서 형성된 동아시아 지역 시스템이 만들어낸 모순의 결절점으로서의 '핵심현장'은 국민국가의 경계만 아니라 다양한 공간에 산재해있다. 도시도 그 중 하나다. 동북아시아의 냉전하 발전국가 체제는 다양한 모순들을 도시에 그려 넣었다. 그리고 그 여파는 과잉발전 또는 쇠락 등 여러 가지 형태로 오늘날에 미치고 있다. 그랬을 때, 이들 도시문제를 고민하는 지식인 네트워크의 존재가 인식공동체의 출발점이 될 수도 있다.

이 글이 제안하고자 하는 실천 프로세스는 다음과 같다. 동북아시아 지역내 구성원들이 공동으로 맞닥뜨리고 있는 사회적 과제를 확인하는 것. 그러한 문제의 원인과 변용의 과정을 제국주의와 냉전으로 대표되는 20세기 동북아시아 지역의 역사 속에서 찾기 위한 사회사적 탐구를 수행하는 것. 문제의 핵심현장들을 지식 네트워크로 연결하고, 이들 네트워크에 참여한 이들이 해결책을 모색하며 상호 소통하고 해결을 추구해나가는 과정 속에서 인식의 공동체를 만들어 나가는 것. 이를 바탕으로 글로벌 자본주의에 대한 대항적 영역을 구축하고 나아가 동북아시아 지역의 사회적 연대라는 목표를 달성해나가는 것이다.

# 참고문헌

강상중·박광현 역, 「동북아시아 공동의 집과 북일관계」, 『창작과비평』 31(3), 47-60, 2003.

고정식, 「미국과 중국의 경제구조와 무역 갈등」, 『한중사회과학연구』 17(4), 181-208, 2019.

구춘권, 「사회적 유럽과 유럽연합의 노동정책의 발전」, 『한국정치학회보』 42(3), 219-238, 2008.

국민호, 「동아시아 경제발전과 유교」, 『한국사회학』 31, 29-60, 1997.

김경일, 「동아시아의 지식인과 동아시아론」, 『창작과비평』 31(4), 343-359, 2003.

김광억, 「동아시아 담론의 문화적 의미」, 『정신문화연구』 21(1), 3-26, 1998.

김명인, 「민족문학론과 동아시아론의 비판적 검토」, 『민족문학사연구』 50, 456-481, 2012.

김명희, 「동아시아 분단체제의 재구성 장치로서 친밀적 공공권의 가능성」, 『민주주의와 인권』 16(2), 351-398, 2016.

김석근, 「유교자본주의? 짧은 유행과 긴 여운, 그리고 남은 과제」, 『오늘의 동양사상』 14, 61-80, 2006.

김성건, 「탈냉전시대 자유민주주의와 아시아적 가치」, 『담론201』 6(1), 195-215, 2003.

_____, 「아시아 세기의 도래와 아시아적 가치」, 『아시아연구』 14(1), 71-95, 2011.

김성수, 「동아시아론의 전개와 역사 텍스트 속의 동아시아」, 『역사교육』 102, 127-161, 2007.

김시홍, 「유럽사회모델과 유럽연합의 사회적 차원」, 『유럽연구』 25(2), 359-377, 2007.

김은실, 「동아시아 담론의 문화정체성에 대한 문제제기」, 『발견으로서의 동아시아』, 문학과지성사, 2000.

김인수, 「냉전과 지식정치 : 박진환의 Farm Management Analysis (1966)의 성

립 사정을 중심으로」, 『동북아역사논총』 61, 408-465, 2018.

김희교, 「한국의 동아시아론과 '상상된' 중국」, 『역사비평』 53, 17-36, 2000.

남기정, 「한일관계를 어떻게 할 것인가? - 한일관계 재구축의 필요성, 방법론, 가능성」, 『역사비평』 107, pp.10-35, 2019.

니시지마 사다오·송완범 역, 『일본의 고대사 인식』, 역사비평사, 2008.

다나카 타쿠지·박해남 역, 『빈곤과 공화국 - 사회적 연대의 탄생』, 문학동네2014.

미우라 히로키, 「지식교류와 현대한일관계: 합의된 지식의 다워적 창출에 대해서」, 『국제정치논총』 50(1), pp. 285-316, 2010.

민유기, 「프랑스의 도시사 연구의 새 경향: 비교도시사와 유럽 정체성의 확인」, 『西洋史論』 92, 353-361, 2007.

박민철, 「한국 동아시아담론의 현재와 미래」, 『통일인문학』 63, 131-165, 2015.

박명규, 「복합적 정치공동체와 변혁의 논리: 동아시아적 맥락」, 『창작과비평』 28(1), 8-26, 2000.

_____, 「세계화와 국민국가: 동아시아적 시각」, 『황해문화』 42, pp.163-176, 2004.

_____, 「한국 동아시아담론의 지식사회학적 이해」 김시업·마인섭 편, 『동아시아학의 모색과 지향』, 성균관대학교출판부, 2005.

_____, 『국민, 인민, 시민 - 개념사로 본 한국의 정치주체』, 소화, 2009.

박삼헌, 「전후 일본의 동아시아 담론에 대한 비판적 고찰」, 『일본학보』 99, 393-404, 2014.

박상수, 「한국발 동아시아론의 인식론 검토」, 『아세아연구』 53(1), 73-100, 2010.

박승우, 「동아시아 지역주의 담론과 오리엔탈리즘」, 『동아연구』 54, 9-48, 2008.

_____, 「동아시아 공동체 담론 리뷰」, 『아시아리뷰』 1(1), 61-110, 2011.

박이진, 「탈냉전 이후 일본의 동아시아 담론」, 『일본문화연구』 58, 137-161, 2016.

박철희, 「한일 갈등의 심화와 한일안보협력의 미래」, 『한국국가전략』 4(2), 117-144, 2019.

배영자, 「동아시아 지식네트워크: 싱크탱크와 공개소프트웨어 사례」 하영선 편, 『동아시아공동체: 신화와 현실』, 동아시아연구원, 2008.

백낙청, 「민족문학론, 분단체제론, 근대극복론 : 단상 몇 개」, 『창작과비평』 23(3), 8-26, 1995.

_____, 「새로운 전지구적 문명을 향하여: 한국 민중운동의 역할」, 『창작과비평』, 24(2), 8-17, 1996.

백영서, 「중국에 '아시아'가 있는가?: 한국인의 시각」 정문길·최원식·백영서·전형준 엮음, 『발견으로서의 동아시아』, 문학과지성사, 2000.

_____, 「주변에서 동아시아를 본다는 것」, 『주변에서 본 동아시아』, 문학과 지성사, 2004.

_____, 「연동하는 동아시아, 문제로서의 한반도: 담론과 연대운동의 20년」, 『창작과비평』 39(1), 15-37, 2011.

백영서·쑨거, 「비대칭적 한중관계와 동아시아 연대」, 『창작과비평』 41(2), 171-207, 2013.

백원담, 「왜 동아시아인가?」, 『실천문학』 56, 323-395, 1999.

_____, 「아시아 지역연구의 문화정치학적 전환 문제」, 『中國現代文學』 55, 127-162, 2010.

백지운, 「근대 중국 아시아 인식의 문제성 ─ 동아시아 평화공존을 위한 사상자원의 모색」, 『중국현대문학』 63, 1-28, 2012.

벡, 울리히. 박미애·이진후 역, 『글로벌 위험사회』, 길, 2010.

서상민, 『현대중국정치와 경제계획관료』, 아연출판부, 2019.

설규상, 「동북아 안보 다자주의와 인식공동체의 역할」, 『동서연구』 20(1), 5-31, 2008.

신종훈, 「유럽정체성과 동아시아 공동체 담론」, 『역사학보』 221, 235-260, 2014.

씰렌, 캐슬린, 신원철 역, 『제도는 어떻게 진화하는가 독일 영국 미국 일본에서의 숙련의 정치경제』, 모티브북, 2011.

아렌트, 한나, 홍원표 역, 『혁명론』, 한길사, 2004.

안데르센, 에스핑, 박시종 역, 『복지자본주의의 세가지 세계』, 성균관대학교 출판부, 2007.

앨브로우, 마틴, 정헌주 역, 『지구시대』, 일신사, 2005.

앨리엇, 앤서니 & 브라이언 터너, 김정환 역, 『사회론: 구조, 연대, 창조』, 이학사, 2015.

양기호, 「문재인정부 한일 갈등의 기원 ─ 한일간 한반도 비핵화와 동북아외교

격차를 중심으로」,『日本學報』 119, 209-228, 2019.

오제연, 「1960년대 초 박정희 정권과 학생들의 민족주의 분화 - 민족적 민주주의를 중심으로」,『기억과 전망』 16, 285-323, 2007.

와다 하루키·박광현 역, 「동북아시아 공동의 집과 역사문제」,『창작과 비평』 33(1), 98-121, 2005.

유석춘, 「유교자본주의의 가능성과 한계」,『전통과현대』, 1, 74-93, 1997a.

_____, 「동아시아 '유교자본주의' 재해석」,『전통과현대』, 3, 124-145, 1997b.

유용태, 「집단주의는 아시아문화인가 - 유교자본주의론 비판」,『경제와사회』, 49, 262-302, 2001.

윤여일, 『동아시아 담론: 1990-2000년대 한국사상계의 한 단면』, 돌베개, 2016.

윤홍근, 「전문가 인식공동체 주도의 정책수렴: '국제경쟁정책 네트워크'(ICN) 사례연구」《한국정치연구』 17(1), 371-395, 2008.

이남주, 「동북아 평화체제와 다자안보협력: 필요성, 가능성, 그리고 발전경로」,『동북아연구』 27(2), 5-33, 2012.

이동연, 「동아시아 담론형성의 갈래들 - 비판적 검토」,『문화과학』 52, 98-118, 2007.

이승주, 「미중 무역 전쟁: 트럼프 행정부의 다차원적 복합 게임」,『국제지역연구』 28(4), 1-34, 2019.

이일영, 「글로벌 생산분업과 한국의 경제성장: 동아시아 생산네트워크와 한반도 네트워크 경제」,『동향과 전망』 93, 9-51, 2015.

이정훈, 「비판적 지식담론의 자기비판과 동아시아론」,『중국현대문학』 41, 1-29, 2007.

이창근, 「아시아 노동자 연대 강화를 위해 긴 호흡으로 나아갈 때」,『사회운동』 79, 11-12, 2007.

임우경, 「비판적 지역주의로서 한국 동아시아론의 전개」,『중국현대문학』 40, 1-51, 2007.

임춘성, 「동아시아인의 정체성 형성」, 2010.

장인성, 「한국의 동아시아론과 동아시아 정체성 - 동아시아의 새로운 상상과 국제사회로서의 동아시아」,『세계정치』 26(2), 3-26, 2005.

_____, 「영국학파 국제사회론과 근대 동아시아의 국제사 회화에 관한 고찰: 동 아시아 국제사회론의 구축을 위한 시론」, 『세계지역연구논총』 27(1), 359-387, 2008.

전형준, 「동아시아 담론의 비판적 검토」, 『인문학지』 15, 23-40, 1997.

정근식, 「동아시아 냉전·분단체제의 형성과 해체」 임형택 편, 『한국학의 학술사 적 전망 2』, 소명출판, 2014.

_____, 「동아시아 냉전의 섬에서의 평화 사상과 연대」, 『아시아리뷰』 5(2), 211-232, 2016.

정규식, 「신(新)동북아시대 지역 질서의 재편과 새로운 경제협력 모델 모색, 『인 문학지』 5(1), 1-22, 2019.

정영신, 「동아시아 지평에서 바라 본 제주도 해군기지 건설 문제」, 『내일을 여는 역사』 46, 197-216, 2012.

정재서, 『동양적인 것의 슬픔』, 살림, 1996.

_____, 「동아시아 기층 문화로서의 도교」, 『발견으로서의 동아시아』, 문학과지성 사, 2000.

정환우, 『무역구조 변화로 본 동아시아 가치사슬(GVC) 변화와 시사점』, KOTRA, 2017.

조동일, 『세계문학사의 허실』, 지식산업사, 1996.

_____, 『동아시아문명론』, 지식산업사, 2010.

조한혜정, 「아시아 지역의 페미니스트, 왜, 그리고 어떻게 만날 것인가?」, 『당대 비평』, 5, 161-185, 1998.

조희연·박은홍, 「'사회적 아시아'를 향하여」, 『동아시아와 한국 : 민주화와 민주 주의의 위기를 넘어』, 선인, 2007.

최원식, 「탈냉전시대와 동아시아적 시각의 모색」, 『창작과비평』 21(1), 204-225, 1993.

카스텔, 마누엘·김묵한 외 역, 『네트워크 사회의 도래』, 한울, 2003.

하마시타 다케시·서광덕 외 역, 『조공시스템과 근대 아시아』, 소명출판, 2018.

함재봉, 「유교와 세계화: 특수성과 보편성의 문제」, 『전통과 현대』 1, 26-49, 1997.

허 정, 「동아시아론이 재검토와 정전연구」, 『동북아 문화연구』 23, 215-241.

2010.

뚜웨이밍, 「유가철학과 현대화」, 『동아시아, 문제와 시각』, 문학과지성사, 1995.

쩐야오지, 「유가 윤리와 경제발전」, 『동아시아, 문제와 시각』, 문학과지성사, 1995.

Adler, Emanuel. "The emergence of cooperation: national epistemic communities and the international evolution of the idea of nuclear arms control." *International Organization*. 46(1). 101-145, 1992.

Adler, Emanuel, and Peter M. Haas. "Conclusion: epistemic communities, world order, and the creation of a reflective research program." *International Organization*. 46(1). 367-390, 1992.

Amsden, Alice H., *Asia's next giant: South Korea and late industrialization*. Oxford University Press, 1992.

Bârgăoanu, Alina, Loredana Radu, and Elena Negrea-Busuioc. "The Rise of Euroscepticism in Times of Crisis. Evidence from the 2008-2013 Eurobarometers." *Romanian Journal of Communication & Public Relations* 16(1). 9-23, 2014.

Black, David, and Byron Peacock, "Catching up: understanding the pursuit of major games by rising developmental states." *The International Journal of the History of Sport*, 28(16). 2271-2289, 2011.

Beck, Ulich. *What is Globalization?* Polity Press, 2000.

Bourdieu, Pierre, *Raisons pratiques : sur la théorie de l'action*, Seuil, 1994.

Breman, Jan, et. al. "The Social Question All Over Again." in *The Social Question in the Twenty-First Century: A Global View*. University of Californica Press, 2019.

Büttner, Sebastian M., and Anna Delius. "World culture in European memory politics? New European memory agents between epistemic framing and political agenda setting." *Journal of Contemporary European Studies* 23(3). 391-404, 2015.

Campbell, John L., and Ove K. Pedersen. *The national origins of policy ideas: Knowledge regimes in the United States, France, Germany, and*

*Denmark.* Princeton University Press, 2014.

Chernilo, Daniel. *Sociology and the nation-state: Beyond methodological nationalism.* Doctoral dissertation, University of Warwick, 2004.

ENRS. "ENRS Assemblies." *European Network Remembrance and Solidarity.* https://enrs.eu/en/assemblies (검색일 2019. 9. 12)

Eom Sujin. 2018. "Infrastructures of displacement: the transpacific travel of urban renewal during the Cold War." *Planning Perspectives.* https://doi.org/10.1080/02665433.2018.1555770

Freitag, Michel. "The Dissolution of Society within the Social'." *European Journal of Social Theory.* 5(2). 175-198, 2002.

Galtung, Johan. 1985. "Twenty-Five Years of Peace Research: Ten Challenges and Some Responses," *Journal of Peace Research,* 22(2). pp. 145-146.

Giddens, Anthony. 1973. *The Class Structure of the Advanced Societies.* Hutchinson.

Haas, Peter M. 1992. "Introduction: epistemic communities and international policy coordination." *International Organization.* 46(1). 1-35.

Habermas, Jürgen. 1998. *Die postnationale Konstellation: Politische Essays.* Suhrkamp

Horne, Janet R. 2002. *A Social laboratory for modern France: The Musée Social and the rise of the welfare state.* Duke University Press.

Jaworowska, Jagna. et. al, 2018. "European Network Remembrance and Solidarity. Activities 2017-2018." European Network Remembrance and Solidarity.

_____. 2019. "European Network Remembrance and Solidarity. Activities 2018-2019." European Network Remembrance and Solidarity.

Johnson, Chalmers. 1982. *MITI and the Japanese miracle: the growth of industrial policy: 1925-1975.* Stanford University Press.

Kahn, Herman. 1979. *World Economic Development: 1979 and Beyond.* Westview Press.

Kaufmann, Franz-Xaver, 2003, *Varitenten des Wohlfartsstaats - Der deutsche Sozialstaat im internationalen Vergleich*, Suhrkamp.

Kott, Sandrine. 2008. "An "Epistemic Community" of Labor Expert? ILO Experts and the Internationalization of Labor Policies during the Interwar Period." *Genèses*. 71. 26-46.

Lessenich, Stephan. 2008. *Die Neuerfindung des Sozialen - Der Sozialstaat im flexiblen Kapitalismus*. Transcript.

Müller, Jan-Werner. 2010. "On 'European memory': some conceptual and normative remarks." Małgorzata Pakier and Bo Stråth eds. *A European Memory?: Contested Histories and politics of Remembrance*. Berghahn Books.

Overbeek, H. W., van Apeldoorn, E. B., & de Graaff, N. A., 2014. The State-Capital Nexus in the Global Crisis: Rebound of the Capitalist State. Routledge.

Pakier, Małgorzata, and Bo Stråth. 2010. "Introduction." A European Memory?: Contested Histories and Politics of Remembrance. Berghahn Books.

Procacci, Giovanna, 1993, *Gouverner la misère*. Seuil

Regente, Vincent. 2017. "Europäisches Netzwerk Erinnerung und Solidarität/ European Network Remembrance and Solidarity." *Online- Lexikon zur Kultur und Geschichte der Deutschen im östlichen Europa*. https://ome-lexikon.uni-oldenburg.de/begriffe/europaeischesnetzwerkerin nerungundsolidaritaet (검색일 2019. 9. 10)

Rodgers, Daniel T. 1998. *Atlantic crossings*. Harvard University Press.

Rosanvallon, Pierre. 1995. *La nouvelle question sociale: Repenser l'État-providence*. Édition du Seuil.

Rueschemeyer, Dietrich, and Theda Skocpol, eds. 1996. *States, social knowledge, and the origins of modern social policies*. Princeton University Press.

Ruggie, John G. 1975. "International Responses to Technology: Concepts and Trends', *International Organization*. 29(3). 569-570

Saunier, Pierre-Yves. 2008. *Another global city: historical explorations into the transnational municipal moment, 1850-2000*. Springer.

Schüler, Anja. 2004. *Frauenbewegung und soziale Reform: Jane Addams und Alice Salomon im transatlantischen Dialog, 1889-1933*. Franz Steiner Verlag.

Scroop, Daniel, and Andrew Heath, eds. 2014. *Transatlantic Social Politics: 1800-Present*. Palgrave Macmillan.

Sebenius, James K. 1992. "Challenging conventional explanations of international cooperation: negotiation analysis and the case of epistemic communities." *International Organization*. 46(1). 323-365.

Therbon, Göran. 2019. "Preface: The Teffifying Convergence of the Three Worlds of the Social Question." in Jan Breman eds., *The Social Question in the Twenty-First Century: A Global View*. University of Californica Press.

Topalov, Christian. 1999. *Laboratoires du nouveau siècle - la nébuleuse réformatrice et ses réseaux en France, 1880-1914*. Ecole des hautes études en sciences sociales.

Troebst, Stefan. 2008. "Wiederbelebung einer „Totgeburt"? Das europäische Netzwerk Erinnerung und Solidarität." *Polen-Analysen* 33.: 2-7.

Van Daele, Jasmien. 2005. "Engineering social peace: networks, ideas, and the founding of the International Labour Organization." *International review of social history*. 50(3). 435-466.

Wagner, Peter. 2001. A History and Theory of the Social Sciences: Not All That Is Solid Melts into Air. SAGE Publication.

Woo-Cumings, Meredith, 1999, "Introduction: Chalmers Jonson and the Politics of Nationalism and Development", in *The developmental state*. Cornell University Press.

Zipp, Samuel. 2010. *Manhattan projects: The rise and fall of urban renewal in cold war New York.* Oxford University Press.

小熊英二. 2002.《〈民主〉と〈愛国〉―戦後日本のナショナリズムと公共性》, 新曜社

高原明生・前田宏子. 2014.《開発主義の時代1972-2014―シリーズ中国近現代史 5》, 岩波親書.

# 식민지 조선의 러시아 사회주의 수용과 동북아 연대
## -아나키즘·볼셰비즘·동학 사회주의를 중심으로-

정혜정*

## 1. 들어가는 말

조선의 사회주의 수용은 식민지 피압박민족에 대한 제국주의의 침략과 수탈이라는 정세판단에 따라 민족해방운동의 전략으로 채택된 것이었다. 즉 자본 제국주의 대 무산자·피압박 민족의 대립구도로서의 계급투쟁은 곧 민족해방운동이었다. 러시아 혁명의 성공과 피압박 민족에 대한 레닌과 코민테른의 지원은 중국과 조선으로 하여금 사회주의를 수용하여 민족혁명과 사회혁명을 결합시켜 나가게 하였고, 조선은 중국의 사회주의의 발전을 전망하면서 중국의 문제를 세계적 문제로 인식했다. 중국과 조선은 상호 밀접한 관계를 가지기에 조선은 중국 문제와 분리될 수 없다고 보았다. 조선의 사회주의 수용은 일본으로부터의 사회주의 이론 소개, 중국의 신문화운동과 사회혁명, 그리고 소련 코민테른 체제와 연동되면서 진행된 동북아시아 차원의 현상이었다.

동북아의 사회주의 수용은 맑스주의보다는 아나키즘과 맑스-레닌

* 원광대 한중관계연구원 동북아시아인문사회연구소 HK⁺연구교수

주의(볼셰비즘)가 주류를 이루었다. 또한 사회주의 운동 초기에는 크로포트킨의 영향이 강했다. 스펜서가 주장했던 약육강식·적자생존의 사회진화론이 제국주의 침략과 수탈을 정당화했다면 크로포트킨의 상호부조론은 동양의 정서에 맞았고, 제국주의에 맞설 수 있는 논리를 제공했다. 아나키즘과 볼셰비즘은 모두 민족해방, 계급해방을 지향하여 제국주의에 대항하는 무산자 피압박민족의 동북아 연대, 무산자의 단결을 이끌어냈다.

1920년대 조선의 사회주의 수용 역시 아나키즘과 볼셰비즘으로 양분되었다.[1] 박종린은 조선의 사회주의 수용을 '3단계(다양한 사회주의→맑스주의→레닌주의)'[2]로 나누었지만 이는 맑스주의를 중심에 둔 구분이라서 아나키즘이 부각되지 못하였고, 아나키즘과 볼셰비즘의 혼재도 드러내지 못했다. 당시 맑스 이론은 서구사회의 틀로부터 만들어진 이론이라는 인식이 강했고, 볼셰비즘은 농민이 대다수를 차지하는 피압박 무산자의 혁명을 이끌어냈기 때문에 중국이나 조선의 현실과 통하는 면이 있었다. 러시아, 중국, 조선 모두 아나키즘과 볼셰비즘의 혼재와 연장선상에서 사회주의 운동을 전개하였고, 점차 볼셰비즘으로 중심이 이동되었다. 물론 아나키즘과 볼셰비즘의 대립 양상도 나타났지만 주도권 문제가 더 컸고, 한 인물 안에서, 한 단체 안에서 양자가 혼재된 사례가 많았다.

또한 조선 사회주의 수용에서 빼놓을 수 없는 것이 천도교이다. 천

---

1) 원종린, 「勞農露國의 終局, 볼쉐뷔키와 무정부주의」, 『개벽』 45, 1924.3.1., p.61.
2) 3단계의 1단계는 다양한 사회주의사상이 수용되는 가운데 민족해방운동과 관련하여 맑스주의가 급속히 주류적인 위치로 자리하는 단계, 2단계는 다양한 사회주의 사상이 급속히 맑스주의로 전일화되면서 공산주의 그룹들 사이에 맑스주의 인식의 편차를 둘러싸고 계속적인 논쟁이 전개되는 단계, 3단계는 맑스주의 인식이 심화되면서 레닌주의를 수용하는 단계를 말한다(박종린, 「일제하 사회주의사상의 수용에 관한 연구」, 연세대학교 박사학위논문, 2007, p.15 참조).

도교는 국내 초기 사회주의 수용에서 주도적 역할을 했다. 천도교 잡지『개벽』에 초기부터 마르크스 이론을 소개했고, 동학에 바탕 하여 사회주의를 주체적으로 적용하였으며 동학혁명을 계급운동의 원조로 삼았다. 조선 최초의 노동단체인 조선노동공제회, 최초의 사회운동단체인 조선청년회연합회 설성도 천도교 조직이 뿌리가 되었고, 조선공산당, 6.10만세, 신간회, 여성근우회 등 다양한 사회운동에 사회주의와 천도교가 결합되었다. 또한 천도교는 아나키즘, 맑시즘, 볼셰비즘을 수용하면서도 동학에 바탕한 조선적 사회주의를 주창했다는 점에서 특징적이다. 이에 본 연구는 아나키즘, 볼셰비즘, 천도교 사회주의를 중심으로 1920년대 사회주의 수용에서 형성된 사상지형과 동북아시아 연대라는 양상을 살펴보고자 한다.

## 2. 조선의 사회주의 수용에서 아나코-코뮤니즘

### 1) 크로포트킨의 아나코-코뮤니즘

크로포트킨의 혁명이론은 '아나코 코뮌주의'로 지칭된다. 크로포트킨은 코뮌주의와 자유가 불가분의 관계에 있다고 파악했다. 그는『빵의 정복』에서 "아나키는 코뮌주의로 통하며, 코뮌주의는 아나키로 통한다고 했고, 양자 모두 평등 추구에 대한 표현"[3]이라 했다. 아나키즘과 코뮌주의가 상호보완이 되었을 때 자유와 평등이 각기 완전해질 수 있다는 것이다. 또한 크로포트킨은 바쿠닌처럼 코뮌주의를 자유의 적으로 보지 않았다. 인류 역사상 공산제가 실패한 것은 권력이 억지로 배당한 평등에 있고, 권력지배를 제거함으로써 코뮌주의는 성공할

---

3) 표트르 알레세예비치 크로포트킨, 이상률 역,『빵의 쟁취』, 이책, 2016, p.47.

수 있다고 보았다. 또한 크로포트킨은 노동생산물의 분배기준에 대해 새로운 논리를 제기했다. 분배의 기준은 노동시간이나 노동의 질, 혹은 노동의 생산성이 되는 것이 아니라 인간의 필요라고 생각했다. 노동가치의 산정은 결국 상대적인 것이어서 그 자체로 불평등을 낳기 쉽고, 오히려 인간의 필요요구는 절대적인 것이므로 이를 기준으로 분배하는 것이 합리적이라는 것이다. 이는 그 유명한 "능력에 따라 일하고 필요에 따라 취한다."는 슬로건으로 표현되었다.

또한 크로포트킨은 사람들의 욕구를 분배 기준으로 삼으면 사회질서가 엉망이 될 것이라는 반론에 "인간은 본래 필요한 것 이상을 요구하지는 않으며 개인의 필요한 절대량은 대체로 정해져 있다."고 반박했다. 인간이 필요한 것 이상을 바라는 것은 오직 물자가 부족하거나 부족할 우려가 있을 때이고, 물건이 풍부해지면 저절로 코뮌주의가 이루어진다는 것이었다. 그리고 그는 생산체제의 재편성 원칙으로 자급자족의 수공업제도를 제안하였다. 최소한의 에너지 소비를 통해 '다양한 욕구의 최대 만족'을 제창한 것이다. 애덤 스미스에서 마르크스에 이르는 지금까지의 경제학이 부의 생산을 목표로 하는 것이라면 그는 인간의 욕망을 '최소한의 노동으로 충족시키는 방법'을 탐구하는 과학을 주장했다.[4] 이 주장은 매우 선진적인 것이었다. 이는 임금제도의 폐지와 더불어 코뮌주의적 목표를 이루기 위한 방법이기도 하였다.

크로포트킨은 노동자들이 자신의 선도성을 자각하는 것이 인류 진보를 위해 필요한 일이라 생각했다.[5] 그는 ① 모든 노동자의 이익을 위해 노력해야 한다는 사상을 전파했고, ② 도래할 사회혁명에서 지켜져야 할 원칙과 개념을 심화·확대하며, ③ 이상과 원칙을 지도자가 명령하는 것이 아니라 노동대중이 결정함으로써 자신의 것으로 만들 것

---

4) 크로포트킨, 김유곤 역, 『크로포트킨 자서전』, 우물이 있는 집, 2003, p.627.
5) 위의 책, p.466.

을 강조했다. 또한 ④새롭고 평등한 사회의 건설자로서 노동자들이 역사의 전면에 나서서 시대의 요청에 부응할 것을 제기했다. 여기서 새롭고 평등한 사회란 다양한 목적을 가진 조합들의 연합으로 구성될 것이라 그는 생각했다. 농업조합, 공업조합, 지식인조합, 예술인조합 등의 노동조합과 주택, 가스, 식량, 위생시설 등을 제공하는 소비를 위한 자치단체, 그리고 그 위로 자치단체와 노동조합의 연합체가 형성되고 그 위로는 더 광범위한 지역연합과 州연합이 형성될 것이었다. 그러면서도 경제적, 지적, 예술적, 도덕적 만족을 얻기 위해 예전처럼 영토적 경계에 제한받지 않고 서로 협력할 것이었다. 이 모든 것은 중앙에서 관장하는 기구가 없이도 철도나 우편체제처럼 자유로운 협력에 따라 이루어질 것으로 그는 전망했다.6)

새로운 사회는 자유, 평등, 행복한 사회로서 노동자의 노동과 독창적인 지식 및 능력이 자유롭게 발휘될 기회가 주어지고, 그 기회는 모든 인간에게 최대의 행복을 가져다주는 사회를 건설하는 데 쓰일 것이었다. 흔히 사람들은 산업의 발전을 이루기 위해서는 사적 소유가 필요하고 인간에게 일을 시키기 위해서는 임금체계가 필요하다고 말하지만 소유의 방식은 개인의 자아를 희생시키는 것이고 임금노동은 노동의 신성과 창조를 막는 임금노예가 된다는 것이다. 그러므로 크로포트킨은 '현존 국가의 틀 안에서 정권을 획득한다.'는 마르크스주의자들에 반대했다.

## 2) 상호부조론의 아나키즘 수용과 조선노동공제회

공식적으로 조선 사회에 아나키즘이 소개된 것은 1920년『동아일보』와 잡지『공제』,『아성』, 그리고 1922년『신생활』을 통해서이다. 동

---

6) 위의 책, p.486.

아일보는 1920년 5월 크로포트킨의「청년에게 고함」이라는 글을 번역하여 게재했고[7], 1921년에는「최근에 서거한 세계적 대사상가 魯國 크로포트킨 公」을 게재했다.[8] 또한 6회에 걸쳐 크로포트킨의「선구자의 하소연」을 연재하였다. 1928년에는「예술가로서의 크로포트킨」을 5회에 걸쳐 연재하였다.

1921년『공제』7호와 8호에서는 크로포트킨의「청년에게 고함」을「청년에게 訴함」으로 번역·연재하였다.[9] 잡지『아성』3호에는 윤자영이「크로포트킨의 상호부조론 연구」를 번역하여 소개했고[10], 이성태는 잡지『신생활』에 크로포트킨의「청년에게 고함」을 게재했으나 전문 삭제 당하였다. 그는 다시『신생활』7호에「크로포트킨 학설연구」를 발표하여 자신이 이해한 크로포트킨의 사상을 소개하였다.[11] 그리고「愛他는 愛己의 遠慮」라는 글을 통해서 우주 만유가 상호 연결에 의하여 일어남이 근대 과학이 증명하는 바라 하여 "愛他가 곧 愛己가 되는 상호부조(mutual aid)"를 강조했다.[12] 또한 크로포트킨의 사상은 상호부조의 진화론뿐만 아니라 구질서의 모든 것을 부정하는 파괴주의, 무정부주의, 도덕과 예술의 완성 등 다양한 각도에서 이해되었다.[13] 이 중에

---

7) 크로포트킨, 김명진 역,「청년에게 고함」,『동아일보』, 1920.5.22.
8) 「최근에 서거한 세계적 대사상가 魯國 크로포트킨 公」,『동아일보』, 1921.4.1.
9) 無我生 譯,「靑年에게 訴함」,『공제』7, 1921.4.17.
10) 윤자영,「상호부조론」,『아성』3, 1921.7.-이는 일본 사회주의자 大彬榮의「크로포트킨 연구」를 번역한 것이다.
11) 이성태,「크로포트킨학설연구」,『신생활』7, 1922.7, p.37.
12) 反求室主人,「愛他는 愛己의 遠慮」,『신생활』8, 1922, pp.30-34. 이성태는 크로포트킨의 상호부조론을 소개하여 한 종속과 다른 종속의 생존 경쟁에서 한 종속의 생존을 완전케 하는 것은 단결의 힘인 사회생활과 상호부조에 있다고 하였다. 사회생활과 상호부조가 생존경쟁의 최상의 무기이고, 적은 행복으로부터 최대의 행복으로 나아가는 것이 인류의 진화법칙이라고 하였다(이성태, 크로포트킨 학설연구, 신생활7, 1922.7.).
13) 중국의 대표적인 아나키스트 師復은 크로포트킨 학설을 3가지로 정의 내렸다.

서도 널리 선전되었던 것이 파괴와 상호부조론이다. 특히 상호부조론은 동양의 정서와 맞닿는 부분이 많아서 초기에 큰 호응을 얻었다.

『공제』를 발간한 조선노동공제회(1920)는 초기 아나키즘의 수용과 운동의 전형을 보여주는 최초의 조선노동단체였다.[14] 처음에는 조선노동연구회라는 단체로 시작했고, 창립 당시 조선노동공제회로 이름을 바꾸었다. 조선노동공제회는 아나키즘에 입각해 노동자의 각성과 노동문제의 해결운동을 목표로 생겨난 것이었고, 노동의 신성(神聖)과 상호부조(相互扶助)의 노동문화를 건설하고자 했다. 본회의 설립 취지는 "노동은 사회의 근본이요 애정은 인류의 선한 본성"으로서 "애정으로써 상호부조하여 생활의 안정을 도모하고 공동의 존영을 기함"이었다.[15] 이는 곧 우승열패, 약육강식의 제국주의 식민지 정책에서 비롯되는 특권계급(정복민족)과 노예계급(피정복민)의 계급투쟁을 인식하여 계급이 없는 사회를 지향한 것이었다. '인권의 자유평등과 민족차별의 철폐, 식민지교육의 지양과 대중문화의 발전, 노동자의 기술양성과 직업소개, 각종 노예 해방과 상호부조를 기함'을 취지로 하여 노

첫째, 경제상의 자유로 일체의 자본 세력의 속박을 벗어나 공동 노동의 생산물을 자유롭게 취하는 것이다. 둘째, 정치상의 자유로 정부의 속박에서 벗어나 각종 노동조합과 단체를 자유롭게 조직하는 것이다(무정부주의). 셋째, 도덕상의 자유로 종교의 도덕 소각에서 벗어나 의무와 제재가 없는 자유에 도달하고 사회생활을 호조의 정신으로 유지하는 것이다(師復, 「克魯泡特金無政府共産主義之要領」, 『民聲』17, 1914.7.4.; 김미지, 「동아시아와 식민지 조선에서 크로포트킨 번역의 경로들과 상호참조 양상 고찰」, 『비교문화연구』43, 경희대학교 비교문화연구소, 2016, pp.171-206, 재인용.).

14) 조선노동공제회(朝鮮勞動共濟會)는 1920년 2월 7일 조직된 조선노동문제연구회(朝鮮勞動問題硏究會)를 모태로 하여, 그 해 4월 11일 박중화(朴重華), 박이규(朴珥圭)를 회장 총간사로 하고 고순흠(高順欽), 윤덕병(尹德炳), 신백우(申伯雨), 김두희(金枓熙: 金若水), 정태신(鄭泰信: 鄭又影), 차금봉(車今奉)·김명식(金明植)·장덕수(張德秀)·정운해(鄭雲海) 등을 중심으로 창립되었다.

15) 「조선노동공제회주지」, 『共濟』1, 1920.9., p.167.

동문화운동에 뛰어든 것이다. 그리고 그 주된 핵심은 "노동의 이상적 실현"이라는 시대적 요구를 전제하면서도 조선의 처지와 상황에 따라 '노동자 교육·경제·위생'을 우선한 것이었다.[16]

당시 창립행사에서는 메이데이 기념 강연회를 열었고, 김명식, 정태신, 염상섭이 「扶助와 경쟁」, 「계급사회의 모순」, 「노동조합과 세계의 현황」을 주제로 연설했다. 용산 철도공장 노동자 김길인은 연사로 나와 노동자의 불행한 처지에 대해 호소할 만큼 노동자의 의식도 성장하기 시작했다. 9월에는 기관지 『공제』[17]를 창간하여 사회주의를 선전하였고, 우리나라 최초로 소비조합을 조직하여 운영했으며 10월에는 조선노동공제회교육부 주최로 노동야학을 개설했다. 이는 초등수준으로서 수시입학제로 운영했던 것인데, 경성에서는 중앙노동강습소, 용산노동강습소, 동대문노동강습소 3개소를 운영했다.[18] 조선노동공제회는 공제(共濟)라는 제목의 의미가 그러한 것처럼 상호부조에 입각한 노동문화건설과 노동의 신성을 도모했다.

유진희 또한 노동자의 문명은 "상호부조의 정신에서 약자를 돕고, 임은노예로부터 완전히 해방되는 날에서 비롯될 것"이라 하였다.[19] 노동은 신성한 까닭에 금전이나 상품으로 교환되는 것에서 해방되어야 하고, 자유롭게 공장에 나가서 취미 있는 노동을 할 수 있어야 하며 생명의 창조, 창조의 환희, 즐거운 노동의 영위로서 그 신성미를 알아야 할 것이었다.[20] 특히 그는 「노동운동의 사회주의적 고찰」에서

---

16) 文國柱 編著, 『朝鮮社會運動史事典』, 고려서림, 1991, pp.345-346.
17) 『공제』 필진들 가운데 김명식, 유진희(兪鎭熙), 장덕수(張德秀), 변희용(卞熙瑢), 나경석(羅景錫), 정태신(鄭泰信), 김약수(金若水), 고순흠(高順欽) 등은 1920년 6월 서울에서 '사회혁명당(상해파)'을 조직한 인물들이거나 흑도회에 가입한 아나키스트였다.
18) 「강습생모집광고」, 『공제』 2, 1920.10.
19) 無我生(유진희), 「노동자의 문명은 如斯하다」, 『공제』 1, 1920.9., pp.35-36.
20) 霽觀, 「전국노동자제군에게 檄노을 送하노라」, 『공제』 1, 1920.9., pp.40-42.

"각자의 능력에 따라 일하고 각자의 필요에 따라 소비한다."[21]는 크로포트킨의 말을 인용하면서 이를 노동운동의 방향으로 제시하였다. 한편 김한은 마르크시즘에 입각할 때, 계급운동의 주체는 노동자여야 하지만 조선의 경우는 임금 노동자가 희소하고 농민이 절대 다수를 차지하는 현실이므로 운동주체는 임금 노동자를 포함한 총체적 부산자가 됨을 주장하였다. 여기서 노동자는 육체노동자만이 아니라 무산자를 총칭한 것으로서 전위세력은 노농청년총동맹이 되는 것이다.

> 노동자 제군이라 함은 근육노동자 제군을 주치하여 말한 것이다 만은 우리의 형세를 따라서 일반 무산자의 계급, 더 널리 말하자면 그 어떠한 특수계급을 제외한 外의 전체를 일괄한 의미에서 말한 줄로 제군은 양해하여 주기 바란다.[22]

조선노동공제회 주역들은 조선청년회연합회 결성에도 가담했는데, 당시 청년회에서도 아나키즘을 학습했다. 대구청년회에서는 크로포트킨의 상호부조론이라는 논제로 좌담회를 개최했다가 대구경찰서로부터 금지 당했지만[23], 지속적으로 노동자·농민들을 조직화하여 1922년에는 80여개의 노동단체가 결성되었다. 또한 김명식이 당시 주간으로 있었던『동아일보』는 세계 아나키즘운동에서 유행했던 에스페란토 보급에 힘썼다. 1920년 6월 24일자부터「청년제군에게 에스페란토를 권함」이라는 기사를 시작으로 에스페란토협회 총회, 에스페란토 강습회, 에스페란토 연구동지회, 에스페란토 강좌 등 활발한 활동을 벌였고, 잡지『개벽』,『별건곤』등에도 에스페란토가 소개되었다.

---

21) 유진희,「노동운동의 사회주의적 고찰」,『공제』2, 1920.10, p.19.
22) 霽觀,「전국노동자제군에게 檄노을 送하노라」,『공제』1, 1920.9., p.40.
23)「좌담회를 금지, 공산주의 선전이라고」,『시대일보』, 1924.1013, 1면.

## 3. 볼셰비즘과 아나키즘과의 결합

### 1) 아나키스트의 볼셰비즘 수용

중국 사회운동에서도 아나키즘과 볼셰비즘은 양대 세력을 이루었고, 중국 공산당이 창립되기 전 아나키즘이 초보적 맑스-레닌주의자에게 많은 영향을 미쳤다는 주장은 이미 정설로 되어 있다.[24] 리다자오의 초기 사상에도 크로포트킨의 상호부조론 영향이 뚜렷하게 나타나고, 프롤레타리아 국가의 권력모순도 점진적 발전을 통해 해결될 것이라 그는 생각했다. 국가권력은 어느 한 시점에서 사라지는 것이 아니라 인민의 부단한 투쟁을 통해 폐기된다고 그는 생각했다.

아나키즘은 당시 볼셰비즘과 유사한 점이 많았다. 공산주의, 사유재산제도 폐지, 생산수단의 공유, 사람의 개성과 자유회복, 계급해방 등이 그러하다. 물론 볼셰비즘은 투쟁방식과 프롤레타리아 독재를 과도기적으로 주장한다는 점에서 아나키즘과 차이가 있다. 그러나 실제 공산주의운동에서 아나키스트와 볼셰비키는 결합을 이루었다. 아나키스트들 중에는 소련 공산군에 복무하면서 레닌 정권과 운명을 같이 한 인물도 있었으며 "러시아혁명 자체가 아나-볼 간의 합작품"[25]이었다.

중국은 러시아 혁명의 영향을 받아 마르크스-레닌주의를 신봉하는 사회주의로 전환하거나 크로포트킨에 매료되었다. 소련 정부는 러시아 황제가 가지고 있던 중국에서의 특권과 이익을 포기하겠다고 선언했다. 또한 레닌은 서양이 중국의 고난에 대해 책임을 져야 한다고 규탄하였고, 자본주의의 멸망을 예언했을 뿐만 아니라 세계혁명에서 아시아의 지위를 부여함으로써 세계의 문제는 단지 서양 국가에 의해서

---

24) 高津正道, 「支那に於ける無政府主義운동」, 『勞動運動』 8, 1921.4.3.
25) 조세현, 『동아시아 아나키스트의 국제교류와 연대』 창비, 2110, p.132.

만 해결될 수 있다는 대다수의 유럽 마르크스주의자들의 견해를 반박했다.[26] 또한 레닌의 피압박민족에 대한 우호적인 정책과 그의『제국주의 이론』은 중국의 사회혁명에 영향을 주었다.

조선도 1919년 러시아 볼셰비즘을 중심으로 제3인터내셔널 국제공산당이 조직되었을 때 평의권(評議權)을 가진 대표자로서 참가했다. 당시 레닌은「공산당선언」을 낭독한 후 72년간 무산계급이 치른 악전고투를 말하면서 주의를 환기시켰다. 그리고 우리의 임무는 각국노동계급의 경험을 수집하고, 약소민족에 대한 구제책을 논하는 것에 있다 하였다. 또한 의회적 민주정치에 대한 공산당의 입장을 논급하면서 종래의 의회는 순전히 유산계급의 기구임에 반해 향후 소비에트는 무산계급의 기구가 될 것임을 말했다. 그리고 제3인터내셔널은 신사회주의적 질서를 건설하는 것이 임무로서 민중을 대표하여 혁명활동에 임하는 자라 하였다.[27]

조선에 문건상으로 레닌이 처음 소개된 것은 1923년 5월에 발간된 잡지『개벽』에서였다. 이는 러시아 신문에 게재된『노동의 창조』라는 글인데, 자본주의가 부여하는 경제자유의 기만을 끊고, 임금 노동의 습관을 버리며 진정한 노동의 자유와 새 사회를 건설하자는 내용이었다. 그리고 "모든 이는 한 사람을 위하여! 한 사람은 모든 이를 위하여!" 라는 코뮤니즘적 제도와 노동 규율을 불어넣자 하였다.[28] 조선 사회주의자들에게서도 볼셰비즘과 아나키즘은 혼재되었다. 볼셰비즘을 이해할 때도 아나키즘에 바탕 하여 맥락을 재구성해나갔다. 레닌은 소비에트 정치를 행하여 노동자계급으로 국가의 주권자가 되게 하는 동시에 부르주아식 국가의 대의제를 폐지했고, "각 사람은 자기의 능

---

26) 이매뉴얼 C.Y. 쉬, 조윤수/서정희 역,『근·현대 중국사(下)』, 까치, 2013, pp.636-637.

27) 소춘 抄,「세계사회주의운동의 사적 기술」,『개벽』 46, 1924.4.1., pp.54-56.

28) 니콜라이 레닌,「노동의 창조」,『개벽』, 1923.5.1., pp.37-38.

력에 따라 일하고 자기의 필요에 따라 분배를 받는다."는 원칙에 의해 공산주의 정책을 실행했다고 소개되었다.

> 혁명성취후의 그는 곧 종래의 持論이던 (1)쏘베트式 정치를 행하야 全然 노동자계급으로 국가의 주권자가 되게 하는 동시에 보통 뿔조아式 국가의 대의제를 폐지해스며 (2)「각 사람은 자기의 재능에 쪼차서 일하고 자기의 필요에 쪼차서 분배를 밧는다」는 원칙에 의한 공산주의의 정책을 실행하야 사회주의의 그 尨大 복잡한 이론을 온전히 조직에 의해서 실현하기에 全力햇다.29)

"각 사람은 자기의 재능에 쫓아서 일하고 자기의 필요에 쫓아서 분배를 받는다."는 말은 레닌의 주장이 아니라 크로포트킨의 표어이다. 하지만 사회주의 수용에서 아나키즘이 레닌의 의도와 정책으로 이해된 측면도 있었고, 마르크시즘과 볼셰비즘이 동일시되는 경향도 있었다. 그러나 점차 볼셰비즘에 방점을 둔 것은 조선의 상황에 레닌주의가 더 현실적이라고 생각했기 때문이다. 조선은 생산력이 발달하지 못했고, 계급투쟁의 주체로 나서야 할 노동자도 소수였다. 그리고 90%를 차지하는 절대 다수가 무산자 농민이었다. 맑스 이론은 자본주의가 발달된 서구의 경제상황에서 얻어낸 실증과 이론이지 식민지 지배를 받고 있는 조선처럼 사회 생산력이 질식을 당하는 경제관계에서 입론된 것이 아니었다.30) 조선 사회주의자들은 생산관계가 충분히 발달되지 못한 상태에서 맑스의 이론을 그대로 따르기보다 혁명을 성공시킨 러시아 볼셰비즘에 주목했고, 피압박민족을 지원하는 코민테른과 연동되었다. 그리고「공산당 선언」에서 말한 "만국노동자여 단결하라!"는 "조선 농민은 각성하여 단결하라!"로 바뀌어 주장되었다.31) 물론

---

29)「레닌은 죽엇습니다」,『개벽』 44, 1924.2.1., pp.22-27.
30) O民,「사상의 귀추와 운동의 방향」,『개벽』 45, 1924.3.1., p.46.

마르크스의 계급투쟁론과 유물사관[32], 잉여가치론 등을 기본적으로 학습했지만 레닌주의에 입각한 계급투쟁노선을 수용했다.

일반적으로 계급투쟁의 방법은 사상적 투쟁, 정치적 투쟁, 경제적 투쟁으로 발현하는데 노동계급이 자본가를 대항함에 있어서 경제적으로는 노동조합을 만들어 그 단체의 힘으로 자본가에게 대항하는 형세를 취하고, 정치적으로는 노동계급이 정당을 만들어 사회개조운동을 통하여 부르주아와 투쟁하는 것이다. 또한 조합운동과 정당운동만 가지고서는 전투력이 부족하므로 사상으로 싸움을 하는 것이다.[33]

레닌에 의해 해석된 마르크스 사상의 영향 속에서 노농운동으로 확산된 것은 1920년대라 할 수 있고, 조선의 사회주의자들 역시 레닌의 『제국주의론(1917)』을 탐독하였다. 레닌은 여기서 '생산의 집적과 독점체제, 은행과 산업의 유착과 합병, 금융자본의 발생, 과잉자본의 국외수출과 제국주의의 침략과 착취'라는 제국주의 경제이해와 더불어 그것이 식민지정책과 전쟁으로 규정된다는 것, 그리고 각 나라의

---

31) 위의 글, pp.47-48.

32) 당시 유물사관은 6가지로 정리되었다. ① 사람의 의식이 사람의 생활을 결정하는 것이 아니라 사람의 사회생활이 사람의 의식을 결정한다. ② 생산력이 발전함에 따라 생산관계가 변화하여 사회혁명의 시대가 도래한다. 즉 경제적 기초가 변동함에 따라 상부구조도 서서히 혹은 급격히 혁명된다. ③ 경제적 혁명은 사회적 생산력과 생산관계간에 현존하는 모순으로써 설명하어야 한다. ④ 한 사회의 조직은 그 조직 내에 포함된 모든 생산력이 충분히 발달한 후가 아니면 결코 전복되지 않는다. ⑤ 고대 노예제도, 중세 봉건제도, 현대 자본제도는 경제적 진화의 3대 단계인데, 현대의 자본가적 생산관계가 최후의 계급투쟁, 최후의 계급적 알력이다. ⑥ 자본가적 사회의 내부에서 발전한 생산력은 동시에 알력을 해소시킬 물질적 조건을 만들므로 이 자본가적 사회구성과 함께 인류사회의 역사는 그 종결을 고하고 진정한 문명시대, 대공산제도의 사회로 들어간다(사까이 도시히코, 「사회주의학설 대요4: 유물사관의 요령기」, 『개벽』 43, 1924.1.1., pp.47-56.).

33) 사까이 도시히코, 「사회주의학설 대요2: 사회주의와 자본주의의 입지」, 『개벽』 41, 1923.11., p.43.

개별경제가 제국주의 세계경제라는 하나의 사슬로 묶이게 됨을 논증했다. 특히 레닌의 제국주의론은 제국주의와 민족적 억압의 연관성을 구체적으로 설명했고, 약소국가들을 병합하고 억압하여 저항을 격화시킨다는 점도 분명히 했다.[34] 그리고 더 나아가 레닌은 약소민족을 탄압하는 서구 제국주의를 비판함과 동시에 피압박민족의 연대를 주장했다.[35]

동북아에서 아나키즘과 볼셰비즘은 상호 결합되었지만 한편으로는 반목하기도 했다. 이는 이념적인 대립보다는 주도권 다툼의 문제가 더 강했다. 조선의 경우 고순흠은 신백우 등이 상해 고려공산당[36]과 연락하여 다수의 자금을 횡령했다고 비난하면서 이들을 축출할 것을 주장했다. 그러나 뜻을 이루지 못하자 조선노동공제회를 탈퇴한 뒤, 1922년 7월 11일 윤덕병과 이수영에게 폭력을 휘두르고 조선노동공제회 간판과 서류를 불태웠다.[37] 고순흠은 조선의 아나키스트로 중국에서도 활동했고, 신백우는 레닌주의자로서 잡지 『공제』 주간을 맡았다. 신백우는 윤덕병, 이수영 등과 함께 화요회를 조직했던 인물로서 러시아 공산당과 긴밀한 연계를 가지고 활동했다.

---

34) V.I.레닌, 남상일 역, 『제국주의론』, 백산서당, 1988, pp.158-159.
35) V.I.레닌, 위의 책, pp.159-160.
36) 조선 사회주의 운동은 이동휘가 1918년 5월 하바로프스크에서 결성한 한인사회당에서 기원한다. 그리고 1920년 1월 22일 이르쿠츠크에서 당시 러시아 볼셰비키당의 한인지부인 이르쿠츠크공산당 고려부(대표 김철훈)가 조직되었다. 이동휘는 레닌의 힘을 빌려 독립을 달성하기 위한 첫 포석으로서 1920년 봄 상해에서 공산주의자 그룹을 결성했는데, 다음 해 이를 고려공산당으로 개칭했다. 세칭 상해파 고려공산당이라 부르기도 한다.
37) 『동아일보』, 1922.7.13.

## 2) 신생활사(新生活社)와 아나코-볼셰비즘

조선노동공제회가 아나키즘에 입각하여 노동자의 주체적 자각과 교육/문화운동에 주력했다면 신생활사는 아나키즘을 소개하면서도 볼셰비즘에 방점을 두어 노동자 계급투쟁에 주력했던 차이를 엿볼 수 있다. 신생활사[38]는 김윤식 사회장 문제로 상해파와 분리되어 나온 김명식, 유진희, 정백, 신일용 등이 대표적인 인물들인데, 이들은 조선청년회연합회 결성을 주도하기도 했다. 또한 이들은 조선노동공제회 기관지『공제』의 주된 필진을 이룬 인물들이기도 하지만『신생활』에서는 아나코-볼셰비즘을 주도적으로 소개했다. 기존 연구는 신생활사가 다양한 사회주의 사상 가운데 맑스주의를 정파(正派)라고 선언했다고 말하고 여기에는 신일용의 역할이 컸다고 보았다.[39] 그러나 엄밀히 말하면 맑스주의가 아니라 아나코-볼셰비즘에 입각한 정파 선언이라 할 수 있다. 이는 민중을 착취하는 모든 질서의 파괴와 계급투쟁사관을 결합시킨 것으로서 여기에는 일본의 아나키스트이자 볼셰비즘에 영향을 받은 야마카와 히토시(山川均)가 매개적 역할을 했다. 이성태는 크로포트킨의 「상호부조론(1902)」을 신생활에 번역하여 게재하였는데, 이 역시 야마카와의 글을 번역한 것이었다.

생산의 과잉이 생기는데 인류의 9할이나 되는 노동자는 기아의 수라

---

38) 신생활사는 1922년 1월 창립되었다. 3월부터 신생활 창간호를 냈으며 10호부터 주간으로 변경했다. 창간호에 밝힌 신생활의 主旨는 신생활 제창, 평민문화 건설 제창, 자유사상 고취에 있었다(「신생활 主旨」,『신생활』1, 1922, p.69.). 또한 "신생활은 자유와 평등의 신생활을 영위함에서 얻는 것"이라 하였고, 신생활을 제창함은 "오직 개조와 혁신이라는 인류 공통표어의 세계대세에 순응코자 함"이라 하였다(「신생활사 창립」,『동아일보』, 1922.1.19.).
39) 박종린, 「1920년대 초 사회주의사상의 수용과『新生活』」,『사림』49, 2014, p.94.

가 되는 사유재산제도의 질서, 살육과 투쟁을 일삼은 현대사회의 약탈의 조건이 되는 교육의 질서, 소수자를 위하여 민중을 착취하는 국가제도의 질서, 이 모든 질서를 파괴하여 만인을 위한 만족과 행복과 평화와 진보를 위하여 새로운 자유의 미래를 건설하려 함이외다. 진실로 새로운 창조! 이것이 그네가 부르짖는 질서외다.[40]

정백 또한 야마가와가 집필한 「무산계급의 역사적 사명」이란 글을 번역하여 계급투쟁과 인간의 능동성에 대해 기술했다. 신일용 역시 야마가와의 「노동운동사」를 소개 한 바 있고, '계급투쟁설은 인류 사회진화의 한 법칙이자 무산계급의 신문화 창조'[41]라 했다. 계급투쟁은 자본주의를 붕괴시키고 프롤레타리아트 독재에 도달할 것이며, 프롤레타리아 독재는 일체의 계급을 폐지하고 자유와 평등의 신사회로 가는 '과도기의 성격'을 갖는다 하였다. 즉 사회주의는 사유재산제도를 혁파하고 공유재산제도로 변혁시키는데 이를 국가가 과도기적으로 관리하는 것이 사회주의의 첫 번째 이상이라는 것이다.[42] 신일용 역시 프롤레타리아 독재를 하나의 과도기로 설정하여 아나키즘과의 결합을 시도했다. 한 인물, 한 단체 안에서 아나키즘과 볼셰비즘은 공존했고 양자는 서로 혼합되었다. 실제 당시 청년들은 크로포트킨과 레닌의 저서를 함께 학습했고 양 저서 모두를 공산주의 선전 책자로 활용했다. 함경남도 홍원군의 프롤레타리아 청년동맹회원들은 크로포트킨과 레닌의 저서로 회원에게 공산주의를 선전하다가 검거된 바 있듯이[43] 조선에서 크로포트킨과 레닌주의는 상호 결합되었다.

박종린은 『신생활』의 주류를 마르크스로 잡고, 그 특징을 ① 식민

---

40) 이성태, 「크로포트킨학설연구」, 『신생활』 7, 1922, p.30.
41) 신일용, 「맑쓰사상의 연구: 계급투쟁설」, 『신생활』 6, 1922, p.35.
42) 신일용, 「사회주의의 이상」, 『신생활』 9, 1922, 22쪽.; 박종린, 앞의 글, p.97.
43) 『高等警察關係年表』, 1926.9.

지 조선의 현실에 대한 비판, ② 자본주의 체제 비판, ③ 계급투쟁의 강조를 꼽은 바 있다.44) 이는 아나키즘과 볼세비즘 양자 모두에 해당한다. 양자 모두 자본주의 체제 비판, 사회개조, 계급해방, 공산주의를 표방했기 때문에 상호 결합되었고, 러시아 신문화운동과 혁명을 선전했다. 신생활시가 지향했던 신문화는 노동사유문화로서 러시아 신문화운동에서부터 중국의 신문화운동으로 이어지는 사회개조의 맥락에서 수용된 것이었다. 당시 김명식은 "러시아에서 먼저 착수한 신문화운동이 가속도로 세계에 전파"될 것을 전망하면서 조선의 신문화 건설도 멀지 않을 것이라 했다.45)

또한 '신생활 필화사건'도 아나키즘과 볼세비즘의 결합을 보여준다. 이는 조선 최초의 사회주의 재판사건이다. 이 사건은『신생활』11호(1922년 11월)를 러시아혁명 5주년 기념호로 발행한 것이 빌미가 된 것인데, 당시 총독부는 잡지사의 사원들뿐만 아니라 노동대회 간부들까지 검거하여 취조를 했다. 검거된 사람은 신생활사 박희도46), 김명식47)이고, 이성태, 정백도 소환되었다.48) 또한 노동대회가 신생활사와

---

44) 박종린, 「1920년대 초 사회주의사상의 수용과『新生活』」,『사림』49, 2014, pp.84-99.

45) 김명식, 「구문화와 신문화」,『신생활』2, 1922, p.6.

46) 박희도(1889-1952)는 3.1운동 당시 민족대표 33인 중의 한 사람으로 1921년 12월 출옥한 후 1922년 1월 김명식 등이 주도한 신생활사 창립에 참여하였다.

47) 김명식(1890년-1943, 松山/솔뫼)은 와세다대학[早稲田大學] 정치경제과를 졸업했고, 일본 유학 당시 조선유학생학우회의 간사 부장을 맡아 1919년 2·8독립선언에 참여하였다. 귀국 후『동아일보』창간에 협력하고 논설위원을 역임했다. 1922년 1월 박희도(朴熙道)에게 출판사를 설립할 것을 권유다. 이에 신생활사(新生活社)가 창립하자, 이사 겸 주필에 취임하여, 월간지『신생활』을 발행하였다. 또한, 신일용(辛日鎔)·유진희(兪鎭熙) 등을 기자로 추천하기도 하였다. 1920년 6월 28일 경향 각지에서 조직되고 있던 청년회의 연합통일체를 조직하기 위해, 장덕수(張德秀)·오상근(吳祥根)·장도빈(張道斌)·박일병(朴一秉)·안확(安廓) 등 50여 명과 함께 조선청년회연합기성회를 발족시켰다.

48) 「雨雜誌 事件의 內容」,『동아일보』, 1922.12.05., 3면.

연계되었다 하여[49] 노동대회 간부 김승규도 검거되고, 이항발도 나주에서 잡혔다.[50] 주필 김명식, 기자 신일용, 유진희[51] 모두 신문지법 위반(대정8년 제령 제7호)으로 기소되었다. 인쇄인 노기정과 노동대회 간부 김승규는 기소유예로 풀려났고, 이항발은 「자유노동조합취지서」를 인쇄·배부한 사실로 역시 기소되었다.[52] 기소의 핵심은 '러시아 혁명의 예찬', '러시아 자금 수수설', '자유노동대회와의 연계', '자유노동조합취지문 배포'와 유진희의 「민족운동과 무산계급의 전술」 게재에 있었다. 그리고 재판의 판결 핵심은 러시아 공산당 및 노동대회와의 관계였다. 박희도는 당시 가택수색 시 국제공산당당선언서, 국제공산당헌법과 가입조례, 무산당 청년회 제2차 대표회의 문건, 공산당독본 등을 소지하고 있었다.[53] 그는 소련 공산주의를 선전한 것에 대해 집중 취조를 당했다.

신생활 필화사건은 아나코-볼셰비키들의 노동운동과 러시아 공산당과의 깊인 관련을 보여준 사건인데, 특히 러시아 혁명의 예찬, 자유노동과 노동조합결성 등은 아나키즘과 볼셰비즘의 결합을 보여준다.

---

49) 1922년 이와 때를 맞추어 일본 大阪에서 조선노동자대회가 열렸다. 20여 노동단체의 노동자 12000명과 교토, 고베 등지의 노동자가 연합하여 도합 2만 여명의 조선인 노동단체를 조직하고 조선인의 권리와 지위를 옹호하고자 하였다 (「조선인 노동단체」, 『동아일보』, 1922.12.05., 3면).

50) 「노동대회의 간부」, 『동아일보』, 1922.11.28., 3면.

51) 유진희(1893년-1949)는 1920년 4월 조선노동공제회 창립에 참여하고 편집부를 맡았다. 그 해 가을 사회혁명당 결성에도 참여하였다. 10월에 나온 『공제』 2호에 「노동운동의 사회적 고찰」을 발표하면서 노동 문제는 사회주의와 결합해야 한다고 주장하였다. 또한 지주-소작인 관계를 노동자-자본가 관계로 등치시켜 소작운동을 농촌의 노동운동이라고 정의하였다. 1921년 5월 '고려공산당(상해파) 대표자회의'에 국내 대표의 한 사람으로 참가, 내지간부로 선임되고, 기관지부를 담당하였다.

52) 「신생활사건기소」, 『동아일보』, 1922.12.13., 3면.

53) 「조선 초유의 사회주의 재판, 신생활 사건 제1회 공판」, 『동아일보』, 1922.12.27., 3면.

당시 동아일보는 이 사건을 "사회주의와 자본주의의 주의 상 충돌"[54]로 규정했다. 신생활사와 관련되었던 이혁로는 1930년대 제4차 공산당 재건운동(ML당)을 하다가 검거되어 고문으로 사망했던 것처럼[55] 신생활사 관련 인물들 중에 공산당 재건을 위해 노력한 사람도 적지 않았다.[56]

## 3) 아나코—볼셰비즘과 동북아시아

동북아 사회주의 운동사에서 아나키스트와 볼셰비키의 결합은 공통적인 현상이다. 크로포트킨도 초기에 레닌 혁명을 보면서 볼셰비키와 연합할 수 있다고 생각했다. 중국의 아나키스트들도 레닌주의는 물론 러시아 혁명에 대해 찬사를 보냈다. 중국의 아나키스트들이 레닌의 소비에트 정부와 볼셰비즘에 우호적인 태도를 취하고 함께 결합했던 것은 소비에트 정부를 이상적 사회로 가는 과도기로 인식했기 때문이다.

---

54) 「신생활의 발행금지, 주의상 충돌」, 『동아일보』, 1923.1.11, 1면.

55) 「4차共黨관련 이혁노 昨日 永眠」, 『중외일보』, 1930.9.24., 2면.

56) 아나키스트 단체 흑도회에서 갈라져 나간 북성회도 이와 유사한 흐름을 보여준다. 1921년 12월 흑도회는 박열파와 김약수파로 갈라져 흑우회와 북성회로 분할 개편되었다. 1923년 동경에 본부를 둔 북성회는 국내 단체를 장악하기 위해 조선 순회강연을 단행했다. 당시 북성회의 선전 강령은 한국과 일본 프롤레타리아의 결합을 굳게 하고, 재일조선인노동자의 단일조합을 창설하는 것이었다. 김약수·정태신·백무(白武)·김종범 등 북성회의 주류파는 국내에 신사상을 전파하기 위해 일본 아나키스트 단체인 효민회(曉民會)의 高津正道, 자유법조단(自由法曹團)의 布施辰治, 그리고 北原龍雄 등과 함께 1923년 7월말 조선에 입국하여 순회 강연단을 결성했다. 布施辰治는 김약수의 통역으로 "무산계급운동의 정신"이라는 주제로 강연했고, "무산자의 해방운동은 필연의 이치"라 하였다. 북성회는 순회강연을 통해 노동운동의 지도자 육성과 한일 노동운동의 연계를 도모했다. 1924년 11월 북성회는 조선 내에 북풍회를 조직하여 국내 단체를 계통적으로 지휘하고자 코민테른의 승인을 받고자 노력했다.

우리들은 러시아의 사회혁명에 대해 무산계급이 전쟁에 대응한 제일성(第一聲)이자 만국혁명의 선구라고 생각한다. ... 사회주의와 무정부주의는 본래 혈연관계에 있으며 따라서 우리들은 러시아의 새로운 조직이 무정부혁명의 선구라고 믿는다. 새 조직이 빨리 현 단계를 넘어 우리의 이상에 도달하길 희망한다.[57]

이러한 관점은 조선에도 영향을 미쳤다. 코민테른 자체가 동북아시아 3국(한중일)에 사회주의를 확대하기 위해 중국부, 조선부, 일본부 등 3개의 지부를 두고 활동을 펼쳐나갔고 이동휘의 한인사회당과 관계를 맺어 한국공산당을 조직하였다. 조선의 노동공제회나 조선청년회연합회, 신생활사 모두 한인사회당과 연계된 아나코-볼셰비키가 주도했다. 러시아 볼셰비키 정부 성립 초기, 러시아인 가운데는 아나키스트인 동시에 볼셰비키인 아나코-볼셰비키가 존재했다. 중국의 경우도 사회주의 운동 안에 아나키즘과 볼셰비즘이 혼재했다. 중국 사회에 볼셰비즘이 수용되기 전에 아나키즘 사상이 광범위하게 전파되었고, 초기 량치차오뿐만 아니라 중국 공산주의자들인 쑨원, 천두슈, 리다자오에게 상당한 영향을 미쳤다는 것은 정설로 되어 있다. 쑨원에게도 "인류가 호조를 원칙으로 한다."는 상호부조론의 영향이 나타나고[58] 천두슈, 리다자오, 마오쩌둥 등의 글에서도 《호조론》의 영향을 쉽게 찾아볼 수 있다.

또한 1920년을 전후한 시기에 결성된 '사회주의자동맹'처럼 볼셰비즘의 중국 전파 과정에서 아나키스트와 초기 공산주의자들 간에 결합이 있었다는 것도 익히 알려진 사실이다.[59] 이는 코민테른에서 중

57) 眞社譯, 『克魯泡特金的思想』, 天津眞社出版, 1920, p.3.; 조세현, 위의 글, p.210., 재인용.
58) 조세현, 「동아시아 3국(한중일)에서 크로포트킨 사상의 수용」, 『중국사연구』 39, 2005, p.246.

국에 파견한 보이틴스키의 목표와도 일치하는 것이었다.[60] 코민테른 하부 조직의 하나인 청년 코민테른은 공산주의 청년 조직을 각 국에 만드는 것이 주요 임무였는데, 천두슈와 보이틴스키 등이 중심이 되어 중국에서도 사회주의청년단이 만들어졌다. 사회주의 청년단 역시 볼세비키뿐만 아니라 아나키스트가 많았다. 『신청년』을 인쇄한 우신인쇄소는 사실상 아나키스트에 의해 운영되었지만 맑스주의 관련 서적뿐만 아니라 레닌의 공산당선언을 출판했다. 물론 프롤레타리아 독재와 개인의 자유 및 당의 기율 문제, 그리고 생산과 분배의 문제 등을 둘러싼 아나·볼 논쟁과 분열도 빈번했다.

## 4. 동학(천도교)의 사회주의 수용과 '사회연대의 정신'

1920년대 조선에 수용된 사회주의란 공산사회를 지향하는 신사상을 의미했다. 당시 아나키즘이나 볼셰비즘에 영향 받은 천도교 또한 사회주의 수용의 계보 안에 포함시킬 수 있다.[61] 천도교는 국내 최초로 『개벽』을 통해서 맑스주의 이론을 소개했을 뿐만 아니라 자본 군

59) 조세현, 「보이틴스키의 중국 방문과 사회주의자동맹: 중국공산당 창립 시기 아나키즘·볼셰비즘 합작과 분열」, 『중국사연구』 36, 2005, pp.198-199, 참조.

60) 코민테른 극동부 담당 보이틴스키는 중국 국내 상황을 이해한 후 ①공산주의 소조 건립과 공산주의 정당 수립, ②지식인 조직을 통한 노동자와의 연계, ③ 각 혁명 파벌의 활동에 협조에서 아나키스트와 국민당을 포함할 것에 목표를 두었다(K.E.舍維廖夫, 「中國共産黨成立史」, 『一大前後(三)』, 人民出版社, 1984, p.155.; 조세현, 위의 글, p.231, 재인용)

61) 1920년대 천도교 잡지 개벽사의 이돈화, 김기전, 이동곡 등은 동학에 기초한 계급의식과 동귀일체의 공산사회를 지향했다는 점에서 천도교 사회주의라 말할 수 있다(정혜정, 1920년대 동북아시아의 사회주의 연동과 조선신문화운동: 천도교 잡지 『개벽』을 중심으로, 동북아연구34-2, 조선대학교 동북아연구소, 2019, pp.175-203, 참조).

국주의(제국주의) 대 무산자/피압박민족의 대립투쟁이 곧 계급투쟁이
자 민족해방운동임을 인식하였다. 그 대표적인 인물이 이동곡, 이돈화,
김기전, 정규선 등이다. 이동곡은 개벽사 북경특파원으로서 '한 살림'
의 공산사회를 지향했고, 이돈화는 동학혁명을 계급의식의 원천으로
삼았다. 김기전은 제국주의 세력에 대항할 절대세력은 "각국 각 민족
간의 무산대중의 양심을 통해서 발발하는 사회주의적 운동"이라 보았
고, 조선도 "만국의 무산자여 단결하라"[62]는 그 운동의 국제적 결연
(結聯)에 연대할 것을 제기했다. 정규선 또한 인내천의 동학사상에 바
탕하여 자기수양과 만민동포에 기초한 공산사회 건설을 지향했다. 본
연구에서는 정규선에 주목해보고자 한다. 정규선은 사회주의를 사회
연대의 정신으로 표방했고, 자본 군국주의에 대항하여 만민동포주의
의 공산사회로 나가고자 했다. 제국주의는 자본주의 제도가 존재하는
한 군국주의를 버릴 수가 없고, 군비는 정부의 중대사로서 이는 자기
나라의 인민을 보호하고자 함이 아니라 해외 자본이나 자산권을 쟁취
하고자 함에 있었다. 그러나 자본 군국주의가 기승을 부릴수록 민중과
민중 간에는 사회연대의 정신이 증진해 갈 것으로 갈파되었다.

> 資本制度가 存在할 동안에는 軍備는 政府의 重大 要務일 것이니 何故
> 오 하면 人民을 保護하기 爲하야 必要한 것이 아니오, 海外에 在한 資本
> 國의 資産이나 國家의 資産權을 擁護하기 爲함이든지 領地를 保護하며 또
> 는 擴張하는 데에만 軍隊가 必要한 것인 故이다. 如斯히 어떠한 國家를
> 勿論하고 아즉 國家로는 容易히 軍國主義를 버리지 못하는 原始狀態에 在
> 함에 不拘하고 民衆과 民衆間에서는, 끈히지 아니하고 人類連帶, 同胞博
> 愛의 精神이 增進하야간다.[63]

---

62) 김기전(소춘), 앞의 글, p.53. 김기전은 "만국의 노동자여 단결하라!"가 아닌 "만
   국의 무산자여 단결하라!"고 하였다.
63) 정규선, 「개조문제에 관여하는 사회연대의 정신」, 『개벽』 27, 1922.9. p.30.

당시 사회연대의 정신은 국제적으로는 말할 것도 없고, 중국, 조선, 일본이 더욱 희박하나 그 가운데서도 가장 극심한 것이 일본이었다. "일본은 중국이나 조선과 같이 他에 대한 독후(篤厚)한 공리주의나 관용적 희기심(犧棄心)이 극히 박약하다"[64]는 것이다. 정규선이 주장하는 사회연대의 정신은 곧 "세계동포주의"로서 아나키즘의 상호부조 정신에 영향받은 동시에 동학의 사유를 표방한 것이다. 그는 먼저 각 나라의 역사, 혹은 현재 진행되고 있는 사회연대의 사례를 들어가면서 이들의 문제점을 타파해나가고자 했다.

〈표 1〉 기존 사회연대정신 비판[65]

| 연대정신의 사례 | 연대정신의 한계점 |
|---|---|
| 동양의 가족연대 (舊사회정신) | · 가족연대가 점차 확장되어 도당 및 계급연대로 나아갔으나 공동생활의 정신은 가족내부에서만 강할 뿐임<br>· 협익(狹益)한 지방적, 부분적 단체심에 국한되어 상호부조의 정신이 박약하며 민족연대, 인류연대, 사회동포주의의 연대로 나아가지 못함<br>· 때로는 이로 인해 흉독(凶毒)한 폐해가 발생함 |
| 미국의 동종영업의 연대 | · 자동차 왕 포드는 "한 사람을 도움이 모든 사람을 도움이요, 한 사람을 상하게 함이 만인을 상하게 함이라" 하여 자기와 타인에게 연대정신을 실행한다함<br>· 이는 동종영업에 종사하는 동업동지의 연대로서 상호부조로 실행되어나간 측면은 있으나 타종영업, 타종노동에 종사하는 사람들에 대해서는 상호간 연대정신이 발휘되지 못함 |
| 칼 맑스의 노동자 연대 | · 「공산당 선언」에서 "만국의 노동자여 단결하라"라는 절규는 자본가의 전횡난폭(專橫亂暴)에 대한 노동자의 대항이었으나 이 역시 계급적·도당적 연대에 다름아님<br>· 자본계급에 대한 투쟁의 관념에만 갇혀 진실한 만민동포의 관념에 기초한 공산사회의 실현을 알지 못함 |

64) 정규선, 「개조문제에 관여하는 사회연대의 정신」, 『개벽』27, 1922.9. p.30.
65) 정규선, 위의 글, pp.30-31.

전통적인 가족연대는 민족연대, 인류연대, 사회동포주의의 상호부조정신으로 나아가지 못하였고, 가족이기주의에 매몰되었으며, 미국의 포드가 말한 연대정신은 결국 동일업종에 국한된 것이었다. 또한 마르크스가 「공산당 선언」에서 '만국노동자여 단결하라'라고 선언한 노동자연대 역시 계급적·도당적 연대에 불과하고 자본계급에 대한 투쟁관념에만 갇혀있어 만민동포주의에 기초한 공산사회 실현으로 나가지 못했다는 것이 정규선의 주장이다. 따라서 정규선이 지향한 사회주의는 사회연대정신에 기초한 것으로서 "초국가적 세계만국을 통해 노동자뿐만 아니라 각 민중의 연대사회를 건설"하는 것이었다. 즉 "만민동포의 관념에 바탕한 공산사회의 실현"으로서 미래사회는 진실한 인류동포, 형제적 관념으로 한 공산적 사회가 아니면 공산사회는 불가능할 것이라 했다.

> 社會主義는 卽 一般으로 超國家的 世界萬國을 通하야 勞働者 外에도 各民衆의 連帶社會를 建設코자 함에 努力할 것이다. 그러면 此 點에서 社會主義는 社會連帶의 精神을 根本으로 할 것이어늘 往往이 彼等은 專혀 一部의 資本階級에 對한 爭鬪의 觀念에만 幽囚되엇스며 眞實한 萬民同胞의 觀念에서 基하는 共産社會의 實現에 向하야는 그 向方을 不知한다. 將來의 社會는 眞實한 人類同胞 兄弟的 觀念으로 한 共産的 社會가 아니면 不能할 것을 思하노라.[66]

정규선이 말한 사회연대정신은 가족이나 민족, 혹은 특정 계급에 국한되는 것이 아니라 만민동포의 관념에 기초한 공산사회의 실현으로 나아가는 것에 있고, 공산주의자가 말하는 것과 같이 자본문제의 혁신이나 재산의 공동분배로만은 공산사회를 실현할 수 없다는 인식

---

66) 위의 글, p.31.

이 깔려있다. 특히 사유재산을 법제의 위력으로 철폐하여 공산사회를 건설하고자 할 경우 인류는 한낱 기계로 전락하고, 생활관계가 무미건 조한 동물이 될 뿐임을 경고했다.

> 社會連帶精神을 徹底케 함에는, 簡單으로 思量하면 百般의 惡弊를 釀造 하는 資本問題에 及하야 革新할 것이라고들 하얏스나 반듯시, 共産主義 者가 稱함과 如히 財産의 共同分配로마는 決코 神效한 良藥이 되지 못할 것이다. 勿論 生活의 保障이라 하는 데에는 絶對로 必要할지나, 그러나 此는 必히 私有財産을 法制의 力으로 撤廢함으로마는 生活의 保障이 來하 는 것이 아니니 萬若 法制의 威力으로 因하야 共産社會를 建設코자 하는 境遇에는 人類는 一個의 機械로 되어 一切 生活關係에 人生味가 無한 即 乾燥無味한 動物이 됨에 不外할 뿐이라. 所得의 公平한 分配를 機械的, 律 法的으로 確保한다 함을 바라지 못할 것이다.[67]

정규선이 말하는 공산사회의 실현과 소득의 공평한 분배는 정치권 력이나 법제의 힘만으로는 실현될 수 없다. 인간은 물질만으로는 만족 할 수 없는 정신적·창조적 요구를 가진 존재이기 때문이다. 사회개조 로서 사회연대정신의 발휘는 ① 인간 내부로부터의 소유욕, 재산욕을 제어하고, ② 인간 본성의 진리와 영묘(靈妙)한 우주의 진리를 깨달아 ③ 창조적으로 자신의 인격향상을 도모함에서 비롯된다. 소유욕(재산 욕)은 독점의 욕구와 분리의 경향이 강해 사회연대의 정신을 소모하 고, 창조적 인격은 진리 추구와 융합일치의 경향이 강하여 사회연대정 신을 발달시킨다. 따라서 당시 볼셰비즘에서 주창되고 있는 공산사회 는 사회연대정신을 발휘시킬 근본적 자격이 없고, 방향과 방법도 완전 하지 못하며 일시적 사회의 치료제는 될 수 있어도 근본적인 것이 못 됨을 주장했다.

---

67) 위의 글, pp.31-32.

정규선이 지향한 인류의 평등은 전인류가 성별, 계급, 인종의 차이를 넘어 누구나 평등하게 문화적 창조행위에 참여할 수 있는 기회의 균등을 부여받는 것이었다. 이는 곧 무계급적 민중주의로서 인류의 최고 가치는 재산이 아니라 "민중평등의 문화적 창조사업으로부터 오는 인류관계의 애정"에 있다. 자기 인격의 향상은 사회생활에 대한 애정의 실행에서 올 수 있고, 인간 스스로가 신격(神格)을 자각한 연후에 신적 권위가 확립되어 그 권위로 문화적 창조행위에 참여하는 것이다. 이러한 근본정신이 아니면, 어떠한 사회제도를 개조하고 경제생활의 자유를 얻더라도 인류 공동의 이상적 사회는 건설될 수 없다.[68]

정규선은 중국 및 러시아 공산당과 연계하여 활동했고,[69] 1924년 블라디보스톡에서 공산주의를 선전하는 보광(普光)학교에서 다년간 교편을 잡고 있다가 코민테른의 지시로 조선 내지에 들어와 활동하다 체포되었다.[70] 1926년 출옥 후에는 중국 길림으로 건너가 미곡상과 금광을 경영하면서 비밀히 양기탁 등과 고려혁명당[71] 중앙집행위원으로 활동했다. 1930년 다시 길림영사관 경찰에 체포되어 평안북도 경찰부로 압송되었다가 1939년 사망하였다.[72]

---

68) 위의 글, p.33.

69) 「죽어도 자백안해, 정규선 사건은 점점 확대, 西大門署 二隊로 허덕지덕」, 『동아일보』, 1924.10.13

70) 「주모자 1명 도망, 서대문서 필사적으로 대활동 정규선 사건의 내용」, 『동아일보』, 1924.10.16.

71) 고려혁명당은 1926년 4월 5일 만주 길림성에서 설립된 독립운동단체였다. 해월 최시형의 아들 최동희, 정규선 등을 비롯해 고려혁명위원회(천도교 독립운동단체) 회원 다수가 가입했다. 이는 민족유일당 운동의 일환으로서 당원 중에는 사회주의자가 많아 사실상 공산당이라 불렸고, 1926년 12월 이동락이 장춘에서 체포될 때 고려혁명당 서류를 가지고 있어서 관계자들이 다수 검거되었다.

72) 「고려혁명위원 정규선 검거, 길림영사관경찰에」, 『동아일보』, 1930.09.12.

## 5. 나가는 말: 조선의 사회주의 수용과
## 동북아시아의 연대

동북아시아 사회주의 수용에서 형성된 양대 세력은 아나키즘과 볼셰비즘이었다. 이는 동북아시아의 반제동맹으로서의 연대, 아나키즘과 볼셰비즘의 혼재라는 사상적 지형의 공통성, 아나키스트의 연대뿐만 아니라 볼셰비즘을 수용하여 코민테른 하에 움직였던 동북아 차원의 연동이었다. 크로포트킨이 말한 "모든 것은 모든 사람을 위한 것이다.", "능력에 따라 일하고 필요에 따라 소비한다."는 주장은 중국 아나키스트들로 하여금 "인민의 공덕심을 환기"시키고, 개인과 사회의 호조를 중시하며 일체의 권위를 버리고 공동의 행복을 도모하는 것으로 이해되었다.

한편 아나키즘과 볼셰비즘은 결합되었지만 점차 볼셰비즘으로 중심이 이동한 것은 현실론에 따른 것이었다. 개인의 절대자유란 근본적으로 존재하지 않을뿐더러 개인의 절대자유를 주장하는 것은 혁명에 지극히 해롭다는 것이었고, 개인의 자발적인 투쟁론은 허약하며 맑스주의에 기초한 프롤레타리아 정당의 건설을 통해 혁명을 이룩해야 한다는 볼셰비키의 현실론에 무게가 실렸기 때문이다. 그러면서도 "각자 필요에 따라 소비한다"는 아나키스트의 이상론과 "각자 노동에 따라 소비한다."는 맑스-레닌주의자의 현실론이 상호 혼재되고, 프롤레타리아 독재도 하나의 과도기로서 이해되어 아나-볼의 결합을 이루었던 것은 반제투쟁의 절박한 상황이 이론의 정치함보다 우선되었기 때문일 것이다.

초기 조선 사회주의 운동을 주도한 것도 「조선노동공제회」나 「신생활사」를 중심으로 한 아나-볼셰비키였다. 조선노동공제회는 조선 최초의 노동단체로서 노동자의 자유노동문화와 노동의 신성을 자각시키고

자 했고, 신생활사는 러시아혁명을 예찬하면서 노동대회와 노동조합을 조직해 나갔다. 원래 바쿠닌에서 크로포트킨으로 이어지는 아나키즘은 맑시즘과 대립되는 경향이 컸지만 러시아를 거친 맑시즘은 레닌주의, 혹은 볼셰비즘으로 재호명되면서 상황 상 아나키즘과 자연스럽게 융합된 측면이 있다. 또한 아나키즘에서 볼셰비즘으로 분화되는 과정도 거치면서 갈등을 일으키기도 했다. 「조선노동공제회」의 고흠순 사건이 그러하고, 「신생활사」의 필화사건이 그러하며 또한 아나키즘 단체 흑도회가 흑우회와 북성회로 분화된 것도 그 사례의 하나가 된다. 잡지 개벽에 최초로 마르크스 이론을 소개한 정태신도 흑도회 멤버였지만 볼셰비즘으로 중심을 이동했다.

또한 주목해야 할 것이 동학(천도교) 사회주의인데 당시 천도교는 동학사상에 바탕 하여 아나키즘과 볼셰비즘을 비판적으로 수용했다. 특히 정규선은 마르크스의 계급투쟁이 자본가에의 대항에만 갇혀있음을 비판하여 만민동포의 관념에 기초한 공산사회의 건설을 지향했다. 그는 사회연대의 정신에 근거한 사회주의를 표방했고, 미래사회는 진실한 인류동포, 형제적 관념으로 한 공산적 사회가 아니면 공산사회 실현은 불가능한 것이라 주장했다. 만약 공산주의자들이 법적 위력으로 자본계급의 소멸이나 사유재산 철폐를 통해 공산사회를 실현하려 한다면 인류는 한낱 기계로 전락하고 무미건조한 동물적 생활이 될 뿐임을 경고했다. 인간은 물질만으로는 만족할 수 없는 정신적·창조적 요구를 가진 존재이기 때문이다. 진정한 공산사회의 실현은 인간 스스로 소유욕을 제어하고 인간 본성의 우주적 진리를 깨달아 창조적으로 자신의 인격을 신격(神格)으로 향상시킴에서 시작된다. 공산사회의 이상적 사회는 재산이 아니라 신격에 의한 "문화적 창조행위"에 있고, 이로부터 오는 "인류관계의 애정"에 바탕한 근본정신이 아니면 어떠한 사회제도를 개조하고 경제생활의 자유를 얻더라도 인류공동의 이상적 사회는 건설될 수 없음을 그는 주장했다.

　근대 동북아시아의 사회주의 수용과 연대는 제국주의에 맞선 전략적 선택이었다. 일제와 가장 치열하게 맞서 싸운 것도 사회주의자들이었다. 당시 일제는 사회주의 운동을 불온한 '빨갱이 범죄집단'으로 몰아 탄압했고 해방 이후에는 미국에 의한 냉전체제 구도 하에 사회주의는 금기시 되어왔다. 그러나 사회주의 운동은 계급해방이 곧 민족해방이라는 인식하에 제국주의와 맞서 동북아가 함께 싸웠던 역사의 공통경험이었다. 오늘날 제국주의의 잔재는 아직도 신자유주의라는 이름으로 살아 움직이고 있다. 동북아를 미국, 일본, 남한을 중심으로 한 자유주의 진영과 중국 및 북한, 소련을 중심으로 한 사회주의 진영으로 나누어 이념대립, 선악대립의 냉전체제로 갈라놓고 미국의 입장을 관철하려는 프레임은 여전히 지속되고 있다. 향후 동북아의 연대는 근대 반제국주의 연대의 경험을 살리고, 미국이 설정한 냉전체제의 프레임을 해체하여 제국주의의 길이 아닌 평화의 길을 새롭게 모색해 나감에서 형성될 것이다. 그리고 그 첫걸음은 동북아 각국의 사회주의 경험 가운데 긍정적인 경험을 살려 상호 인식을 공유하고 한반도를 비롯한 동북아 평화체제를 구축해 나가는데서 시작될 것이다.

# 참고 자료

『개벽』
『高等警察關係年表』
『공제』
『동광』
『동아일보』
『시대일보』
『신생활』
『아성』
『중외일보』
『현대평론』

김미지, 「동아시아와 식민지 조선에서 크로포트킨 번역의 경로들과 상호참조 양상 고찰」, 『비교문화연구』 43, 경희대학교 비교문화연구소, 2016.

레닌, 남상일 역, 『제국주의론』, 백산서당, 1988.

모리스 메이스너, 권영빈 역, 『李大釗: 중국사회주의의 기원』, 지식산업사, 1992.

文國柱 編著, 『朝鮮社會運動史事典』, 고려서림, 1991.

박종린, 「일제하 사회주의사상의 수용에 관한 연구」, 연세대학교 박사학위논문, 2007.

박종린(), 「1920년대 초 사회주의사상의 수용과 『新生活』」, 『사림』 49, 2014.

이매뉴얼 C.Y. 쉬, 조윤수/서정희 역, 『근-현대 중국사(下)』, 까치, 2013.

이병주, 「최근 美學界의 중국사 연구동향」, 『대구사학』 38, 대구대학교 사학과, 1989.

이재화편역, 『한국근대민족해방운동사』 I, 서울: 백산서당, 1986.

정혜정, 「1920년대 동북아시아의 사회주의 연동과 조선 신문화운동: 천도교 잡지 『개벽』을 중심으로」, 『동북아연구』 34-2, 조선대학교 동북아연구소,

2019.

조세현, 「보이틴스키의 중국 방문과 사회주의자동맹: 중국공산당 창립 시기 아나
　　　키즘·볼세비즘 합작과 분열」, 『중국사연구』 36, 중국사학회, 2005.

조세현, 「동아시아 3국(한중일)에서 크로포트킨 사상의 수용」, 『중국사연구』 39,
　　　중국사학회, 2005.

조세현, 『동아시아 아나키스트의 국제 교류와 연대』, 서울: 창비, 2010.

표트르 알레세예비치 크로포트킨, 이상률 역, 『빵의 쟁취』, 서울: 이책, 2016.

크로포트킨, 김유곤 역, 『크로포트킨 자서전』, 서울: 우물이 있는 집, 2003.

高津正道, 「支那に於ける無政府主義운동」, 『勞動運動』 8, 1921.

# 주요 공공외교 수단으로서
# 한러 양국 대학 간 협력

## Russia-Korean Interuniversity Collaboration as an Important Means of People-to-people Diplomacy

빅토르 코르수노프(Viktor I. Korsunov)*

고등 교육의 세계화 및 국제화로 인해 러시아 수도권의 큰 대학들 뿐만 아니라 지방 대학들도 해외 대학들과의 국제협력에 관심을 갖게 되었다. 이것은 매우 자연스런 현상이다. 사할린국립대학교(前 유즈노사할린스크 국립대학)가 최초로 맺은 국제협력협정은 1989년 일본 홋카이도 대학과 서명되었다. 이후 몇 년이 지나고 한국 대학과 국제협력협정을 맺었다.

국제협력 분야에서 사할린국립대학교는 주로 한국, 일본, 중국 등 아태지역 국가들과의 협력에 중점을 둔 사할린주의 학술교육 센터로 자리매김하고 있다. 이와 관련하여 대학교는 주로 해외 대학 및 연구소들과의 다방면에서의 학술, 교육 및 교류와 대학의 매력적인 이미지 구축 및 역내 국가 및 국민들 간 우호증진을 사명으로 한다.

사할린국립대학교의 국제협력은 지리적 여건에 기초를 두고 있다. 우리 대학의 주요 국제협력 파트너가 한국 대학들인 이유가 바로 여기에 있다. 한국의 대학, 교육 및 연구센터, 시민단체 및 정책기관들과

---

* 사할린국립대학교 교수

의 관계발전에는 사할린 거주 한인 교포사회가 기여한 바 크다. 사할린주에는 약 26,000명 정도의 한인 교포들이 거주하고 있는데, 이는 러시아 내에서는 가장 많은 수이다. 또한 사할린주에는 러시아 유일의 한국어 방송인《우리말 방송》과《새고려신문》등 한국어 미디어가 활동하고 있다.

바로 이러한 이유로 사할린에 대한 한국으로부터의 관심이 고조되고 있고, 이것은 또한 사할린 거주 한인과 현지 주민들의 현안문제 해결에 실질적인 도움이 되고 있다. 잘 알려진 바와 같이 1993년 한국정부의 지원으로 유즈노사할린스크에 한국교육원이 개설되었다. 뒤이어 한국문화원이 개원되고, 한국 총영사관 유즈노사할린스크 출장소는 이미 10년 이상 운영되고 있다. 이제 사할린 주민들은 이 지역을 떠나지 않고도 한국행 비자를 받을 수 있다. 한국 자본 참여 기업 및 다수의 지사, 대표부가 사할린에서 활발하게 활동하고 있다.

사할린에는 다수의 한인단체가 활동하고 있으며, 그 중 대표적인 것은《사할린주 한인회: ROOSK》,《사할린주 한인노인회: OOSSK》및《사할린 한인 이산가족회: SOOORSSK》등이다.

이 모든 것은 국가와 국민들 간 협력은 국가기관들의 노력만으로는 이루어질 수 없다는 점을 깨닫게 해줬다. 여기서 적극적으로 활동하는 시민과 단체가 매우 중요한 역할을 하는데, 이를 소위 공공외교라 할 수 있다.《광의의 공공외교는 역사적 지속적으로 이어지는 국민들 간 상호 교류 및 인식 과정이며, 문화 간 상호 영향 및 상호보완 과정이다》.(1)

따라서 공공 외교는 정부 기구와 비정부기구 간의 공동활동으로 국가의 국제관계 확대를 목표로 한다. 공공 외교의 개념은 문화, 학술, 교육 프로그램 (대표단 교류, 미술 전시회, 음악 축제, 예술제 등)의 구현을 통한 국제 관계 및 교류, 즉 각국의 시민사회 및 대중과의 상호

협력을 통한 다양한 활동을 모두 포괄한다.

2013년 9월 1일 발효된 러시아의 개정 교육법은 교육분야의 국제협력 필요성을 강조하고 있으며, 동법 제 105조에 규정된 국제협력의 형식과 방향은 공공외교의 본질에 잘 부합한다.[2] 아래에서는 사할린국립대학교와 한국의 각 대학, 시민단체, 국가기관 및 사할린 한인사회와의 협력에서 공공외교가 어떻게 실현되고 있는지 살펴보고자 한다.

사할린과 한국 간 지리적 근접성과 사할린 인구에서 한인들이 차지하는 비중이 상당함에도 불구하고 페레스트로이카 추진과 함께 한국어 관련 문제가 즉각 대두되었다. 사할린에서는 1964년부터 80년대 초까지 한국어 교육이 시행되지 않았다. 1988년부터 사할린국립대학 경제 및 동방학 연구소에서 한국어 교육 및 연구가 시작되었다. 바로 그 시기부터 한국과의 정치, 경제, 문화 관계가 역동적으로 발전하게 되었으며, 이는 결국 양국 간 수교로 이어졌다.

1991년 12월 사할린국립대학교와 한인 교포사회의 제안과 사할린 주 당국의 지원으로 사할린국립대학에 동양어학부가 개설되었다. 사할린국립대학 경제 및 동방학연구소는 수준 높은 전문가 양성을 위해 모스크바국립대학 아시아-아프리카 연구소와의 창의적 협력을 위한 협정을 체결하여, 러시아 최고의 한국학자인 톨스토쿨라코프(Tolstokulakov I. A.) 교수와 협력하고 있다.

현재 이 학과에는 다수의 노련한 교수들이 근무하고 있다. 2006년에는 임 엘비라 교수가 《한국 중등교육 발달 경향》을 주제로 한 박사 논문을 통과했고, 2009년에는 코르네예바(Korneeva I. V.) 교수가 《조선시대 문학에 드러난 학식과 교양 관념》을 주제로 한 박사 논문을 통과했다. 지금까지 한국어과 교수들 중에는 한국에서 온 원어민 교수들이 근무했다. 한국어 실습과정은 한국의 한국학연구원에서 초빙된 교수들이 전공분야별 특강을 실시하고 있다.

사할린국립대학교 한국어문학과를 기반으로 동양어 교육문제에 대한 국제 심포지엄이 정기적으로 개최되고 있다. 한국어문학과(현재 동양어학과로 학과 명칭 변경)와 한국교육원의 노력으로 3년에 한 번씩 사할린주 한국어 교사 및 교수들을 위한 역량강화 과정이 열리고 있다.

한국어 교수들은 한국 교육부의 지원을 받아 매년 서울대학교, 연세대학교, 한국외국어대학교, 동서대학교 등 한국의 유수 대학에서 제공하는 다양한 연구지원 프로그램에 참여하고 있다.

학과 개설 이래 300명 이상의 한국어 전문가를 양성했다. 현재 한국어를 배우는 사할린국립대학교 학생 수는 60여명이다.

한국어과 졸업생들 중 상당수는 한국에서 학업을 지속한다. 이들은 또 각급 교육기관, 언론 등에서 일하고, 국가기관 및 상업기관에서 통번역사로 일하거나 러시아어를 가르치고 있다.

사할린국립대학교에서는 아태지역 국가들 간 경제 협력 발전 및 사할린 한인들의 영구귀국 문제를 다루는 회의와 포럼이 개최된다.

- 2010년 7월《사할린 강제징용 한인들의 어제와 오늘 그리고 내일》이라는 주제로 사할린국립대학교에서 한국 측과 공동으로 국제심포지엄이 개최되었다. 한국 측에서는 국회의원들과 재외동포재단이 주최하고 참가했다.

- 2011년 10월《러시아와 남북한: 문화 간 대화》라는 주제의 국제회의가 열렸으며 4명의 해외 발제자와 사할린 한인단체 지도자들이 참여했다.

- 2014년 한림대학교와 공동으로《사할린 한인들의 정체성과 한러 양국 경제협력에서 그들의 역할》이라는 주제로 1차 국제학술대회를 개최했다.

- 2016년에는 역시 한림대학교와 공동으로《사할린 한인들의 한러 양국간 경제협력에서의 역할》이라는 주제로 공동 국제학술회의를 개최했다.
- 2016년 사할린국립대학교 한국학 개설 25주년 기념《러시아와 남북한. 관계구축과 상호협력 전망》이라는 주제로 국제학술회의가 열렸다.

한국학 연구자들은 사할린국립대학교에서 열리는 다음과 같은 대규모 국제학술회의에도 참가한다.
- 국제회의《아태지역 파트너십 통합과정의 목표와 조건으로서의 삶의 질》: 2005년 11월 사할린국립대학교의 학자 및 교수, 영국, 한국, 일본, 미국의 학자들이 참가했다.
- 2008년 5월에는《아태지역 대학교육: 현대적인 경향과 새로운 개척》이라는 주제로 한국, 일본, 영국에서 온 10명의 학자들이 참여한 가운데 국제학술회의가 열렸다. 회의 결과 논문집이 발간되었다.

지난 6년간에만 총 130명의 한국 학자들이 학술행사 및 학술적인 목적으로 사할린국립대학교를 방문했다.

사할린국립대학교에 있어서 한국 대학들과 제휴를 맺는 것은 매우 의미 있는 일이다. 사할린국립대학교와 한국의 교육 및 연구소들과의 적극적이고 긍정적인 협력 결과 2003년 11월 24일 부산의 동서대학교와 자매 결연 및 창의적 협력에 관한 협정이 체결되었다. 2008년 부산외국어대학교, 2009년 제주 관광대학, 2010년 성신여자대학교 및 경주 동국대학교와 각각 협력협정이 체결되었다. 최근 수년 동안 한국의 관동대학교, 한림대학교 및 동 대학 러시아연구소, 수원대학교, 가천대학교, 한경대학교, 인천대학교 물류학부 등과도 협력협정이 체결되었다. 현재 양국 대학들 간 학생 및 교수들의 교류가 활발하게 진행되고 있다.

매년 2명의 사할린국립대학교 학생들이 2개 학기 동안 동서대학교에서 영어와 한국어를 배우고, 한국학생들은 러시아어와 일본어를 배운다. 2008년부터 사할린국립대학교 학생들은 1개월 동안 한국어 섬머스쿨에 다니고, 또 2008년부터 대학 간 협약에 따라 사할린국립대학교 학생 8명이 부산외국어대학교에서 한국어를 배우고, 4명의 부산외국어대학교 학생들은 사할린국립대학교에서 러시아어를 배운다. 유사한 교환학생 프로그램이 제주 관광대학 및 동국대학교와도 시행 중에 있다. 2003년부터 2012년까지 10년동안 교환학생 프로그램에 따라 60명의 학생들이 상대방 학교에서 수학했다. 지난 15년 동안 6개월 혹은 1년 과정의 연수 프로그램에 따라 220명의 사할린국립대학교 학생들이 한국의 여러 대학에서 수학하고, 한국 학생 150명 이상이 사할린국립대학교에서 연수했다(3).

사할린에 온 한국 학생들은 우선《외국어로서의 러시아어》학과와 슬라브어문학과에서 공부한다. 외국인 학생들은 러시아어뿐만 아니라 러시아 문화, 관습, 전통을 공부하고, 친구를 사귄다. 이러한 과정에서 사람들의 운명은 기묘하게 엮여서 한러 관계의 다문화 캔버스에 수를 놓게 된다. 사할린국립대학교 이콘니코바(Ikonnikova E.A.) 교수는 여러 명의 한국 학생들의 멘토가 되었다. 러시아어와 러시아에 몰두한 동서대학교의 권하경 학생은 2013년에 어학연수 차 두 차례 사할린을 다녀갔다. 권씨는《새고려신문》과의 인터뷰에서 "특히 사할린 사람들이 좋다. 대학에서 수업을 듣는 것이 좋고, 러시아 친구들을 만나는 것이 좋다"고 밝혔다.(4) 러시아 학생들은 한국에서 때로 감동적인 인연을 맺는다. 이러한 인간적인 관계가 양 국가와 국민들 간의 교육 및 문화 관계 못지 않게 중요하다고 본다. 이 모든 것은 한러 양국 관계는 물론 한국과 사할린 간 관계 강화 및 발전에도 기여할 것이다.

사할린국립대학교의 교수 및 연구진이 컨퍼런스와 세미나, 포럼 및 심포지엄에 참석하기 위해 정기적으로 한국을 방문한다(2009년부터 2018년까지 총 45회 이상의 방한이 이루어졌다). 한국에서 개최되는 국제 포럼, 심포지엄 및 컨퍼런스에 참석하여 주변국 국민들과 현대 생활의 핫이슈를 논할 수 있는 기회를 갖는 사할린국립대학교 교수는 모두가 학교 뿐 아니라 사할린과 러시아를 대표하는 사절이다.

2010년 4월 사할린국립대학교 미시코프(Misikov B.R.) 총장과 한국어과 학과장 임 엘비라 교수는 서울에서 개최된 사할린주 발표회 행사에 참가했다(미시코프 총장은 해당 행사에서 연단에 올랐다). 2011년 5월 사할린국립대학교 학자팀은 한국에서 한국다문화협회가 주최한 국제회의《세상을 보는 시선: 글로벌화 시대 시민교육의 재편성》에 참가했다. 발리츠카야(Balitskaya I.V.) 교수가《러시아 시민교육 주제 연구: 민족 주체성과 글로벌 시티즌십》을, 임 엘비라 교수가《사할린 시민교육 발달사: 한인 교포사회의 주체성과 문화 및 정서 교육》을 주제로 발표했다.

사할린국립대학교는 사할린주재 한국 총영사관 출장소, 한국 교육원 및 사할린 거주 한인 단체들과 긴밀히 협력하고 있다. 사할린 한국어 경시대회, 한국 민속의상 전시회, 한국 전통요리 시연, 설날 축하공연 등 공동 문화행사 개최는 하나의 전통이 되었다. 한편 이러한 행사 일정에 새로운 콘텐츠가 지속적으로 보완되고 있으며, 여기에는 대학생과 교수, 교사와 초중고 학생, 노인과 주부, 시민운동가 등 매우 평범한 사람들이 참여하고 있다. 이러한 행사는 대체로 대학 지도부, 한국의 외교관, 한국 문화원장, 시와 주 행정부 등의 지원을 받는다. 모든 관계 당사자들이 힘을 한 데 모음으로써 이러한 행사는 성황리에 진행된다.

2010년 사할린에 독특한 행사가 열렸다. 성신여자대학교 지도부, 교수, 학생 등 100명으로 구성된 성신여대 대표단이 사할린을 방문했다. 그들은 3일 동안 수백 명의 사할린 주민들에게 한국 전통 의상의 역사와 현대 미술을 소개했다. 주요 행사는 국제체홉센터의 주도 하에 성황리에 이루어졌다. 수십 명의 사할린국립대학교 학생들이 참가하여 한국 전통 문화를 소개했다. 한러 학생들과 교수들은 행사 기간 동안 공연과 발표 준비를 함께 했다. 행사는 사할린에서 조금 떨어진 도시 네벨스크에서 개최되었다(한인 동포인 네벨스크시 박 시장은 손님을 접대하고 문화 지원을 받게 되어 기쁘다고 말했다).

또 하나의 예는 다음과 같다: 매년 10월 유즈노사할린스크에서 사할린 주민들에게 《한류》라는 이름의 한국문화 축제가 새로운 전통으로 자리잡고 있다. 첫 번째 축제는 2012년 주 블라디보스토크 한국 총영사관 이양구 총영사의 제안으로 열렸다. 두 번째는 2013년 10월에 개최되었다. 이 프로그램은 동양무술 시범, K-Food, K-Pop, 민속 음악과 민속 춤 등 재미있는 콘텐츠로 구성돼 있다. 2015 년에는 한국의 20여개 대학교가 참가한 한국 대학박람회가 성공적으로 개최되었다.

2018년 부산외국어대학교는 사할린국립대학교와 함께 《체홉(Chekhov A.)의 문학적 발자취를 따라》라는 주제로 한국 학생들의 연수를 실시했다. 한국 학생들은 이 교수의 주도로 흥미로운 문학 연구를 진행했다. 한국에서는 이론 중심으로 연구했고, 유즈노사할린스크에서는《사할린 섬》박물관, 사할린 남부 기념비 및 유적지 등 체홉과 관련된 곳을 방문했다. 한국 학생들은 해당 연구 내용을 발표했고, 차후 관련 주제로 양 대학 간 세미나를 개최했다.

사할린국립대학교는 원대한 계획을 갖고 있다. 한국 대학 및 연구소와의 협력 확대, 사할린주 학교에서 한국어 교육의 개선, 한국학과 졸업생들의 한국 대학원 유학 등이 그것이다.

북한 대학과의 교류는 별개의 문제이다. 2016년 평양 김일성대학교와 첫 국제협력을 맺었고, 2015년 12월에는《러시아와 북한 협력: 경험, 문제와 전망》을 주제로 북한과 첫 국제학술실무회의를 개최했다. 회의는 주 정부, 유즈노사할린스크 주재 러시아 외무부 공관, 사할린국립대학교, 한민족통일학술연구소(북한), 해외한인동포지원위원회, 국제한인사회연맹 극동지역 연합《예딘스트보(Yedinstvo)》가 해당 회의를 주최했다. 포럼 주요 주제는 남북한 통일 전망이었다. 또한 이는 한반도의 미래와 직결되므로, 복잡한 문제를 해결하는 데《소프트 파워》가 발휘되어야 한다. 아직 사할린국립대학교의 국제협력은 남한을 우선순위로 두고 있다.

한러 양국의 대학, 사회단체, 학생들 간의 협력은 정치나 경제협정에 기초한 협력만으로는 국민들 간의 상호이해를 위한 굳건한 기반을 다질 수 없다는 유엔 전문가들의 주장을 다시 한 번 상기시켜준다. 국제협력은 가장 적극적인 인구, 즉 청년들의 지적, 도덕적 연대와 공공외교가 갖는 기회의 충분한 활용을 기반으로 이루어져야 한다. 대학 간 협력은 국제정세를 안정시킬 수 있는 중요한 요인이 되었다.

# 참고문헌

Wikipedia. org

2012년 12월 29일 자 교육에 관한 러시아연방법 273-FZ

사할린국립대학교 국제 활동에 관한 보고서

새고려신문 №49. - 12.07.2012.

# Российско–Корейское межвузовское сотрудничество как важное средство народной дипломатии

Корсунов В. И.*

Обращение к вопросам глобализации и интернационализации высшего образования, благодаря чему не только крупней шие вузы центральной части России, но и периферий ные вузы стали субъектами международного сотрудничества университетов, стало естественным событием. Развитие международного сотрудничества Сахалинского государственного университета (в прошлом Южно-Сахалинский государственный педагогический институт) в настоящем понимании этого слова датируется 1989 годом, когда было подписано первое соглашение о сотрудничестве с одним из ведущих японских вузов, Хоккай дским университетом. Несколько лет спустя появятся подобные соглашения и с корей скими вузами

В сфере международной деятельности Сахалинский

* Сахалинский государственный университет

государственный университет позиционирует себя как научно-образовательный центр Сахалинской области, ориентированный преимущественно на сотрудничество со странами азиатско-тихоокеанского региона: Японией, Республикой Корея и Китайской народной республикой. Своей миссией в этой сфере университет считает разностороннее развитие академических и научных связей и обменов с зарубежными университетами и научными центрами, создание эмоционально-привлекательного образа российского вуза, содействие сближению стран и народов региона.

Международное сотрудничество СахГУ обусловлено географически. Вот почему сегодня одним из стержней международного сотрудничества СахГУ остаются вузы Республика Корея. Развитие отношений с вузами, образовательными и научными центрами, общественными и политическими организациями Республики Корея обусловлено также наличием на Сахалине корейской диаспоры. В Сахалинской области проживает самая многочисленная корейская диаспора в России, насчитывающая примерно 26 тысяч человек. Сахалинская область - единственный регион России, где есть собственные средства массовой информации на корейском языке (телерадиовещание на корейском языке «Уримальбансон» и газета «Сэ корё синмун»).

Именно поэтому все эти годы возрастал интерес к

Сахалину со стороны Республики Корея и реальная помощь в решении насущных вопросов сахалинских корейцев и всех жителей Сахалинской области. Общеизвестны факты, когда в 1993 году при содействии правительства Республики Корея в Южно-Сахалинске был создан Центр Просвещения Республики Корея. Позднее открылся Корейский культурный центр. С 2007 г. в течение двенадцати лет в Южно-Сахалинске работает Канцелярия Генерального консульства Республики Корея. Теперь сахалинцы могут получать корейские визы, не выезжая за пределы области. На Сахалине успешно работают предприятия с участием корейского бизнеса, филиалы и представительства ряда корейских компаний.

На Сахалине действует ряд общественных организаций корейцев, из которых крупнейшими и авторитетнейшими являются Региональная общественная организация «Сахалинские корейцы» (РООСК), Общественная организация старейшин сахалинских корейцев (ООССК) и Сахалинская областная общественная организация разделенных семей сахалинских корейцев (СОООРССК).

Все это способствовало пониманию того, что сотрудничество между странами и народами не может осуществляться только силами государственных органов. Важная роль здесь отводится наиболее активным представителям народа, общественности, чью деятельность принято называть народной дипломатией. «Под народной дипломатией в широком смысле этого слова понимается исторически непрерывный процесс общения, взаимного познания народов, взаимовлияния и взаимообогащения культур». [1] Таким образом, народная дипломатия - это совместная деятельность как государственных, так и негосударственных организаций, направленная на расширение международных общественных связей государства. Понятие народной дипломатии вмещает в себя международные связи и контакты посредством реализации культурных, научных, образовательных программ (обмены делегациями, художественные выставки, музыкальные фестивали, праздники искусств и т. п.) - всю многообразную деятельность по взаимодействию с гражданским обществом и аудиториями зарубежных стран.

Новый Закон об образовании, вступивший в силу в Российской Федерации с 1 сентября 2013 года, указывает на необходимость развития международного сотрудничества в сфере образования, а перечисленные в статье 105 формы и направления международного сотрудничества хорошо корреспондируют с сутью народной дипломатии. [2] Ниже мы рассмотрим, как народная дипломатия реализуется в совместной работе СахГУ с университетами, общественными организациями и государственными структурами Республики Корея, корейской диаспорой на Сахалине.

Несмотря на географическую близость Сахалина и Кореи и значительный процент в населении Сахалина этнических корейцев в эпоху перестройки сразу же обозначилась проблема корейского языка. В период с 1964 года до начала 80-х гг. корейский язык на Сахалине не преподавался. История преподавания и изучения корейского языка на базе Института экономики и востоковедения Сахалинского государственного университета начинается с 1988г. Именно вданный период времени наблюдалось активное истремительное развитие политических, экономических и культурных отношений с Республикой Корея, закономерно завершившееся установлением дипломатических отношений между нашими странами.

По инициативе СахГУ и корейской диаспоры и при поддержке администрации Сахалинской области в декабре 1991 года был образован самостоятельный факультет экономики и востоковедения в нашем вузе, где важное место заняло корейское отделение. Возглавил новый факультет профессор Бок Зи Коу. Для подготовки высококвалифицированных специалистов-востоковедов Институтом экономики и востоковедения был заключен договор о творческом сотрудничестве с Институтом стран Азии и Африки МГУ, осуществляется сотрудничество с ведущим российским корееведом, профессором И. А. Толстокулаковым.

В настоящее время в составе кафедры несколько опытных преподавателей. В 2006 г. была защищена кандидатская диссертация Лим Э.Х. на тему 《Тенденции развития школьного образования в Республике Корея», в 2009 г. защищена кандидатская диссертация Корнеевой И. В. на тему «Представление об образованности и учености в корейской литературе периода Чосон». В течение всех последних лет среди преподавателей корейского языка работали носители языка, преподаватели из Республики Корея. Практический курс корейского языка ведут преподаватели, приглашённые из ведущих учебных заведений Кореи (Академия корееведческих исследований ) для чтения спецкурсов в рамках дисциплин предметной подготовки по специальности. На базе кафедры корейской филологии Сахалинского государственного университета регулярно проводятся международные симпозиумы по проблемам преподавания восточных языков. Силами прежней кафедры корейской филологии (в настоящее время кафедра восточных языков) и Центра просвещения Республики Корея раз в три года проводятся курсы повышения квалификации учителей и преподавателей корейского языка Сахалинской области.

При поддержке Министерства образования Республики Корея преподаватели корейского отделения ежегодно участвуют в различных грантовых программах, предоставляемых крупнейшими университетами Республики Корея: Сеульский государственный университет (г. Сеул), Университетах Ёнсе (г. Сеул), Институт иностранных языков (г. Сеул), Институт Донгсо (г. Пусан) и др.

За годы существования факультета подготовлено более 300 специалистов по корейскому языку. В настоящее время корейский язык изучают более 60 студентов СахГУ.

Выпускники корейского отделения продолжают учёбу в Республике Корея; работают в образовательных учреждениях различного типа, в средствах массовой информации, переводчиками в государственных и коммерческих учреждениях в качестве представителей российских фирм, преподают русский язык как иностранный.

На базе СахГУ проводятся конференции и форумы, посвященные развитию экономического сотрудничества стран Азиатско-Тихоокеанского региона, проблемам репатриации Сахалинских корейцев на историческую родину и др.:

- в июле 2010 года на базе СахГУ состоялся совместный с Республикой Корея международный симпозиум «Вчера, сегодня и завтра корейцев, насильно мобилизованных на Сахалин», соорганизаторами и участниками которого выступили члены парламента Республики Корея и Фонд помощи зарубежным соотечественникам;

- в октябре 2011 года состоялась международная конференция «Россия и государства корейского полуострова: диалог культур», в которой приняли участие 4 иностранных докладчика и руководители корейской диаспоры на Сахалине;

- в 2014 г. проведена первая совместная с университетом Халлим российско-корейская научно-практическая конференция «Идентичность сахалинских корейцев и их роль в экономическом сотрудничестве РК и РФ»;
- в 2016 г. также совместно с университетом Халлим проведена международная научно-практическая конференция «Роль сахалинских корейцев и социального предпринимательства в экономическом сотрудничестве между Россией и РФ»;
- в 2016 г. международная научно-практическая конференция «Россия и государства Корейского полуострова. Становление отношений и перспективы взаимодействия» (к 25-летию корееведения в СахГУ); Корейские исследователи принимают участие и в проводимых в СахГУ научных конференциях с более широким международным участием:
- международной научно-практической конференции «Качество жизни как цель и условие интеграционных процессов Азиатско-тихоокеанского партнерства». (Участниками конференции были ученые, преподаватели СахГУ и ученые из Великобритании, Республики Корея, Японии, США (ноябрь 2005г.);
- в мае 2008г. с успехом прошла международная научно-практическая конференция «Университетское образование в странах АТР: современные тенденции и новые рубежи», в котором участвовали 10

зарубежных ученых из Японии, Республики Корея, Великобритании. По результатам конференции издан сборник научных трудов.

Всего только за последние 6 лет для участия в научных мероприятиях и с академическими целями СахГУ посетили около 130 коллег из Республики Корея.

Большое значение для Сахалинского государственного университета имеет сотрудничество с вузами-партнерами Республики Корея. Первые контакты с южно-корейскими вузами состоялись в 90-е годы (университет Хэсанг и Куми-колледж). Результатом активного и положительного сотрудничества СахГУ с учебными и научными центрами Республики Корея стало подписание 24 ноября 2003г. договора о побратимских отношениях и творческом сотрудничестве с Институтом Донгсо (г.Пусан, Республика Корея). В 2008 г. был подписан договор о сотрудничестве с Пусанским институтом иностранных языков (г.Пусан), в декабре 2009 года - с колледжем туризма Чеджу, в 2010 году - с Женским университетом Сонсин (г.Сеул) и Университетом Донгук (г.Кёнджу). Впоследующие годы были заключены соглашения о сотрудничестве с вузами РК: университетом Квандон, университетом Халлими Институтом исследований России этого вуза, университетами Сувон, Гачон, Ханкён, с факультетом логистики университета Инчон. В настоящее время происходит активный обмен студентами и преподавателям и междувузам и двухстран.

Ежегодно в течение 2-х семестров одного учебного года по 2 студента СахГУ выезжают на стажировку в университет ДОНГСО и изучают корейский и английский языки, а корейские студенты изучают русский и японский языки; с 2008 года группа студентов СахГУ выезжает на месячную стажировку в летнюю школу корейского языка; с 2008 года, согласно межвузовскому соглашению, ежегодно до 8 студентов СахГУ проходит языковую стажировку в Пусанском университете иностранных языков Республики Корея, а 4 студента ПУИЯ изучают русский язык в СахГУ. Такие же программы студенческих обменов действуют и с колледжем туризма в Чеджу и с университетом Донгук. За десять лет (2003 - 2012 гг.) около 60 студентов СахГУ и ДОНГСО побывали в вузе-партнере по программа обмена. Всего же за последние 15 лет по семестровым и годовым программам обмена студентами с пятью корейскими вузами в Корее обучались около 220 сахалинских студентов и более 150 корейских студентов учились в СахГУ [3].

Корейские студенты и слушатели, приезжающие на Сахалин, изучают, прежде всего русский язык на отделении «Русский как иностранный», а также обучаясь на отделении славянской филологии. Иностранные студенты изучают не только русский язык, но и знакомятся с культурой россиян, нашими обычаями, традициями, обзаводятся друзьями. И тогда порой причудливо соприкасаются судьбы людей, вплетаясь в поликультурную канву российско-корейских отношений. Например, профессор СахГУ Иконникова Е. А. стала наставником и старшим товарищем для нескольких корейских студентов. Увлеченная русским языком и Россией студентка университета ДОНГСО Квон Хаёнг второй раз приехала на Сахалин на стажировку в 2013 году потому что, как она сказала в интервью корейской газете «Сэ корё синмун»: «Особенно мне нравятся люди на Сахалине···Мне интересно заниматься на уроках в университете, интересно встречаться с русскими подругами». [4] Порой трогательно складываются отношения и у наших студентов в Корее. Полагаем, что такие человеческие аспекты отношений не менее важны, чем образовательные, культурные связи и контакты между нашими странами и народами; все это безусловно способствует укреплению и развитию российско-корейских отношений, отношений Сахалина и Республики Корея.

Регулярно в Республику Корея для участия в конференциях и семинарах, форумах и симпозиумах выезжают ученые и преподаватели университета (более 45 поездок за 2009 - 2018 годы). Любой преподаватель, ученый СахГУ, посещающий в Корее международные форумы, симпозиумы, конференции, имеющий возможность в неформальной обстановке обсуждать с представителями соседней страны злободневные вопросы современной жизни, является посланником не только СахГУ, но и Сахалина, Российской Федерации. В апреле 2010 года ректор СахГУ Мисиков Б. Р. И заведующая кафедрой корейской филологии Лим Э. Х. в составе делегации области приняли участие в Презентации Сахалинской области в Республике Корея в г. Сеул (ректор СахГУ выступил с докладом). В мае 2011 года группа ученых СахГУ приняла участие в международной конференции «Взгляд на мир: реорганизация гражданского образования в эпоху глобализации» в Республике Корея, организованной Корейской ассоциацией мультикультурного образования; с докладами выступили Балицкая И. В («Разработка содержания гражданского образования в России: национальная идентичность и мировое горажданство») и Лим Э. Х. («Развитие гражданского образования на Сахалине: идентичность корейской диаспоры и культурно-нравственное воспитагние»).

СахГУ тесно сотрудничает с Консульством Республики Корея на Сахалине, Центром просвещения Республики Корея, и местными общественными организациями сахалинских корейцев. Стало традицией проводить совместные культурные мероприятия, такие как областной конкурс на лучшее знание корейского языка на Сахалине, показ национального корейского костюма, демонстрация корейской национальной кухни, празднование восточного Нового года и др. Но и в привычный и отлаженный календарь мероприятий включаются новые и новые сюжеты, авторами и участниками которых становятся простые люди: студенты и преподаватели, учителя школ и учащиеся, пенсионеры-старейшины и домохозяйки, активисты общественных организаций. Как правило, такие дела поддерживают руководители вуза, корейские дипломаты и руководители корейского культурного центра, руководители города и области. Объединение усилий всех заинтересованных сторон и объясняет успех подобных мероприятий.

В 2010 году на Сахалине высадился необычный десант: делегация университета Сонсин в количестве 100 человек (президент университета и другие руководители вуза, преподаватели и студенты). На протяжении трех дней они познакомили сотни сахалинцев с историей корейского национального костюма и современным искусством. Главное представление состоялось на сцене Международного Чехов-центра при полном аншлаге. В презентации традиционных образцов корейской национальной культуры приняли участие десятки студентов СахГУ. Студенты и преподаватели двух вузов сдружились за эти дни репетиций и выступлений. В плотном графике нашлось место и выездному мероприятию в удаленном от центра области городе

Невельске (единственный мэр города, этнический кореец Пак, был рад принять гостей и получить такую «культурную» поддержку).

Или еще пример. На наших глазах складывается новая традиция ежегодно в октябре проводить в Южно-Сахалинске международный фестиваль, знакомящий сахалинцев с достижениями корейской культуры, под названием «Корейская волна». Первый фестиваль прошел в 2012 году по инициативе Генерального консула Генерального Консульства Республики Корея г-на Ли Янг Гу. Второй прошел в октябре 2013 года. В программе много интересного, в том числе презентация восточных единоборств, фестивали корейской кухни K-food и современной корейской музыки K-Pop, концерт народной музыки и танца и другое. В 2015 г. с успехом прошла международная выставка высшего образования Республики Корея, в которой приняли участие более 20 южнокорейских университетов. Выставку, организованную при активной поддержке кафедры корейской филологии и студентов-кореистов СахГУ, посетили сотни школьников и студентов Южно-Сахалинска.

В 2018 г. совместно с Пусанским университетом иностранных языков СахГУ организовал стажировку группы корейских студентов на тему «Тандем по литературным следам А. Чехова». Группа корейских студентов во главе с профессором Ли провели интересное литературоведческое исследование: теоретическую часть в Корее, а практическую часть в Южно-Сахалинске (посещение музея книги Чехова «Остров Сахалин», памятников и памятных мест юга Сахалина, связанных с именем А. П. Чехова). Студенты корейского университета выступили с презентациями, а затем состоялся межвузовский семинар по теме.

У Сахалинского государственного университета большие планы на будущее. Прежде всего, это расширение сотрудничества с корейскими вузами и научными центрами, совершенствование преподавания корейского языка в школах Сахалинской области, обучение в аспирантуре выпускников корейского отделения.

Отдельно стоит вопрос о сотрудничестве с вузами Корейской народно-Демократической Республики. В 2016 году было подписано первое и пока единственное соглашение с вузом этой страны, университетом им. Ким Ир Сена в г. Пхеньян, а ранее в декабре 2015 г. прошла первая международная научно-практическая конференция с участием северокорейских ученых по теме «Сотрудничество России и КНДР: опыт, проблемы и перспективы». Конференцию организовали областное правительство, представительство МИД России в Южно-Сахалинске, СахГУ, научно-исследовательский институт по объединению Кореи (КНДР), комитет поддержки зарубежных корейцев, а также дальневосточное региональное объединение международного союза общественных объединений корейцев «Единство». Одной из важнейших идей Форума было обсуждение перспектив воссоединения Севера и Юга Кореи. И хотя это относится к будущему корейского полуострова, использование «мягкой силы» в решении этого сложнейшего вопроса надо приветствовать. Пока же сотрудничество СахГУ направлено приоритетно на Южную Корею.

Содружество высшей школы России и Республики Корея, общественных организаций, студенческой молодежи двух стран еще раз подтверждает тезис международных экспертов ООН о том, что мировое сотрудничество, основанное лишь на экономических и политических соглашениях правительств, не может создать прочную основу для взаимопонимания между народами - оно должно базироваться на интеллектуальной и нравственной солидарности человечества и молодежи, как наиболее активной его части, на использовании всех возможностей народной дипломатии. Межуниверситетское сотрудничество стало важным фактором стабилизации международной обстановки.

# Литература

Wikipedia. org

Об образовании в Россий ской Федерации. Федеральный Закон от 29.12.2012 № 273-ФЗ.

Отчеты о международной деятельности СахГУ.

Сэ корё синмун. - № 49. - 12.07.2012.

동북아다이멘션 연구총서 3

# 동북아시아의 대안적 협력과 연대

초판 인쇄 | 2020년 5월 18일
초판 발행 | 2020년 5월 25일

지 은 이    원광대학교 한중관계연구원 동북아시아인문사회연구소 편
발 행 인    한정희
발 행 처    경인문화사
편     집    김지선 유지혜 박지현 한주연
마 케 팅    전병관 하재일 유인순
출판번호    406-1973-000003호
주     소    파주시 회동길 445-1 경인빌딩 B동 4층
전     화    031-955-9300  팩 스    031-955-9310
홈페이지    www.kyunginp.co.kr
이 메 일    kyungin@kyunginp.co.kr

ISBN 978-89-499-4895-9 94910
ISBN 978-89-499-4821-8 (세트)
값 28,000원